A LIBERDADE SINDICAL

na Constituição da República Federativa do Brasil de 1988
e sua relação com a Convenção 87 da Organização
Internacional do Trabalho

S9721 Stürmer, Gilberto
    A liberdade sindical na Constituição da República Federativa do Brasil de 1988 e sua relação com a Convenção 87 da Organização Internacional do Trabalho / Gilberto Stürmer. – Porto Alegre: Livraria do Advogado Editora, 2007.
    158 p.; 23 cm.

    ISBN 85-7348-452-7

    1. Liberdade sindical: Constituição. 2. Sindicalismo. 3. Organização Internacional do Trabalho. I. Título.

CDU – 331.105.44

    Índices para o catálogo sistemático:

Sindicalismo
Liberdade sindical: Constituição
Organização Internacional do Trabalho

(Bibliotecária responsável: Marta Roberto, CRB-10/652)

Gilberto Stürmer

A LIBERDADE SINDICAL
na Constituição da República Federativa do Brasil de 1988 e sua relação com a Convenção 87 da Organização Internacional do Trabalho

livraria
DO ADVOGADO
editora

Porto Alegre, 2007

© Gilberto Stürmer, 2007

Capa, projeto gráfico e diagramação de
Livraria do Advogado Editora

Revisão
Betina Denardin Szabo

Direitos desta edição reservados por
Livraria do Advogado Editora Ltda.
Rua Riachuelo, 1338
90010-273 Porto Alegre RS
Fone/fax: 0800-51-7522
editora@livrariadoadvogado.com.br
www.doadvogado.com.br

Impresso no Brasil / Printed in Brazil

À Amélia, Luiza e Laura,
porque delas é tudo o que faço de melhor.

Agradeço a todos aqueles que, de uma forma ou de outra, colaboraram para o desenvolvimento desta pesquisa e, de forma antecipada, aos Professores Doutores membros da banca. Aos meus colegas de escritório, Marcelo, Guilherme e Carlos, pelo diuturno convívio de trabalho, contribuição e sincera amizade; à minha mãe Themis, ao meu pai Norberto e ao meu amigo Carlos, pelo início de tudo; ao meu sogro Huldo, por quem tenho grande admiração pela diária lição de vida; à colega e amiga Ana Maria Ortiz Machado pelo constante incentivo acadêmico; ao Professor Doutor Moacyr Motta da Silva que, com sua simplicidade e sabedoria, deu fundamental e estimulante contribuição ao trabalho; à querida amiga e orientadora científica, intelectual e pessoal, Professora Olga Maria Boschi Aguiar de Oliveira, pela segurança, pela tranqüilidade, pela sabedoria, pela amizade e, principalmente, pela constante disponibilidade; à minha mulher Amélia que, mais do que amante, companheira e amiga, foi, é e sempre será a mais brilhante estrela de todas as minhas conquistas, das quais as mais importantes são Luiza e Laura.

O presente livro é resultado das pesquisas realizadas pelo autor quando da realização do Curso de Pós-Graduação em Direito – Doutorado, realizado na Faculdade de Direito da Universidade Federal de Santa Catarina e aprovado pela banca com distinção e louvor em junho/2005. Atualizado até maio de 2006, inclui as Medidas Provisórias 293 e 294, que tratam respectivamente do reconhecimento das Centrais Sindicais e da criação do Conselho Nacional de Relações de Trabalho.

Lista de siglas e abreviaturas

Art.	Artigo
CCP	Comissão de Conciliação Prévia
CIOSL	Confederação Internacional das Organizações Sindicais Livres
CICMLS	Comissão de Investigação e de Conciliação em Matéria de Liberdade Sindical
CIPA	Comissão Interna de Prevenção de Acidentes
CLS/OIT	Comitê de Liberdade Sindical da Organização Internacional do Trabalho
CLT	Consolidação das Leis do Trabalho
CNDRT	Conselho Nacional de Direito e Relações do Trabalho
CNPJ	Cadastro Nacional de Pessoas Jurídicas
CNRT	Conselho Nacional de Relações do Trabalho
CPC	Código de Processo Civil
CUT	Central Única dos Trabalhadores
DRTE	Delegacia Regional do Trabalho e do Emprego
DUDH	Declaração Universal dos Direitos do Homem
DIEESE	Departamento Intersindical de Estatísticas e Estudos Sócio-Econômicos
EC	Emenda Constitucional
En.	Enunciado de Súmula do Tribunal Superior do Trabalho
FGTS	Fundo de Garantia do Tempo de Serviço
FNT	Fórum Nacional do Trabalho
FSPS	Fundo Solidário de Promoção Sindical
MPT	Ministério Público do Trabalho
MtbE	Ministério do Trabalho e Emprego
NR	Norma Regulamentadora
OIT	Organização Internacional do Trabalho
OJ	Orientação Jurisprudencial
ONU	Organização das Nações Unidas
PAT	Programa de Alimentação do Trabalhador
PEC	Proposta de Emenda Constitucional
PIB	Produto Interno Bruto
PN	Precedente Normativo do Tribunal Superior do Trabalho
SDC	Seção de Dissídios Coletivos do Tribunal Superior do Trabalho
SDI	Seção de Dissídios Individuais do Tribunal Superior do Trabalho
SRT	Secretaria de Relações do Trabalho
STF	Supremo Tribunal Federal
STJ	Superior Tribunal de Justiça
TRT	Tribunal Regional do Trabalho
TST	Tribunal Superior do Trabalho

Prefácio

Prefaciar a obra "A Liberdade Sindical na Constituição da República Federativa do Brasil de 1988 e sua relação com a Convenção 87 da Organização Internacional do Trabalho", elaborada pelo pesquisador Gilberto Stürmer, representa mais do que simples formalidade literária, uma vez que acompanhamos, na condição de professora orientadora, sua trajetória acadêmica.

O autor realizou seus estudos em nível de Doutorado no Programa de Pós-Graduação em Direito, junto ao Centro de Ciências Jurídicas da Universidade Federal de Santa Catarina, tendo sua tese de dourado sido aprovada pela banca examinadora com distinção e louvor em 03 de junho de 2005.

Foi aluno competente e, sobretudo, dotado de elevado grau de humildade científica, fazendo parte de uma geração de operadores jurídicos preocupados com os direitos e garantias sociais dos trabalhadores brasileiros, que têm enfrentado a flexibilização das condições de trabalho, o desemprego estrutural, a mudança de paradigmas das relações sociais e trabalhistas, bem como as crises econômicas mundiais e nacional.

O Doutor Gilberto é advogado atuante na cidade de Porto Alegre (RS), dedicando-se, também, à vida acadêmica, sendo, atualmente, o Coordenador do Departamento de Direito Social e Processual do Trabalho da Faculdade de Direito da PUCRS. É professor de Direito do Trabalho na mesma instituição e professor convidado da UNISINOS, em São Leopoldo (RS), do IDC, da IPEJUR, dentre outros.

A obra representa uma visão teórica do sindicalismo brasileiro, onde o tema nuclear do trabalho de pesquisa versa sobre a plena liberdade sindical. O autor inspira-se nos Direitos Fundamentais do Homem e no princípio da liberdade sindical proclamado pela Organização Internacional do Trabalho - OIT. O autor chama a atenção para o caráter intervencionista do modelo de Estado brasileiro, para a proposta de reforma sindical e a busca por uma plena liberdade sindical.

Florianópolis, setembro de 2005.

Profa. Dra. Olga Maria Boschi Aguiar de Oliveira
Diretora do Centro de Ciências Jurídicas da UFSC

Sumário

Introdução 19

1. A liberdade e os princípios constitucionais 23
1.1. Considerações preliminares 23
1.2. Visão teórica 25
1.3. Princípios dos direitos fundamentais: liberdade 34
    1.3.1. A liberdade em Montesquieu 34
    1.3.2. A liberdade em Norberto Bobbio 35
    1.3.3. A liberdade em John Locke 37
    1.3.4. A liberdade em Immanuel Kant 38
    1.3.5. A liberdade em Georg Wilhelm Friedrich Hegel 39
    1.3.6. A liberdade em Thomas Hobbes 40
    1.3.7. A liberdade como direito fundamental na Constituição da República Federativa do Brasil de 1988 41
1.4. Teoria dos princípios e regras 42
1.5. Os direitos de primeira, segunda, terceira e quarta gerações 48
1.6. Antinomia Interna na Constituição Federal de 1988 50
1.7. Fundamentos da liberdade sindical 53
    1.7.1. Liberdade individual 62
    1.7.2. Liberdade coletiva 62
    1.7.3. Liberdade em face do Estado 63
1.8. Direitos humanos e liberdade sindical 64

2. O sindicalismo no Brasil 67
2.1. Das origens à proclamação da República 67
2.2. Da proclamação da República à Revolução de 1930 69
2.3. Da revolução de 1930 à Constituição Federal de 1988 72
2.4. Fase posterior à Constituição Federal de 1988 79
    2.4.1. Associação, investidura, registro e filiação sindical 80
    2.4.2. Enquadramento sindical 83
    2.4.3. Unicidade sindical 84
    2.4.4. Funções dos sindicatos 84
    2.4.5. Fontes de custeio sindical 88
        2.4.5.1. Contribuição sindical 89
        2.4.5.2. Contribuição assistencial 90
        2.4.5.3. Contribuição confederativa 93
        2.4.5.4. Contribuição associativa 94
        2.4.5.5. Outras fontes de arrecadação 94

2.4.6. Conflitos coletivos de trabalho 95
    2.4.6.1. Origens 95
    2.4.6.2. Formas de solução 95
    2.4.6.3. Autocomposição – negociação coletiva de trabalho 95
    2.4.6.4. Heterocomposição – mediação, arbitragem e jurisdição 95
    2.4.6.5. A greve 96
2.4.7. A representação dos trabalhadores nos locais de trabalho 101

3. A Reforma Sindical no Brasil 103
3.1. Constituição de sindicatos – investidura sindical 109
3.2. Ingresso e saída individual do sindicato 110
3.3. Enquadramento Sindical 110
3.4. Administração Interna 111
3.5. Constituição de órgãos superiores 112
3.6. Filiação a organizações internacionais 112
3.7. Unicidade ou pluralidade sindical 112
3.8. Contribuição sindical compulsória 115
3.9. Negociação coletiva 116
3.10. Poder normativo da Justiça do Trabalho 117
3.11. Exercício do direito de greve 117
3.12. As práticas anti-sindicais 118
3.13. A representação dos trabalhadores nos locais de trabalho 119
3.14. O Conselho Nacional de Relações de Trabalho 120
3.15. Tutela jurisdicional 120
3.16. As Medidas Provisórias de maio de 2006 120

4. O Direito Coletivo do Trabalho no Plano Internacional 125
4.1. A Organização Internacional do Trabalho 125
4.1.1. Aspectos históricos 126
4.1.2. Estrutura 130
    4.1.2.1. Conferência Internacional do Trabalho 130
    4.1.2.2. Conselho de Administração 131
    4.1.2.3. Repartição Internacional do Trabalho 131
4.1.3. Objetivos estratégicos 131
4.1.4. Convenções e recomendações sobre sindicalismo 132
4.2. A Convenção 87 da Organização Internacional do Trabalho 133
4.3. A regra da Convenção 87 da Organização Internacional do Trabalho e o
princípio dos Direitos Fundamentais de Liberdade 137
4.3.1. Considerações iniciais 137
4.3.2. Constituição de sindicatos 138
4.3.3. Ingresso e saída individual de sindicatos 138
4.3.4. Enquadramento sindical 138
4.3.5. Administração interna 139
4.3.6. Constituição de órgãos superiores 139
4.3.7. Filiação a organizações internacionais 139
4.3.8. Unicidade ou pluralidade sindical 140
4.3.9. Contribuição sindical compulsória 140

4.3.10. Negociação Coletiva 141
4.3.11. Poder normativo da Justiça do Trabalho 142
4.3.12. Exercício do direito de greve 142
4.4. Notícias de outros países 143
4.5. A Convenção de Viena sobre o Direito dos Tratados 144
4.6. Proposta para a inserção da liberdade sindical no Brasil 145

Conclusão 147

Referências bibliográficas 155

Introdução

A presente pesquisa tem como tema a "liberdade sindical". Na sua delimitação, a tese trata especificamente da liberdade sindical na Constituição da República Federativa do Brasil de 1988 e sua relação com a Convenção 87 da Organização Internacional do Trabalho. O tema, investigado no Curso de Pós-Graduação em Direito do Centro de Ciências Jurídicas da Universidade Federal de Santa Catarina, inseriu-se na área de concentração "Direito, Política e Sociedade" e na linha de pesquisa "Historicidade, Pluralismo e Novos Sujeitos Sociais".

Do ponto de vista da formulação do problema, questiona-se: há liberdade sindical prevista na Constituição da República Federativa do Brasil de 1988? O princípio do direito à liberdade, como garantia dos direitos fundamentais assegurados na Constituição, colocado frente à regra que proíbe a pluralidade de organização sindical na mesma base territorial, representa uma antinomia interna?

A hipótese levantada para o aprofundamento da pesquisa considera que, pretensamente ultrapassado o período de intervenção estatal no sindicalismo brasileiro, o legislador constituinte de 1988 pretendeu assegurar a liberdade como princípio constitucional. Todavia, ainda que tenha destacado que ao Estado é vedada a intervenção no sindicato, manteve regras como a unicidade sindical, a contribuição compulsória, o enquadramento e o poder normativo, que contrariam o princípio constitucional da liberdade e a regra disposta na Convenção 87 da Organização Internacional do Trabalho, por isso mesmo, jamais ratificada pelo Brasil. Mais: a proposta de Reforma Sindical não resolveria o problema, e sim o agravaria.

As variáveis aqui dispostas são a ordem jurídica, o pluralismo sindical em relação à base territorial, o enquadramento sindical, a contribuição compulsória e o poder normativo.

A pesquisa se justifica, levando-se em consideração que a liberdade sindical plena é determinante para que a negociação coletiva prevaleça sobre a intervenção do Estado nas relações de trabalho. O estudo do tema sob o ponto de vista científico desencadeia uma discussão que deve ser levada às autoridades e aos trabalhadores empregados e empregadores. Nesse contexto, leva-se em consideração que a intenção da pesquisa e da ciência deve sempre buscar condições de um mundo melhor e, especificamente com relação a esta pesquisa, entende-se que a evolução sindical tem o seu valor histórico, mas o futuro requer uma nova visão das relações coletivas de trabalho. Na prática, parece certo que a liberdade sindical plena no país contribuirá para melhores oportunidades de trabalho e melhores condições de vida aos trabalhadores e à Sociedade.

Há interesse na busca de uma sociedade futura com maiores perspectivas de vida e de dignidade, embasada na circunstância de que o sindicalismo atual está decadente em função de diversos motivos de ordem política, econômica, social e institucional.

O objetivo geral da pesquisa é verificar a referida contradição interna entre princípios e regras na Constituição da República Federativa do Brasil de 1988, e das regras internas com a Convenção 87 da Organização Internacional do Trabalho.

Os objetivos específicos são o estudo do princípio constitucional de liberdade, das regras constitucionais que tratam do sindicalismo, do conceito amplo de liberdade sindical à luz da Convenção 87 da Organização Internacional do Trabalho e, por fim, qual seria a forma mais viável de implantar a liberdade sindical no Brasil.

O embasamento teórico é fundado na área de concentração "Direito, Política e Sociedade", que pretende abordar a inserção dos movimentos sociais e políticos no mundo do direito, bem como a história das idéias constitucionais e políticas à luz da moderna hermenêutica. Pretende, ainda, examinar as transformações do Estado contemporâneo através do tempo e de suas diversas crises. As instituições em que impera o Estado Democrático de Direito têm um papel fundamental nessas transformações. Dentre estas instituições encontram-se as entidades sindicais. A participação institucional das entidades sindicais revelam liberdade de ação. O objeto do movimento trabalhista, que vem sofrendo mudanças, é regular as condições de trabalho de um grupo (categoria profissional) através de normas coletivas e exercer de forma plena a atividade sindical, no sentido de regular os interesses gerais da classe como um todo, aspecto não encontrado nas relações individuais.

A linha de pesquisa "Historicidade, Pluralismo e Novos Sujeitos Sociais", através da histórica constitucionalização do político-social, pretende examinar a evolução política e jurídica como resultado último dos interesses sociais. Nesse contexto, a matéria sindical inserida na Constituição Federal de 1988 deve ser vista criticamente, objetivando esclarecer limites, flexibilizações e interesses para um sistema sindical efetivamente livre.

Examinar-se-á o princípio do direito à liberdade, como garantia dos Direitos Fundamentais assegurados na Constituição da República

Federativa do Brasil de 1988, frente à regra constitucional que proíbe a pluralidade de organização sindical na mesma base territorial. Os direitos à vida, à propriedade e à liberdade constituem princípios que regem os direitos fundamentais consagrados na Constituição da República Federativa do Brasil de 1988.

A moderna Teoria dos Princípios constitucionais apresenta-se, no universo da Teoria do Direito, como conjunto de regras dotadas de elevada carga de valores morais, sociais e políticos. Tais princípios, por apresentarem elevado grau de generalidade, distinguem-se das regras de cunho instrumental, que possuem baixa carga de especificação. A atual Constituição prevê a existência de princípios (art. 5º) e de regras (art. 8º).

A metodologia utilizada tem como abordagem o método indutivo, partindo de princípios gerais para se chegar a conclusões particulares. O método de procedimento é o comparativo e a técnica de pesquisa é a bibliográfica.

A divisão estrutural se dá em quatro capítulos.

O primeiro capítulo trata da liberdade e dos princípios constitucionais. Aborda a visão teórica da liberdade em Montesquieu, Bobbio, Locke, Kant, Hegel e Hobbes. Examina a liberdade como direito fundamental na Constituição da República Federativa do Brasil de 1988, aborda a teoria dos princípios e regras, os direitos de primeira, segunda, terceira e quarta gerações, enfrenta eventual antinomia interna na Constituição Federal e trata da liberdade sindical inclusive como um dos direitos humanos.

No segundo capítulo, examina-se o sindicalismo no Brasil, das origens até a fase posterior à promulgação da atual Constituição Federal (quando houve uma "fresta" de liberdade sindical). Examina-se os aspectos que regram o sindicalismo atual, como a associação e a filiação sindical, o enquadramento sindical, o registro, a unicidade, as funções dos sindicatos, a representação por categoria, as fontes de custeio, os conflitos coletivos de trabalho e suas formas de solução e a representação dos trabalhadores nos locais de trabalho.

O tema exige o exame dos textos que tratam da reforma sindical, quais sejam, a Proposta de Emenda Constitucional e o Anteprojeto de Lei de Reforma Sindical, entregues pelo Poder Executivo ao Congresso Nacional em março deste ano. Este é o terceiro capítulo.

O quarto capítulo aborda o Direito Coletivo do Trabalho no plano internacional. Examina a Organização Internacional do Trabalho, a sua Convenção 87, as regras ali previstas em comparação com os princípios dos direitos fundamentais de liberdade. Por fim, traz notícias de outros países, apresenta a Convenção de Viena sobre o Direito dos Tratados e, concluindo, apresenta uma proposta para a inserção da liberdade sindical no Brasil.

A Liberdade Sindical

1. A liberdade e os princípios constitucionais

O primeiro capítulo trata da liberdade e dos princípios constitucionais. Aborda a visão teórica da liberdade em Montesquieu, Bobbio, Locke, Kant, Hegel e Hobbes. Examina a liberdade como direito fundamental na Constituição da República Federativa do Brasil de 1988, aborda a teoria dos princípios e regras, os direitos de primeira, segunda, terceira e quarta gerações, enfrenta eventual antinomia interna na Constituição Federal e trata da liberdade sindical inclusive como um dos direitos humanos.

1.1. CONSIDERAÇÕES PRELIMINARES

O princípio do direito à liberdade, como garantia dos Direitos Fundamentais assegurados na Constituição[1] da República Federativa do Brasil de 1988, frente à regra constitucional que proíbe a pluralidade de organização sindical na mesma base territorial, seja no texto atual,[2] seja no texto já remetido ao Congresso Nacional,[3] objetivando a chamada "Reforma Sindical", é o foco enfrentado no presente trabalho.

Fazem parte desta temática, no que diz respeito à liberdade sindical, a contribuição sindical compulsória (art. 578 e segs., da CLT), o enquadramento sindical (art. 570 e segs., da CLT) e o poder normativo da Justiça do Trabalho (art. 114, § 2°, da Constituição da República Federativa do Brasil de 1988).

---

[1] Ver LASSALE, Ferdinand. *Que é uma Constituição?* São Paulo: Edições e Publicações "Brasil", 1993, p. 13-21: "Inicio, pois, minha palestra com esta pergunta: que é uma Constituição? Qual é a verdadeira essência de uma Constituição? Em todos os lugares e a todas as horas, à tarde, pela manhã e à noite, estamos ouvindo falar da Constituição e de seus problemas constitucionais. Na imprensa, nos clubes, nos cafés e nos restaurantes, é este o assumto obrigatório de todas as conversas.
[...]
E responde Lassalle: "Constituição não é uma lei como as outras, é uma *lei fundamental* da nação".

[2] Art. 8°. É livre a associação profissional ou sindical, observado o seguinte:
[...]
II – é vedada a criação de mais de uma organização sindical, em qualquer grau, representativa de categoria profissional ou econômica, na mesma base territorial, que será definida pelos trabalhadores ou empregadores interessados, não podendo ser inferior à área de um Município;

[3] Através de Proposta de Emenda Constitucional número 369/2005 e Anteprojeto de Lei.

A Liberdade Sindical

Os direitos à vida, à liberdade, à igualdade, à segurança e à propriedade[4] constituem princípios que regem os Direitos Fundamentais consagrados na Constituição da República Federativa do Brasil de 1988. Dentre tais princípios, destaca-se, aqui, o princípio do direito fundamental à liberdade.

A moderna teoria dos princípios constitucionais[5] apresenta-se, no universo da teoria do direito, como conjunto de regras dotadas de elevada carga de valores morais, sociais e políticos.[6] Tais princípios,

---

[4] Art. 5º. Todos são iguais perante a lei, sem distinção de qualquer natureza, garantindo-se aos brasileiros e aos estrangeiros residentes no País a inviolabilidade do direito à vida, à liberdade, à segurança e à propriedade, nos seguintes termos:

[5] Ver SILVA, José Afonso da, em *Aplicabilidade das Normas Constitucionais*. São Paulo: Editora Revista dos Tribunais, 1982, p. 109-110.: "'A ciência do direito constitucional' – diz Pinto Ferreira – 'induz da realidade histórico social os lineamentos básicos, os grandes *princípios constitucionais*, que servem de base à estruturação do Estado. Os princípios essenciais assim estabelecidos são os *summa genera* do direito constitucional, fórmulas básicas ou postos-chaves de interpretação e construção teórica do constitucionalismo'. Em magnífico livro sobre os princípios do direito constitucional moderno, destaca a divergência dos juristas na formulação desses princípios, e ele próprio termina por indicar cinco grandes princípios do direito constitucional moderno: *a) o princípio da supremacia da constituição; b) o princípio democrático; c) o princípio liberal; d) o princípio do socialismo; e) o princípio do federalismo.*
Não se nos afigura que esses princípios, considerados por Pinto Ferreira, possam ser, todos, princípios gerais do direito constitucional moderno. Talvez fosse válido entendê-los como princípios universais por serem induzidos do direito constitucional comparado. Mesmo assim seria de se ter cautela na afirmativa, pois que nem todos são encontrados em todos os sistemas constitucionais. O princípio federalista, por exemplo, só existe em número relativamente pequeno de ordenações constitucionais. O princípio do socialismo, num sentido universal, no máximo pode ser encarado como uma tendência, desde que as declarações de direitos sociais, hoje constantes na maioria das constituições, não têm a natureza socialista em sentido técnico, mas tão-só revelam o intervencionismo estatal, sem que isso signifique, em rigor, a adoção de regime essencialmente diverso do capitalismo.
O que é possível afirmar é que aqueles princípios e outros, como o do sistema de governo, sua forma, a repartição ou colaboração de poderes, etc., formam temas de uma teoria geral do direito constitucional, por envolver conceitos gerais, relações, objetos, que podem ter seu estudo destacado pela dogmática jurídico-constitucional, sem negar a existência real de princípios gerais do direito constitucional, induzidos da realidade histórico-constitucional de cada povo. Assim, entre nós, afigura-se possível admitir alguns deles: *a)* o da supremacia das normas constitucionais; *b)* o do federalismo, envolvendo o da autonomia dos Estados; *c)* o da autonomia municipal; *d)* o do controle jurisdicional da constitucionalidade das leis; *e)* o da proteção da autonomia individual em face do poder, decorrente da declaração dos direitos individuais e garantias constitucionais; *f)* o da proteção social ao trabalhador, ainda que apenas tenuemente agasalhado nas normas constitucionais; *g)* o da proteção da família, do ensino e da cultura, embora ainda com características programáticas; *h)* o da independência da magistratura; *i)* o da representação partidária, etc.
Tais princípios gerais distinguem-se das normas constitucionais de princípio, de um ponto de vista ontológico, pois não constituem normas como estas últimas, mas princípios induzidos de um conjunto de normas. Que os princípios gerais do Direito (seja do Direito como ordenação jurídica, seja de um ramo particular da ciência jurídica) não são normas, como imperativos, é coisa sobre que a doutrina não controverte. Há quem os considere como princípios institucionais que funcionam com critérios informadores das leis existentes. Certos autores arrolam, entre tais princípios, as normas constitucionais de princípio (esquema), especialmente as programáticas".

[6] Ver KELSEN, Hans, em *Teoria Geral do Direito e do Estado*. São Paulo: Martins Fontes, 1998, p. 8, "O conceito de Direito, neste caso, é elaborado de modo a corresponder a um ideal específico de justiça, isto é, o da democracia e do liberalismo. Do ponto de vista da ciência, livre de quaisquer julgamentos valorativos, morais ou políticos, a democracia e o liberalismo são apenas dois princípios possíveis de organização social, exatamente como o são a autocracia e o socialismo. Não há nenhuma razão científica pela qual o conceito de Direito deva ser definido de modo a

por apresentarem elevado grau de generalidade, distinguem-se das regras de cunho instrumental, que possuem baixa carga de especificação. A Constituição da República Federativa do Brasil de 1988 prevê a existência de princípios[7] (artigo 5º) e de regras (artigo 8º).

O constitucionalista espanhol Aragon[8] ensina a importância dos princípios constitucionais:

> Agora, quando passamos da condição genérica de ordenamento que o Direito constitucional possui à específica do lugar que no ordenamento jurídico ocupa, aparece, de maneira imediata, uma diferença, já qualitativa, entre os princípios constitucionais e os demais princípios jurídicos. Enquanto o Direito da Constituição é o Direito fundamental do ordenamento, os princípios constitucionais são, por isso, também fundamentais em relação a quaisquer outros princípios jurídicos. Os princípios gerais constitucionais têm a qualidade, pois, de serem os princípios gerais fundamentais do ordenamento jurídico. Qualidade que, como é óbvio, atribui a estes princípios uma extraordinária importância e converte ao procedimento de sua conformação doutrinária e jurisprudencial em uma atividade crucial para a vida do ordenamento. (tradução livre do autor).

A discussão temática do presente trabalho envolve, portanto, o princípio fundamental do direito à liberdade e a regra que limita esta liberdade no que diz respeito ao sistema sindical brasileiro. Aborda-se, ainda, a relação destes princípios e limites com a Convenção número 87 da Organização Internacional do Trabalho, editada em 1948 e jamais ratificada pelo Brasil.

Neste sentido, utiliza-se, a seguir, como fundamento da liberdade, a posição de alguns clássicos da filosofia do Direito.

1.2. VISÃO TEÓRICA

Segundo Miranda, na estrutura de uma Constituição, os princípios têm uma função ordenadora: [9]

---

excluir estes últimos. Tal como empregado nestas investigações, o conceito de Direito não tem quaisquer conotações morais. O problema do Direito, na condição de problema científico, é um problema de técnica social, não um problema de moral. A afirmação: 'Certa ordem social tem o caráter de Direito, é uma ordem jurídica', não implica o julgamento moral de qualificar essa ordem como boa ou justa. Existem ordens jurídicas que, a partir de certo ponto de vista, são injustas. Direito e Justiça são dois conceitos diferentes. O Direito, considerado como distinto da justiça, é o Direito positivo. É o conceito de Direito positivo que está em questão aqui; e uma ciência do Direito positivo deve ser claramente distinguida de uma filosofia da justiça".

[7] Como bem leciona SÜSSEKIND, Arnaldo, em *Direito Constitucional do Trabalho*. Rio de Janeiro: Renovar, 1999, p. 57, "os mais renomados juristas distinguem os princípios político-constitucionais dos princípios jurídico-constitucionais. Os primeiros são postulados com um conteúdo concreto visando à meta que a lei deve alcançar num dado momento; os segundos são critérios formais abstratos, aplicáveis, geralmente, em qualquer circunstância de lugar e tempo, com ampla ressonância a toda a disciplina".

[8] Ver ARAGON, Manoel, em *Constitucion y Democracia*. Madrid: Tecnos, 1989, p. 75:

[9] Ver MIRANDA, Jorge, em *Manual de Direito Constitucional – Tomo II – Constituição e Inconstitucionalidade*. Coimbra: Coimbra Editora, 1996, p. 223-227.

A Liberdade Sindical

Inerente ao homem, condição e expressão da sua experiência convivencial, o Direito nunca poderia esgotar-se nos diplomas e preceitos mutáveis, constantemente publicados e revogados pelos órgãos do poder. Mesmo para quem não adira às escolas institucionalistas ou às estruturalistas, forçoso se torna reconhecer existir algo de específico e de permanente no sistema que permite (e só isso permite) explicar e fundar a validade e a efectividade de todas e de cada uma das suas normas.

O Direito não é mero somatório de regras avulsas, produto de actos de vontade ou mera concatenação de fórmulas verbais articuladas entre si. O Direito é ordenamento ou conjunto significativo e não conjunto resultante de vigência simultânea; implica *coerência* ou, talvez mais rigorosamente, *consistência*; projecta-se em sistema; é unidade de sentido, é valor incorporado em regra. E esse ordenamento, esse conjunto, essa unidade, esse valor projecta-se ou traduz-se em princípios, logicamente anteriores aos preceitos.

Os princípios não se colocam, pois, além ou acima do Direito (ou do próprio Direito positivo); também eles – numa visão ampla, superadora de concepções positivistas, literalistas e absolutizantes das fontes legais – fazem parte do complexo ordamental. Não se contrapõem às normas, contrapõem-se tão-somente aos preceitos; as normas jurídicas é que se dividem em *normas-princípios* e em *normas-disposições*.

Se assim se afigura em geral, muito mais tem do ser no âmbito do Direito constitucional, tronco da ordem jurídica estadual, todo ele envolvido e penetrado pelos valores jurídicos fundamentais dominantes na comunidade; sobretudo, tem de ser assim na consideração da Constituição material como núcleo de princípios e não tanto de preceitos ou disposições articuladas. Eis o que temos vindo a expender ao longo da presente obra e que agora repetimos e sintetizamos.

A função ordenadora dos princípios revela-se particularmente nítida e forte em momentos revolucionários, quando é nos princípios – nos quais se traduz uma nova idéia de Direito – e não nos poucos e precários preceitos escritos, que assenta directamente a vida jurídico-política do país. Mas não menos sensível se apresenta em épocas de normalidade e estabilidade institucional. Eles exercem uma acção imediata enquanto directamente aplicáveis ou directamente capazes de se conformarem as relações político-institucionais. E exercem também uma acção mediata tanto num plano integrativo e construtivo como num plano essencialmente prospectivo.

Por certo, os princípios, muito mais que os preceitos, admitem ou postulam concretizações, densificações, realizações variáveis. Nem por isso o operador jurídico pode deixar de os ter em conta, de os tomar como pontos firmes de referência, de os interpretar segundo os critérios próprios de hermenêutica e de, em conseqüência, lhes dar o devido cumprimento.
[...]
A ação mediata dos princípios consiste, em primeiro lugar, em funcionarem como critérios de interpretação e de integração, pois são eles que dão coerência geral ao sistema. E, assim, o sentido exacto dos preceitos constitucionais tem de ser encontrado na conjugação com os princípios e a integração há-de ser feita de tal sorte que se tornem explícitas ou explicitáveis as normas que o legislado constituinte não quis ou não pôde exprimir cabalmente.

Servem, depois, os princípios de elementos de construção e qualificação: os conceitos básicos de estruturação do sistema constitucional, aparecem estreitamente conexos com os princípios ou através da prescrição de princípios.

Exercem, finalmente, uma função prospectiva, dinamizadora e transformadora, em virtude da sua maior generalidade ou indeterminação e da força expansiva que possuem (e de que se acham desprovidos os preceitos, desde logo por causa das suas amarras verbais). Daí, o peso que revestem na interpretação evolutiva; daí a exigência que contêm ou o convite que sugerem para a adopção de novas formulações ou de novas normas que com eles melhor se coadunem e que, portanto, mais se aproximem à idéia de Direito inspiradora da Constituição (sobretudo, quando se trate de Constituição programática).

A idéia transmitida por Miranda exprime o sentido mais claro dos princípios como fundamento mesmo do direito. São os princípios que servem de inspiração ao legislador a partir das chamadas fontes materiais de direito, ou seja, a partir da própria realidade social,[10] ou mesmo o que Ehrlich chama de *direito vivo:* "O direito vivo é aquele que, apesar de não fixado em prescrições jurídicas, domina a vida. As fontes para conhecê-lo são sobretudo os documentos modernos, mas também a observação direta do dia-a-dia do comércio, dos costumes e também das associações, tanto as legalmente reconhecidas como as ignoradas e até ilegais".[11]

E, mesmo que o "fato social" sirva de fonte de inspiração para o legislador, a realidade demonstra que o chamado direito estatal não é a única fonte de direito existente na sociedade Neste sentido Arnaud:[12]

---

[10] Assim leciona REALE, Miguel, nas suas *Lições Preliminares de Direito.* São Paulo: Saraiva, 1984, p. 139-141: Vejamos o que se tem designado com a expressão *fonte material,* para demonstrarmos a inconveniência desse termo.

Verificando-se, por exemplo, como aparece uma lei, podemos indagar de suas razões últimas, dos motivos lógicos ou morais que guiaram o legislador em sua tarefa. Estamos, pois, diante de uma pesquisa de natureza filosófica, que diz respeito às condições lógicas e éticas de fenômeno jurídico.

Ao lado dessa questão, que se liga ao próprio problema da justiça, da liberdade, da segurança e da ordem, encontramos outros problemas que já possuem um aspecto sociológico. Indagamos das causas não remotas, mas imediatas da lei. Podemos perguntar, por exemplo, se uma lei é devida a fatores econômicos permanentes ou transitórios, ou se ela é decorrência de exigências demográficas, geográficas, raciais, higiênicas e assim por diante. O problema que gira em torno das causas imediatas ou próximas do fenômeno jurídico pertence ao âmbito da Sociologia e, a rigor, da Sociologia Jurídica.

Como se vê, o que se costuma indicar com a expressão "fonte material" não é outra coisa senão o estudo filosófico ou sociológico dos motivos éticos ou dos fatos que condicionam o aparecimento e as transformações das regras do direito. Fácil é perceber que se trata do problema do fundamento ético ou do fundamento social das normas jurídicas, situando-se, por conseguinte, fora do campo da Ciência do Direito. Melhor é, por conseguinte, que se dê, ao termo *fonte do direito,* uma única acepção, circunscrita ao campo da Jurisprudência.

Por "fonte do direito" designamos os processos ou meios em virtude dos quais as regras jurídicas se positivam com legítima força obrigatória, isto é, com vigência e eficácia. O direito resulta de um complexo de fatores que a Filosofia e a Sociologia estudam, mas se manifesta, como ordenação vigente e eficaz, através de certas formas, diríamos mesmo de certas *fôrmas,* que são o *processo legislativo,* os *usos e costumes jurídicos,* a *atividade jurisdicional* e o *poder negocial.*

O direito se realiza através de um conjunto sistemático de regras que determinam atos e abstenções, sob pena de se imputarem ao transgressor certas conseqüências ou sanções penais.

Para que se possa falar, por conseguinte, de "fonte de direito", isto é, de fonte de regras obrigatórias, dotadas de *vigência* e de *eficácia,* é preciso que haja um *poder* capaz de especificar o conteúdo do devido, para exigir o seu cumprimento, não sendo indispensável que ele mesmo aplique a sanção penal. É por isso que se diz que o problema das fontes do direito se confunde com o das formas de *produção de regras do direito vigentes e eficazes,* podendo ser genéricas ou não.

Por ora, podemos fixar esta noção essencial: toda fonte de direito implica uma *estrutura de poder,* pois a gênese de qualquer regra de direito (nomogênese jurídica) – tal como pensamos ter demonstrado em nossos estudos de Filosofia do Direito – só ocorre em virtude da interferência de um *centro de poder,* o qual diante de um complexo de *fatos e valores,* opta por dada *solução normativa* com características de objetividade.

À luz desse conceito, quatro são as fontes de direito, porque quatro são as formas de *poder: o processo legislativo,* expressão de Poder Legislativo; a *jurisdição,* que corresponde ao Poder Judiciário; os *usos e costumes jurídicos,* que exprimem o *poder social,* ou seja, o poder decisório anônimo do povo; e, finalmente, a *fonte negocial,* expressão do *poder negocial* ou da autonomia de vontade.

[11] Ver EHRLICH, Eugen, em *Fundamentos da Sociologia do Direito.* Brasília: UNB, p. 378.

[12] Neste sentido, ARNAUD, André-Jean e DULCE, María José Fariñas, em *Introdução à Análise Sociológica dos Sistemas Jurídicos.* Rio de Janeiro/São Paulo: Renovar, 2000, p. 400-402.

Deve-se, portanto, levar em consideração, nessa dinâmica de produção normativa, não apenas os criadores "legítimos" de direito, mas também os movimentos sociais. É exatamente introduzir – ou reintroduzir – a complexidade, sobre a qual se vai debruçar mais tarde, embora não se deva esquecer que ela está permanentemente presente nesses processos.

[...]

É assim – já nos deparamos com esses exemplos – que o direito das *favelas* pode ser considerado como um exemplo de sistema jurídico informal e não oficial, desenvolvido por classes urbanas oprimidas que vivem em guetos e em bairros como potenciais usucapientes, e visando manter a sobrevivência da comunidade e uma estabilidade social numa sociedade capitalista, baseada na especulação da terra e na moradia. Essa produção normativa era mesmo fenômeno de não profissionais.

[...]

É preciso também considerar, quando se fala de produção da norma jurídica, da descentralização dessa produção, por meio do lugar, por exemplo, ocupado pelos atores no processo de criação das normas jurídicas. Alguns atores, por exemplo, realçaram o papel central dos funcionários na criação do direito. Outros mostraram como, em direito do trabalho, não apenas os magistrados, mas também os diversos atores dentro da empresa, agem, cooperando com a regulação das relações de trabalho, como produtores de normas jurídicas.

Entre os autores brasileiros, destaca-se Wolkmer, ao fazer referência sobre os meios normativos convencionais e não convencionais:[13]

Tendo presente a perspectiva de um pluralismo comunitário-participativo, há de se chamar a atenção para o fato de que a insuficiência das fontes clássicas do monismo estatal determina o alargamento dos centros geradores de produção jurídica mediante outros meios normativos não-convencionais, sendo privilegiadas, neste processo, as práticas coletivas engedradas por sujeitos sociais.

É inegável a constatação de que 'fonte', no âmbito do Direito, traduz os diferentes modos de sua formação e as múltiplas expressões de seu conteúdo histórico na realidade social. Daí que a fonte primária do Direito não está na imposição da vontade de uma autoridade dirigente, nem de um poder legiferante ou de uma criação iluminada de magistrados onipotentes, mas, essencialmente, na dinâmica interativa e espontânea da própria sociedade humana. Assim, a fonte jurídica por excelência encontra-se interligada às relações sociais e às necessidades fundamentais desejadas, inerentes ao modo de produção da vida material, subjetiva e cultural.

As fontes de produção jurídica que se estruturam em termos de um conteúdo (sentido material) e de uma configuração simbólico-cultural (sentido formal), reproduzem a manifestação de seres humanos inter-relacionados, que vivem, trabalham, participam de lutas e conflitos, buscando a satisfação de necessidades cotidianas fundamentais num interregno marcado pela 'convivência das diferenças'. Nestas condições, a produção jurídica não pode deixar de retratar o que a própria realidade dimensionaliza, bem como de corresponder às reais necessidades da sociedade em dado momento histórico, moldando-se às flutuações cíclicas que afetam também os demais fenômenos do mundo cultural (aspectos sociais, econômicos, políticos, éticos, religiosos, lingüísticos, etc.). As transformações da vida social constituem, assim, a formação primária de um 'jurídico' que não se fecha exclusivamente em proposições genéricas e em regras estáticas e fixas formuladas para o controle da solução dos conflitos, mas se manifesta como resultado do interesse e das necessidades de agrupamentos associativos e comunitários, assumindo um caráter espontâneo, dinâmico, flexível e circunstancial. Esta concepção aqui partilhada afasta-se das expressões normativas pré-fixadas e abstratas criadas e impostas, com exclusividade, pela moderna estrutura estatal de poder. A produção jurídica formal e técnica do Estado moderno só atinge parcelas da ordem social, achando-se quase sempre em atraso, relativamente às aspirações jurídicas mais desejadas, vivas e concretas da sociedade como um todo.

---

[13] Ver também, WOLKMER, Antonio Carlos, *Pluralismo Jurídico – Fundamentos de uma nova cultura do Direito*. São Paulo: Alfa Omega, 2001, p. 151-152.

Os princípios têm, ainda, a função normativa,[14] por atuarem como fonte supletiva no caso de ausência da lei,[15] e a função interpretadora, no sentido de operarem como critério orientador do juiz ou do intérprete.[16]

Miranda classifica os princípios constitucionais em substantivos, como sendo aqueles válidos em si mesmo e que espelham os valores básicos, a que adere a Constituição material, e adjetivos ou instrumentais, que objetivam um alcance técnico, complementares dos primeiros.[17]

No ensinamento do citado constitucionalista português, os princípios constitucionais substantivos classificam-se em três grandes categorias: princípios axiológicos fundamentais,[18] princípios políticos-constitucionais[19] e princípios constitucionais instrumentais.[20]

---

[14] Neste contexto, ver, também, HESSE, Konrad, em *A força normativa da Constituição*. (tradução de Gilmar Ferreira Mendes). Porto Alegre: Sergio Antonio Fabris, Editor, 1991, p. 14-15: "A norma constitucional não tem existência autônoma em face da realidade. A sua essência reside na sua *vigência*, ou seja, a situação por ela regulada pretende ser concretizada na realidade. Essa pretensão de eficácia *(Geltungsanspruch)* não pode ser separada das condições históricas de sua realização, que estão, de diferentes formas, numa relação de interdependência, criando regras próprias que não podem ser desconsideradas. Devem ser contempladas aqui as condições naturais, técnicas, econômicas e sociais. A pretensão de eficácia da norma jurídica somente será realizada se levar em conta essas condições".

E continua o autor alemão: "Finalmente, a Constituição não deve assentar-se numa *estrutura unilateral* se quiser preservar a sua força normativa num mundo em processo de permanente mudança político-social. Se pretende preservar a força normativa dos seus princípios fundamentais, deve ela incorporar, mediante meticulosa ponderação, parte da estrutura contrária. Direitos fundamentais não podem existir sem deveres, a divisão de poderes há de pressupor a possibilidade de concentração de poder, o federalismo não pode subsistir sem uma certa dose de unitarismo. Se a Constituição tentasse concretizar um desses princípios de forma absolutamente pura, ter-se-ia de constatar, inevitavelmente – no mais tardar em momento de acentuada crise – que ela ultrapassou os limites de sua força normativa. A realidade haveria de pôr termo à sua normatividade; os princípios que ela buscava concretizar estariam irremediavelmente derrogados".(op. cit., p. 21).

[15] Nesse sentido, no ordenamento jurídico pátrio, o artigo 4º da Lei de Introdução ao Código Civil: "Quando a lei for omissa, o juiz decidirá o caso de acordo com a analogia, os costumes e os princípios gerais do direito"; e, também, o artigo 126 do Código de Processo Civil: "O juiz não se exime de sentenciar ou despachar alegando lacuna ou obscuridade da lei. No julgamento da lide caber-lhe-á aplicar as normas legais; não as havendo, recorrerá à analogia, aos costumes e aos princípios gerais de direito".

[16] A tríplice função dos princípios é extraída do seguinte conceito proposto por RODRIGUEZ, Américo Plá, nos seus *Princípios de Direito do Trabalho*. São Paulo: LTr, 1996, p. 16: "...princípios são linhas diretrizes que informam algumas normas e inspiram direta e indiretamente uma série de soluções, pelo que, podem servir para promover e embasar a aprovação de novas normas, orientar a interpretação das existentes e resolver os casos não previstos".

[17] MIRANDA, 1996, p. 229.

[18] São aqueles correspondentes aos limites transcendentes do poder constituinte, ponte de passagem do Direito natural para o Direito positivo, como a proibição de discriminações, a inviolabilidade da vida humana, a dignidade social do trabalho, etc. (MIRANDA, 1996, p. 229).

[19] São os correspondentes aos limites imanentes do poder constituinte, aos limites específicos da revisão constitucional, próprios e impróprios, e aos princípios conexos ou derivados de uns e de outros, os quais refletem, como o nome indica, as grandes marcas e direções caracterizadoras de cada Constituição material diante das demais, ou sejam, as grandes opções e princípios de cada regime, como, por exemplo, o princípio democrático, o princípio representativo, o princípio republicano, o princípio da separação dos órgãos do poder, etc. (MIRANDA, 1996, p. 229-230).

[20] Estes últimos correspondem à estruturação do sistema constitucional, em moldes de racionalidade e operacionalidade; princípios fundamentalmente *construtivos* e que, embora vindos do

---

A Liberdade Sindical

Indiscutível ser o princípio do direito fundamental à liberdade, insculpido no *caput* do artigo 5º da Constituição da República Federativa do Brasil de 1988, um princípio constitucional substantivo axiológico fundamental. A partir desta classificação, examinar-se-ão os contornos principiológicos da liberdade e a sua conexão com as regras que o restringem. Examinar-se-á, ainda, o confronto existente entre as regras internas e as regras internacionais que tratam da liberdade sindical.

Examinando-se os princípios constitucionais por um outro viés, busca-se a idéia de Canotilho,[21] que fala em princípios estruturantes da Constituição e, no que diz respeito ao sistema de direitos fundamentais, tece a seguinte idéia:

> A densificação do sentido constitucional dos direitos, liberdades e garantias é mais fácil do que a determinação do sentido específico do enunciado "dignidade da pessoa humana". Pela análise dos direitos fundamentais, constitucionalmente consagrados, deduz-se que a raiz antropológica se reconduz ao homem como *pessoa*, como *cidadão*, como *trabalhador* e como *administrado*. Nesta perspectiva, tem-se sugerido uma "integração pragmática" dos direitos fundamentais. Em primeiro lugar, afirmação da integridade física e espiritual do homem como dimensão irrenunciável da sua *individualidade* autonomamente responsável. Em segundo lugar, garantia da identidade e integridade da pessoa através do *livre desenvolvimento da personalidade*. Reflectindo o imperativo social do estado de direito, aponta-se para a *libertação da "angústia da existência"* da pessoa mediante mecanismos de socialidade, dentre os quais se incluem a possibilidade de trabalho, emprego e qualificação profissional e a garantia de condições existenciais mínimas através de mecanismos providenciais e assistenciais como o subsídio ao desemprego e o rendimento mínimo garantido. Reafirma-se, em quarto lugar, a garantia e defesa da *autonomia individual* através da vinculação dos poderes públicos a conteúdos, formas e procedimentos do estado de direito. Finalmente, realça-se a dimensão da igualdade-justiça dos cidadãos, expressa na mesma *dignidade social* e na *igualdade de tratamento normativo*, isto é, igualdade perante a lei e através da lei.

O conteúdo constitucional principiológico proposto e designado por Canotilho como estruturante traz clara conexão com a liberdade de autonomia do indivíduo, com a sua identidade, sua integridade, sua sociabilidade, sua cidadania, e relação direta de sua vinculação como membro do Estado. Todos estes aspectos têm relação direta com o que Miranda chamou de ponte de passagem do Direito Natural para o Direito Positivo ao tratar, por exemplo, da dignidade social do trabalho na sua classificação denominada "princípios substantivos axiológicos fundamentais".[22]

A referência à dignidade social do trabalho, aqui destacada, não o é por acaso. Tal lembrança se deve à ligação da sociabilidade adquirida

---

Estado constitucional ou de Direito, hoje adquiriram uma relativa neutralidade a ponto de poderem encontrar-se um pouco por toda parte. Dentre os princípios constitucionais instrumentais, destacam-se o princípio da publicidade das normas jurídicas e o da fixação da competência dos órgãos constitucionais. (MIRANDA, 1996, p. 230).

[21] CANOTILHO, Joaquim José Gomes, em *Direito Constitucional e Teoria da Constituição*. Coimbra: Almedina, 1997, p. 242-243.

[22] MIRANDA, 1996, p. 229.

no ambiente de trabalho, como local de convergência de idéias, posições e, principalmente, interesses que, no que diz respeito à busca por melhores condições de vida e de salários, desemboca no sindicalismo. É, por essa razão, a importância que o presente trabalho dá à liberdade sindical.

A vinculação entre o princípio constitucional da liberdade e a liberdade sindical encontra amparo no chamado princípio do Estado social, que dá ênfase aos chamados direitos sociais, como educação, saúde, trabalho, moradia, lazer, segurança, previdência social, proteção à maternidade e à infância e a assistência aos desamparados (art. 6º da Constituição da República Federativa do Brasil de 1988).

Os sindicatos detêm o que se denomina "autonomia privada coletiva",[23] mas nem por isso, mesmo em ambientes democráticos de tradição romanística, [24] como é o caso do Brasil, deixam de ter seus pilares básicos regulados pelo Estado.

É nesse sentido que também se traz à lume a idéia de Hesse[25] a respeito da matéria:

> Essa tarefa fundamenta não só uma "obrigação social" da coletividade diante de seus membros, portanto, a obrigação para assistência social, assistência vital e satisfação social, mas também obrigações sociais dos membros da coletividade entre si, assim como diante da coletividade: deveres de proteção, ajuda, assistência e deveres de auto-auxílio coletivo, vinculações da propriedade, obrigações tributárias e deveres de prestação, que põem o Estado primeiro em condições de cumprir suas tarefas sociais. Se todas essas obrigações sociais carecem também da concretização e realização pela legislação ordinária, freqüentemente também pelo tornar-se ativo administrativo, o princípio do estado social permanece, contudo, um *princípio constitucional*: ele obriga e legitima o legislador e o poder executivo para o exercício de tarefas estatal-sociais – sem fundamentar, com seu encargo geral, pretensões individuais a um tal exercício ou instruções de ação concretas. Ele garante em seu núcleo aqueles âmbitos jurídicos que pertencem à essência do estado de direito social, como, por exemplo, o direito de proteção aos trabalhadores e direito do horário do trabalho, o direito de ajuda social, direito de provisão ou direito de seguro social, o direito de organização de empresa ou direito do contrato coletivo de trabalho. Um afastamento fundamental das instituições pertencentes à existência básica do estado de direito social está jurídico-constitucionalmente excluído.

---

[23] Segundo NASCIMENTO, Amauri Mascaro, em *Compêndio de Direito Sindical*. São Paulo: LTR, 2000, p. 137, "a autonomia coletiva favorece o direito à livre negociação coletiva, a transferência de poder normativo do Estado para a ordem sindical-profissional, o poder, dos grupos sociais, de auto-elaboração da regra jurídica, a tutela sindical no lugar da estatal, distinguindo, entre os direitos, aqueles que devem der protegidos pela lei e aqueles que podem ser negociados pelos sindicatos".

[24] Ver REALE, Miguel, 1984, p. 141-142: "...Cabe, nesse sentido, distinguir dois tipos de ordenamento jurídico, o da *tradição romanística* (nações latinas e germânicas) e o da tradição anglo-americana (*common law*). O primeiro caracteriza-se pelo primado do processo legislativo, com atribuição de valor secundário às demais fontes do direito. A tradição latina ou continental (*civil law*) acentuou-se principalmente após a Revolução Francesa, quando a lei passou a ser considerada a única expressão autêntica da Nação, da vontade geral, tal como verificamos na obra de Jean-Jacques Rosseau, *Du Contrat Social*".

[25] HESSE, Konrad. *Elementos de Direito Constitucional da República Federal da Alemanha*. (trad. de Luís Afonso Heck). Porto Alegre: Sergio Antonio Fabris, 1998, p. 175-176.

A Liberdade Sindical

Entre nós, Bulos descreve com o que representam os princípios constitucionais:[26]

[...] princípios fundamentais significam diretrizes básicas que engendram decisões políticas imprescindíveis à configuração do Estado brasileiro, determinando-lhe o modo e a forma de ser. O qualificativo "fundamentais" dá idéia de algo necessário, sem o qual inexistiria alicerce, base ou suporte. E faz sentido, pois tais princípios visam concretizar as metas e os escopos apregoados pela manifestação constituinte originária de 1988, dando-lhes o substrato e o conteúdo necessário para efetivarem-se.

[...] por conterem em si uma força expansiva, agregam também direitos inalienáveis, básicos e imprescritíveis. Por isso, na medida do possível, ressalve-se bem, têm aplicação imediata.

Abordando o tema de forma clara e objetiva, Guerra Filho, os direitos fundamentais estão consagrados objetivamente em "princípios constitucionais especiais, que são a "densificação" ou a "concretização" daquele "princípio fundamental geral", de respeito à dignidade da pessoa humana.[27]

Como será examinado no sub-capítulo 1.2, o direito à liberdade é exatamente um dos suportes ou esteios para a construção do ordenamento jurídico de regras constitucionais e infraconstitucionais.

Sobre os princípios constitucionais, importante, também, é a contribuição de Bonavides, para quem "os princípios, uma vez constitucionalizados, se fazem a chave de todo o sistema normativo":[28]

Como já foi referido acima, a moderna teoria dos princípios constitucionais apresenta-se, no universo da teoria do direito, como conjunto de regras dotadas de elevada carga de valores morais, sociais e políticos. Tais princípios, por apresentarem elevado grau de generalidade, distinguem-se das regras de cunho instrumental, que possuem baixa carga de especificação.

Nesse sentido, Bonavides apresenta a classificação do que chama de princípios gerais, princípios constitucionais e disposições de princípio.[29]

---

[26] BULOS, Uadi Lammêgo. *Constituição Federal Anotada*. São Paulo: Saraiva, 2000, p. 39-40.

[27] GUERRA FILHO, Willis Santiago. *Processo constitucional e direitos fundamentais*. São Paulo: Celso Bastos, 1999, p. 48-49.

[28] Ver BONAVIDES, Paulo. *Curso de Direito Constitucional*, São Paulo: Malheiros, 1997, p. 231.

[29] Idem, ibidem, p. 244-246: "Os princípios gerais a que nos reportamos ao longo dessa exposição correspondem, em sentido e substância, aos 'princípios constitucionais' e às 'disposições de princípio', da terminologia mais em voga entre os Mestres do Direito Público contemporâneo.
Têm estes últimos se preocupado, sobretudo, em estabelecer os limites de eficácia de tais normas, cujo excesso de generalidade as insere, segundo certos juristas, numa categoria especial, isto é, num tipo à parte, sem que isso invalide, em absoluto, o título de normatividade que já lhes foi outorgado pela doutrina dominante.
Mas não é unicamente a generalidade o traço imperante na caracterização dos princípios. Domenico Farias, que lhes não recusa o caráter de 'genuínas normas jurídicas', acrescenta o da *fecundidade*.
Faz ele asserções desse teor: 'Uma idéia, todavia, retorna com freqüência, se não exclusiva, decerto preponderante: os princípios são a alma e o fundamento de outras normas. Substancialmente é a idéia de *fecundidade* do princípio aquela que se acrescenta à de mera generalidade'.
Esclarece, em seguida, as duas funções capitais que se inferem da fecundidade dos princípios, a saber, a interpretativa e a integrativa. Com efeito, escreve Farias: 'A forma jurídica mais definida

Dentre os princípios fundamentais insculpidos na Constituição da República Federativa do Brasil de 1988, no art. 1º, incisos I, II, III, IV e V, destacam-se os fundamentais à soberania, à cidadania, à dignidade da pessoa humana, aos valores sociais do trabalho e da livre iniciativa e ao pluralismo político.

São princípios constitucionais aplicáveis ao Direito do Trabalho, além dos citados, aqueles presentes no artigo 170, *caput*, que se referem à "valorização do trabalho humano", e à "justiça social"; no inciso II, a "função social da propriedade" e, no inciso VIII, a "busca do pleno emprego". Também se aplica ao Direito do Trabalho o princípio insculpido no artigo 193 da Constituição da República Federativa do Brasil de 1988, que dispõe que "a ordem social tem como base o princípio do trabalho e como objetivo o bem estar e a justiça social".

Segundo lição de Süssekind, a Constituição da República Federativa do Brasil de 1988 consagra, especificamente no tocante ao Direito do Trabalho, o *princípio da não-discriminação*, que proíbe a diferença de critério de admissão, de exercício de funções e de salário por motivo de sexo, idade, cor ou estado civil (art. 7º, XXX), ou de critério de admissão e de salário em razão de deficiência (art. 7º, XXXI), e, ainda, a proibição de distinção entre o trabalho manual, técnico ou intelectual (art. 7º, XXXII); o *princípio da continuidade da relação de emprego* (art. 7º, I e XXI), e o *princípio da irredutibilidade do salário* (art. 7º, VI).[30]

No âmbito dos direitos e garantias fundamentais, no art. 5º, *caput*, da Constituição da República Federativa do Brasil de 1988, destacam-se o direito à vida, à liberdade, à igualdade, à segurança e à propriedade.

Estabelecida a visão teórica dos princípios como fundamento da ordem jurídica, passa-se a examinar especificamente o princípio de direito fundamental à liberdade.

---

mediante a qual a fecundidade dos princípios se apresenta é, em primeiro lugar, a função interpretativa e integrativa. O recurso aos princípios se impõe ao jurista para orientar a interpretação das leis de teor obscuro ou para suprir-lhes o silêncio. Antes ainda das Cartas Constitucionais, ou, melhor, antes que, sob o influxo do jusnaturalismo iluminista, máximas jurídicas muito genéricas se difundissem nas codificações, o recurso aos princípios era já uma necessidade para interpretar e integrar as leis'.

Partindo-se da função interpretativa e integrativa dos princípios – cristalizada no conceito de sua fecundidade – é possível chegar, numa escala de densidade normativa, ao grau mais alto a que eles já subiram na própria esfera do Direito Positivo: o grau constitucional.

Mas a constitucionalização dos princípios compreende duas fases distintas: a fase programática e a fase não programática, de concreção e objetividade.

Na primeira, a normatividade constitucional dos princípios é mínima; na segunda, máxima. Ali, pairam ainda numa região abstrata e têm aplicabilidade diferida; aqui, ocupam um espaço onde revela de mediato a sua dimensão objetiva e concretizadora, a positividade de sua aplicação direta e imediata.

É unicamente nesta última fase que se faz exeqüível colocar no mesmo plano discursivo, em termos de identidade, os princípios gerais, os princípios constitucionais e as disposições de princípio".

30 SÜSSEKIND, 1999, p. 63.

A Liberdade Sindical

1.3. Princípios dos Direitos Fundamentais: Liberdade

Como referido, no âmbito dos direitos e garantias fundamentais, a Constituição da República Federativa do Brasil de 1988 elenca cinco direitos fundamentais.

Na medida em que o presente trabalho tem como tema um dos aspectos da liberdade, antes de debruçar-se sobre a especificidade da liberdade sindical, examinar-se-á a liberdade como princípio fundamental, fundada na visão teórica estabelecida no capítulo 1.1.

Passa-se a examinar a liberdade segundo autores como Montesquieu, Norberto Bobbio, John Locke, Immanuel Kant, Gerog Wilhelm Friedrich Hegel e Thomas Hobbes. A partir das visões dos filósofos do direito acima referidos, verifica-se a idéia de liberdade como direito fundamental previsto na Constituição da República Federativa do Brasil de 1988.

1.3.1. A liberdade em Montesquieu

Montesquieu, na clássica obra "O Espírito das Leis", trouxe o fundamento aos filósofos do direito, naquilo que chamou *da liberdade do cidadão*": [31]

> A liberdade filosófica consiste no exercício de sua vontade, ou, pelo menos, se devemos falar em todos os sistemas na opinião que se tem de que se exerce sua vontade. A liberdade política consiste na segurança, ou, pelo menos, na opinião que se tem de sua segurança.
> Esta segurança nunca é mais atacada do que nas acusações públicas ou privadas. Assim, é da excelência das leis criminais que depende principalmente a liberdade do cidadão.
> As leis criminais não foram aperfeiçoadas de repente. Nos próprios lugares em que mais se buscou a liberdade, nem sempre ela foi encontrada. Aristóteles conta-nos que, em Cumes, os pais do acusador podiam ser testemunhas. Sob as leis de Roma, a lei era tão imperfeita que Sérvio Túlio pronunciou a sentença contra os filhos de Ancus Martius, acusados de terem assassinado o rei, seu sogro. Sob os primeiros reis dos francos, Clotário criou uma lei para que um acusado não pudesse ser condenado sem ser ouvido; o que demonstra uma prática contrária em algum caso particular ou em algum povo bárbaro. Foi Carondas que introduziu os julgamentos contra os falsos testemunhos. Quando a inocência dos cidadãos não está garantida, a liberdade também não o está.
> Os conhecimentos que foram adquiridos em alguns países e que serão adquiridos em outros sobre as regras mais seguras que se possam seguir nos julgamentos criminais interessam mais ao gênero humano do que qualquer outra coisa que exista no mundo.
> É apenas sobre a prática destes conhecimentos que a liberdade pode ser fundamentada; e, num Estado que tivesse neste sentido as melhores leis possíveis, um homem que tivesse sido processado e devesse ser enforcado no dia seguinte seria mais livre do que um paxá na Turquia.

A distinção fundamental trazida por Montesquieu se dá entre as liberdades por ele denominadas filosófica e política. Enquanto a primeira é fundada na vontade do indivíduo, a segunda é fundada no que se entende como segurança. Esta segurança diz respeito às regras

---

[31] MONTESQUIEU, Charles de Secondat, Barão de. *O espírito das leis.* (tradução de Cristina Murachco). São Paulo: Martins Fontes, 1996, p. 198.

dos julgamentos criminais ao longo da história, que foram sendo aperfeiçoadas para se tornarem mais seguras, exatamente por tratarem da liberdade.

1.3.2. A liberdade em Norberto Bobbio

Um dos maiores jusfilósofos contemporâneos discute a liberdade sob diversos prismas. Bobbio[32] trata do que chama de liberdade negativa, da liberdade positiva, da liberdade de agir e de querer, da liberdade do indivíduo e da coletividade, da *liberdade em face de e liberdade de (ou para)*, da "verdadeira" liberdade, dos ideais da sociedade livre e dos problemas atuais da liberdade.

Inicialmente, Bobbio faz referência ao que chamou de *liberdade negativa:*[33] "Por *liberdade negativa*, na linguagem política, entende-se a situação na qual um sujeito tem a possibilidade de agir sem ser impedido, ou de não agir sem ser obrigado, por outros sujeitos".

Segue a definição de *liberdade positiva:*[34]

Por *liberdade positiva*, entende-se – na linguagem política – a situação na qual um sujeito tem a possibilidade de orientar seu próprio querer no sentido de uma finalidade, de tomar decisões, sem ser determinado pelo querer de outros. Essa forma de liberdade é também chamada de *autodeterminação* ou, ainda mais propriamente, de *autonomia*.

[...] Na verdade, costuma-se chamar de *liberdade* também esta situação, que poderia ser chamada mais apropriadamente de *autonomia*, na medida em que, em sua definição, faz-se referência não tanto ao que existe mais ao que falta, como quando se diz que autodeterminar-se significa não ser determinado por outros, ou não depender dos outros para as próprias decisões, ou determinar-se sem ser, por sua vez, determinado.

Acerca das distinções entre *liberdade negativa* e *liberdade positiva*, Bobbio tece considerações sobre o pensamento determinista e indeterminista:[35]

Sem querer entrar na controvérsia tradicional entre deterministas e indeterministas, e permanecendo no campo da liberdade social, não parece descabido especificar que os dois significados de liberdade até aqui exemplificados correspondem aos dois significados de liberdade predominantes nas discussões dos filósofos, ou seja, a liberdade tal como a entendem os deterministas e a liberdade segundo os indeterministas. Os primeiros, com efeito, negam geralmente a liberdade do querer, mas não excluem a liberdade de agir, se a essa se atribui o significado de liberdade negativa; os segundos afirmam principalmente, e com absoluta prioridade sobre qualquer outra forma de liberdade, a liberdade de querer, que corresponde à chamada liberdade positiva e não implica necessariamente a liberdade de agir.

As chamadas *liberdade negativa* e *liberdade positiva* também são denominadas de *liberdades em face de* e *liberdade de (ou para)*. A respeito

---

[32] Ver BOBBIO, Norberto, em *Igualdade e Liberdade.* (tradução de Carlos Nelson Coutinho). Rio de Janeiro: Ediouro, 1996.

[33] Idem, ibidem, 1996, p. 48-50.

[34] Idem, ibidem, 1996, p. 51-52.

[35] Idem, ibidem, 1996, p. 54-55.

da conexão entre as *liberdades negativas* e as *liberdades positivas* e *liberdades em face de* e *liberdade de (ou para)*, ensina Bobbio:[36]

> [...] como vivemos, a liberdade negativa é aquela situação na qual não se está submetido a limites, como os que provêm de normas restritivas dessa ou daquela autoridade social, isto é, a *liberdade em face de* esse ou aquele limite. Há autores que distinguem a *liberdade em face de* da *liberdade de (ou para)* (do inglês *liberty to*), incluindo nessa última todas as situações designadas com expressões como *liberdade de opinião, liberdade de iniciativa econômica, liberdade de reunião, de associação, de voto*, etc., pretendendo assim pôr em destaque, ao lado do momento negativo da situação de ausência de limitações ao qual se refere o termo *liberdade*, também o momento positivo que consiste na indicação das ações concretas que são *liberadas* e, portanto, tonadas possíveis por essa ausência de limites. Embora a distinção entre *liberdade em face de* e *liberdade de (ou para)* expresse a distinção entre aspecto negativo e aspecto positivo de uma situação chamada *liberdade*, ela não deve ser confundida – como freqüentemente ocorre – com a distinção entre liberdade negativa e liberdade positiva no sentido que utilizamos até agora.
> Vimos que a diferença entre a liberdade como *ausência de impedimento ou de constrangimento* e a liberdade como *autodeterminação* ou *autonomia* reside no fato de que a primeira qualifica a ação humana, enquanto a segunda qualifica a vontade. Ora, tanto a *liberdade em face de* como a *liberdade de (ou para)* qualificam a ação. Nessa medida, não designam situações diferentes, mas dois aspectos (que podemos muito bem chamar de negativo e de positivo, contanto que essa denominação não provoque novas confusões) da mesma situação.
> [...]
> Quando digo, por exemplo, que sou *livre para* expressar minhas opiniões, digo ao mesmo tempo – e não posso deixar de dizer – que sou *livre em face de* uma lei que institui a censura prévia. Do mesmo modo, quando digo que sou *livre em face de* qualquer norma que limite meu direito de voto, digo ao mesmo tempo – e não posso deixar de dizer – que sou *livre para* votar. A mesma coisa pode também ser enunciada do seguinte modo: não há *liberdade em face de* que não libere uma ou mais *liberdades de (ou para)*, assim como não há uma *liberdade de (ou para)*, assim como não há uma *liberdade de (ou para)* que não seja conseqüência de uma ou mais *liberdades em face de*. Esses dois aspectos de nossa liberdade de agir (que continuamos a diferenciar com clareza de nossa liberdade de querer) são tão ligados entre si que as duas expressões *liberdade em face de* e *liberdade de (ou para)*, são, em alguns casos, permutáveis.

Pois, qual é a verdadeira liberdade? Quais são os dois ideais de sociedade livre? Ainda sobre as *liberdades negativas* e as *liberdades positivas*, Bobbio responde:[37]

> Enquanto numa situação de liberdade negativa é correto dizer que eu posso (no sentido de que me é lícito) realizar uma determinada ação, numa situação de liberdade positiva não só não é correto, mas não teria mesmo nenhum sentido dizer que eu posso (no sentido de que me é lícito) querer. O que serve para reafirmar o que até agora temos dito: para que se possa dizer que uma ação é livre, basta o fato negativo de não ser impedida ou forçada; para que se possa dizer que a vontade é livre, é necessário não apenas o fato negativo de não ser determinada, mas o fato positivo de ser autodeterminada.
> [...]
> Já existem de fato situações nas nas quais o indivíduo é livre de fazer ou não fazer algo e outras situações nas quais o mesmo indivíduo tem a obrigação de obedecer, a liberdade positiva caracteriza aquela situação de obediência na qual quem obedece, obedece a uma norma o mais possível conforme à sua própria vontade, de tal modo que, obedecendo àquela norma, é como se obedecesse a si mesmo.
> [...]

---

[36] BOBBIO, 1996, p. 59-60.

[37] Idem, ibidem, 1996, p. 68-72.

> A liberdade na tradição liberal é individualista e encontra sua plena realização na redução a termos mínimos do poder coletivo personificado historicamente pelo Estado; a liberdade da tradição libertária é comunitária e se realiza plenamente apenas na máxima distribuição do poder social, de modo a que todos participem dele em igual medida. A sociedade ideal dos primeiros é uma comunidade de indivíduos livres; a dos segundos é uma comunidade livre de indivíduos associados.

A liberdade de realizar uma determinada ação (por exemplo, criar um sindicato) é uma liberdade negativa, ou seja, há o fato negativo de não ser determinado algum limite e o fato positivo de autodeterminação para a realização da ação.

Na liberdade positiva, obedecer à norma (por exemplo, o limite da unicidade sindical), é obedecer à própria vontade.

Na liberdade negativa, a sociedade ideal entre os indivíduos dar-lhes-ia plena liberdade, ao contrário da liberdade positiva, onde o limite seria as regras de associação destes mesmo indivíduos.

Bobbio deixa mais clara ainda a sua idéia de liberdade – especialmente liberdade sindical no contexto de liberdade -, quando, na sua coletânea de artigos "As Ideologias do Poder em Crise", trata do tema no artigo "As liberdades são solidárias":[38]

> Não se trata, na verdade, de desmascarar o poder, mas de mudá-lo. A liberdade sindical não é senão um princípio, uma aurora esplêndida a partir da qual não se pode antever o meio-dia. Como pode sobreviver a liberdade sindical se não é acompanhada da liberdade política? Como pode sobreviver o sindicato livre sem o partido livre ou o partido livre num sistema não-pluralista? E como se pode desenvolver um sistema político pluralista sem eleições livres ou eleições livres sem uma imprensa livre? E se nas eleições livres o partido dominante obtivesse uma pequena margem de votos favoráveis, como não é difícil prever?

A lucidez de Bobbio clareia todos os horizontes. Efetivamente não é possível pensar na liberdade sindical sem prévia liberdade política. A liberdade sindical é princípio e é uma aurora esplêndida que só existe com real liberdade política, ou seja, sem qualquer tipo de intervenção estatal no sistema, seja por limitações legais, seja por atos do poder.

1.3.3. A liberdade em John Locke

Como lhe agradar e não estar submetido a lei alguma. Mas *a liberdade dos homens sob um governo* consiste em viver segundo uma regra permanente, comum a todos nessa sociedade, Locke trata do tema "liberdade" no seu "Dois Tratados sobre o Governo", mais especificamente, no Livro II, "O Segundo Tratado sobre o Governo Civil", Capítulo IV, que trata da escravidão. Ensina Locke: [39]

> A *liberdade natural* do homem consiste em estar livre de qualquer poder superior sobre a Terra e em não estar submetido à vontade ou à autoridade legislativa do homem, mas ter por regra apenas a lei da natureza. *A liberdade do homem em sociedade* consiste em não estar submetido

---

[38] BOBBIO, Norberto, em *As Ideologias do Poder em Crise* (trad. de João Ferreira). Brasília: UNB, 1999, p. 92.

[39] LOCKE, John. *Dois Tratados Sobre o Governo*. São Paulo: Martins Fontes, 1998, p. 401-404.

a nenhum outro poder legislativo senão àquele estabelecido no corpo político mediante consentimento, nem sob o domínio de qualquer vontade ou sob a restrição de qualquer lei afora as que promulgar o Legislativo, segundo o encargo a este confiado. A *liberdade*, portanto, não corresponde ao que nos diz sir R. F., ou seja, *uma liberdade para cada um fazer o que lhe aprouver, viver* e elaborada pelo Poder Legislativo nela erigido: liberdade de seguir minha própria vontade em tudo quanto escapa à prescrição da regra e de não estar sujeito à vontade inconstante, incerta, desconhecida e arbitrária de outro homem. Assim como a *liberdade da natureza* consiste em não estar sujeito a restrição alguma senão à da *lei da natureza*.

Para Locke, portanto, a liberdade natural consiste em obedecer apenas às leis naturais. O homem não pode estar submetido à vontade de outros homens, como ocorre ao obedecer alguma lei. Por outro lado, há a liberdade em sociedade, que consiste na obediência apenas às leis existentes e criadas pelo Legislativo, segundo encargo a ele confiado pelos próprios homens. Há a liberdade dentro dos limites previstos pelas regras definidas pelos próprios homens, por delegação destes mesmos homens.

1.3.4. A liberdade em Immanuel Kant

Kant, em "A Metafísica dos Costumes", ao tratar do Direito do Estado, examina a liberdade jurídica sob o viés coletivo, fazendo clara referência ao poder originário para legislar:[40]

O Poder Legislativo pode pertencer somente à vontade unida do povo, pois uma vez que todo o direito deve nele proceder, a ninguém é capaz de causar injustiça mediante sua lei. Ora, quando alguém realiza disposições tocantes a *outra pessoa*, é sempre possível que cause injustiça a esta; entretanto, jamais é capaz de produzir injustiça em suas decisões concernentes a si mesmo (pois *volenti non fit iniuria*[41]). Portanto, somente a vontade concorrente e unida de todos, na medida em que cada um decide o mesmo para todos e todos para cada um, e assim somente a vontade geral unida do povo pode legislar.

Os membros dessa sociedade, que se acham unidos para legislar (*societas civilis*), ou seja, os membros de um Estado, são chamados de cidadãos (*cives*). Do ponto de vista dos direitos, os atributos de um cidadão, inseparáveis de sua essência (como cidadão), são: *liberdade legal*, o atributo de obedecer unicamente a lei à qual deu seu assentimento, *igualdade civil*, o atributo que lhe permite não reconhecer entre os membros do povo ninguém que lhe seja superior dotado da faculdade moral de obrigá-lo juridicamente de um modo que o impossibilite, por sua vez, de obrigar o outro e, em terceiro lugar, o atributo da *independência civil*, graças ao qual deve sua existência e preservação aos seus próprios direitos e poderes como membro da coisa pública (república) e não ao arbítrio de um outro indivíduo componente do povo. De sua independência segue-se sua personalidade civil, o seu atributo de prescindir de ser representado por outro, quando se trata de direitos.

[...]

Esta dependência da vontade de outros e esta desigualdade não se opõem, de modo algum, à sua liberdade e igualdade na qualidade de *seres humanos* que, juntos, constituem um povo; pelo contrário, é somente em conformidade com as condições de liberdade e igualdade que esse povo pode se transformar num Estado e participar de uma constituição civil. Mas nem todas as pessoas se qualificam com igual direito de voto no seio dessa constituição, quer dizer, para serem cidadãos e não meros associados do Estado, pois do fato de estarem capacitadas a exigir

---

[40] KANT, Immanuel. *A Metafísica dos Costumes*. São Paulo: EDIPRO, 2003, p. 156-157.

[41] "Nenhuma injustiça é feita àquele que consente" (tradução no próprio texto).

que todos os outros as tratem de acordo com as leis da liberdade natural e da igualdade como partes passivas do Estado, não se segue que também tenham o direito de administrar o Estado ele próprio como seus membros ativos, o direito de organizá-lo ou cooperar para a introdução de certas leis. Segue-se apenas que seja qual for o tipo de leis positivas nas quais os cidadãos possam votar, é necessário, não obstante, que estas leis não sejam contrárias às leis naturais da liberdade e da igualdade de todos no seio do povo correspondente a essa liberdade, a saber, qualquer um pode ascender dessa condição passiva a uma ativa.

O direito é produzido no seio do povo e, por isso mesmo, a ninguém deve ser capaz de causar injustiça.

De qualquer modo, refere Kant, na medida em que alguém realiza algo que interfere na vida de outros, é possível que cause injustiça a estes.

A lei traça regras e, também, limites às pessoas. Estes limites podem, às vezes, serem injustos.

1.3.5. A liberdade em Georg Wilhelm Friedrich Hegel

Já na introdução dos "Princípios da Filosofia do Direito", Hegel trata da liberdade no direito:[42]

O domínio do direito é o espírito em geral; aí, a sua base própria, o seu ponto de partida está na vontade livre, de tal modo que a liberdade constitui a sua substância e o seu destino e que o sistema do direito é o império da liberdade realizada, o mundo do espírito produzido como uma segunda natureza a partir de si mesmo.

Nota – No estudo da liberdade, poderemos lembrar quais eram, outrora, as fases da investigação: pressupunha-se, primeiro, a representação da vontade e sobre isso se tentava, depois, estabelecer uma definição. O método da antiga psicologia empírica fundava-se, a seguir, nas diferentes impressões e manifestações da consciência corrente, tais como o remorso ou o sentimento da responsabilidade, que, explicados tão-só pela vontade livre apareciam como sendo as chamadas provas da liberdade da vontade. É no entanto mais cômodo aceitar simplesmente que a liberdade é um dado da consciência em que é forçoso acreditar. A liberdade da vontade, a natureza de uma e de outra só se podem deduzir na correlação com o todo (como já se disse no parágrafo segundo). Na *Enciclopédia das ciências filosóficas* expus já, e espero um dia concluí-lo, o esquema destas premissas: o Espírito é, de início, inteligência, e as determinações através das quais, pela representação, efetua o seu desenvolvimento desde o sentimento até o pensamento são as jornadas para alcançar produzir-se como Vontade, que, enquanto espírito prático em geral, é a verdade próxima da inteligência. A contribuição que assim espero vir a poder dar a um conhecimento mais profundo da natureza do espírito é, pois, tanto mais necessária quanto é certo (como já observei do parágrafo 367 daquela obra) que dificilmente se encontrará uma ciência que esteja num estado tão lamentável e de tanto abandono como a teoria do espírito comumente designada por psicologia. Na consideração dos elementos do conceito de vontade apresentado neste e nos parágrafos seguintes e que são o desenvolvimento daquelas premissas, poderá evocar-se, como auxiliar da representação, a consciência reflexa de cada um. Pode cada qual encontrar em si o poder de se abstrair de tudo o que cada qual é, bem como o de se determinar a si mesmo, de dar a si mesmo, e por si mesmo, não importa que conteúdo, e ter, portanto, na sua consciência de si, um exemplo para as determinações que vamos apresentar.

Ao conceituar "moralidade objetiva", Hegel voltou a tratar do tema "liberdade", referindo que "a moralidade objetiva é a idéia de

---

42 HEGEL, Georg Wilhelm Friedrich. *Princípios da Filosofia do Direito*. São Paulo: Martins Fontes, 2003, p. 12-13.

A Liberdade Sindical

liberdade enquanto vivente bem, que, na consciência de si, tem o seu saber e o seu querer e que, pela ação desta consciência, tem a sua realidade. Tal ação tem o seu fundamento em si e para si, e a sua motora finalidade na existência moral e objetiva.

É o conceito de liberdade que se tornou mundo real e adquiriu a natureza da consciência de si.[43]

Ainda na parte que estuda a "moralidade objetiva", ao examinar o Estado, novamente Hegel ingressa na esfera da liberdade:[44]

> O Estado é a realidade em ato da idéia moral objetiva, o espírito como vontade substancial revelada, clara para si mesma, que se conhece e se pensa, e realiza o que sabe e porque sabe.
>
> No costume, tem o Estado a sua existência imediata na consciência de si, no saber e na atividade do indivíduo, tem a sua existência mediata, enquanto o indivíduo obtém a sua liberdade substancial ligando-se ao Estado como à sua essência, como ao fim e ao produto da sua atividade.
>
> O Estado, como realidade em ato de vontade substancial, realidade que esta adquire na consciência particular de si universalizada, é o racional em si e para si: esta unidade substancial é um fim próprio absoluto, imóvel, nele a liberdade obtém o seu valor supremo, e assim este último fim possui um direito soberano perante os indivíduos que em serem membros do Estado têm o seu mais elevado dever.

Por fim, ao tratar da relação do Estado com os indivíduos, Hegel conclui a sua idéia sobre liberdade:[45]

> É o Estado a realidade em ato da liberdade concreta. Ora, a liberdade concreta consiste na individualidade pessoal, com os seus particulares, de tal modo possuir o pleno desenvolvimento e o reconhecimento dos seus direitos para si (nos sistemas da família e da sociedade civil) que, em parte, se integram por si mesmos no interesse universal e, em parte, consciente e voluntariamente o reconhecem como seu particular espírito substancial e para ele agem como seu último fim. Daí provém que nem o universal tem valor e é realizado sem o interesse, a consciência e a vontade particulares, nem os indivíduos vivem como pessoas privadas unicamente orientadas pelo seu interesse e sem relação com a vontade universal; deste fim são conscientes em sua atividade individual. O princípio dos Estados modernos tem esta imensa força e profundidade: permitem que o espírito da subjetividade chegue até extrema autonomia da particularidade pessoal ao mesmo tempo que o reconduz à unidade substancial, assim mantendo esta unidade no seu próprio princípio.

O destaque de Hegel fica na afirmação de que a liberdade concreta consiste na individualidade pessoal. Há, todavia, o interesse universal, que faz com que os indivíduos se insiram na sociedade. Desta forma, é papel do Estado permitir o desenvolvimento das individualidades, mas, ao mesmo tempo, controlar e manter a unidade coletiva.

1.3.6. A liberdade em Thomas Hobbes

A liberdade "hobbesiana", é assim explicada no Leviatã:[46]

> Liberdade significa, em sentido próprio, a ausência de oposição, entendendo por oposição os impedimentos externos do movimento. Não se aplica menos às criaturas irracionais e inanimadas do que às racionais. Não tem liberdade de ir mais além de tudo o que estiver amarrado ou envolvido de modo a não poder mover-se senão dentro de um certo espaço, sendo esse espaço

---

[43] HEGEL, 2003, p. 141.

[44] Idem, ibidem, 2003, p. 216-217.

[45] HEGEL, 2003 p. 225-228.

[46] HOBBES, Thomas. *Leviatã – Ou matéria, forma e poder de um Estado eclesiástico e civil*. São Paulo: Martin Claret, 2002, p.158-159.

determinado pela oposição de algum corpo externo. O mesmo se passa com todas as criaturas vivas, quando se encontram presas ou limitadas por paredes ou cadeias. Das águas também se diz, quando são contidas por diques ou canais, pois se assim não fosse se espalhariam por um espaço maior, que não têm a liberdade de se mover da maneira que fariam se não fossem esses impedimentos externos. Quando o que impede o movimento faz parte da constituição da própria coisa não costumamos dizer que ela não tem liberdade, mas que lhe falta o poder de se mover; como quando uma pedra está parada ou um homem se encontra amarrado ao leito por doença. De conformidade com este significado próprio e geralmente aceito da palavra, um homem livre é aquele que não é impedido de fazer o que tem vontade de fazer, naquilo que é capaz de fazer. Sempre que as palavras livre e liberdade são aplicadas a qualquer coisa que não é um corpo, há um abuso de linguagem. Pois o que não se encontra sujeito ao movimento não se encontra sujeito a impedimentos. Quando se diz, por exemplo, que o caminho está livre, não se está indicando qualquer liberdade do caminho e, sim, daqueles que por ele caminham sem parar. Quando dizemos que uma doação é livre, não se está indicando qualquer liberdade de doação e, sim, do doador, que não é obrigado a fazê-la por qualquer lei ou pacto.

Dessa forma, quando falamos livremente, não se trata da liberdade da voz ou da pronúncia e, sim, do homem ao qual nenhuma lei obrigou a falar de maneira diferente da que usou. Finalizando, do uso da expressão livre-arbítrio não é possível inferir qualquer liberdade da vontade, do desejo ou da inclinação, mas apenas a liberdade do homem. Liberdade que consiste no fato de ele não deparar com entraves ao fazer aquilo que tem vontade, desejo ou inclinação de fazer.

A liberdade como ausência de limitações ao movimento, no sentido de possibilitar a dinamicidade das ações dos indivíduos, deixa claro, por exemplo, que, na visão de Hobbes, as limitações do sistema sindical brasileiro o caracterizam como um sindicalismo engessado e sem liberdade de atuação.

1.3.7. A liberdade como direito fundamental na Constituição da República Federativa do Brasil de 1988

Entre os constitucionalistas brasileiros, Silva é um dos que mais se dedica ao tema do "direito de liberdade". No seu Curso de Direito Constitucional Positivo,[47] o autor, seguindo e criticando o ensinamento de Bobbio, assim conceitua a liberdade:

O que é válido afirmar é que a liberdade consiste na ausência de toda coação *anormal, ilegítima e imoral.* Daí se conclui que toda lei que limita a liberdade precisa ser normal, moral e legítima, no sentido de que seja consentida por aqueles cuja liberdade restringe.
[...]
Nessa noção, encontramos todos os elementos objetivos e subjetivos necessários à idéia de liberdade; é *poder* de atuação sem deixar de ser resistência à opressão; não se dirige contra, mas *em busca,* em perseguição de alguma coisa, que é a felicidade pessoal, que é subjetiva e circunstancial, pondo a liberdade, pelo seu fim, em harmonia com a consciência de cada um, com o interesse do agente. Tudo que impedir aquela possibilidade de coordenação dos meios é contrário à liberdade. E aqui, aquele sentido histórico da liberdade se insere na sua acepção jurídico-política. Assim, por exemplo, deixar o povo na ignorância, na falta de escola, é negar-lhe a possibilidade de coordenação consciente daqueles meios; oprimir o homem, o povo, é retirar-lhe aquela possibilidade etc. Desse modo, também, na medida em que se desenvolve o

---

47 Ver SILVA, José Afonso. *Curso de Direito Constitucional Positivo.* São Paulo: Malheiros Editores, 1999, p. 235-236.

A Liberdade Sindical

conhecimento, se fornecem informações ao povo, mais se amplia a sua liberdade com abrir maiores possibilidades de coordenação dos meios necessários à expansão de personalidade de cada um.

É, ainda, Silva que, em face do Direito Constitucional Positivo, distingue a liberdade em cinco grandes grupos, quais sejam: 1) a liberdade da pessoa física, como, por exemplo, a liberdade de locomoção; 2) a liberdade de pensamento com todas as suas liberdades, como por exemplo, as liberdades de opinião, de religião e de informação; 3) a liberdade de expressão coletiva, como as de reunião e de associação; 4) a liberdade de ação profissional, como a livre escolha do trabalho, ofício ou profissão; e, por fim, 5) a liberdade de conteúdo econômico e social, estando aqui presentes a livre iniciativa e a autonomia contratual.[48]

O direito à liberdade é um dos chamados direitos fundamentais de primeira geração, por ter sido o primeiro a constar das Constituições modernas, o que Bonavides chama de fase inaugural do constitucionalismo do ocidente.[49] São direitos da liberdade os direitos civis e políticos. As chamadas gerações ou dimensões de direitos serão abordadas no próximo tópico.

O princípio fundamental da "dignidade da pessoa humana", expresso no artigo 1º, inciso III, da Constituição da República Federativa do Brasil, como fundamento do Estado Democrático de Direito, e tão bem examinado por Sarlet,[50] engloba o reconhecimento e a garantia dos direitos de liberdade.

1.4. TEORIA DOS PRINCÍPIOS E REGRAS

Considerando tratar o presente trabalho de um princípio constitucional (art. 5º, *caput*, da Constituição da República Federativa do Brasil de 1988) – *liberdade* – frente a uma regra interna de restrição à liberdade

---

[48] SILVA, 1999, p. 238.

[49] BONAVIDES, 1997, p. 516.

[50] Ver SARLET, Ingo Wolfgang. *A eficácia dos direitos fundamentais*. Porto Alegre: Livraria do Advogado, 1998, p. 105: "À luz do que dispõe a Declaração Universal da ONU, bem como os entendimentos citados a título exemplificativo, verifica-se que o elemento nuclear da dignidade da pessoa humana parece residir – e a doutrina majoritária conforta este entendimento – primordialmente na autonomia e no direito de autodeterminação da pessoa (de cada pessoa). Importa, contudo, ter presente a circunstância de que esta liberdade (autonomia) é considerada em abstrato, como sendo a capacidade potencial que cada ser humano tem de autodeterminar sua conduta, não dependendo da sua efetiva realização no caso da pessoa em concreto, de tal sorte que também o absolutamente incapaz (por exemplo, o portador de grave deficiência mental) possui exatamente a mesma dignidade que qualquer outro ser humano física e mentalmente capaz. Ressalte-se, por oportuno, que com isso não estamos a sustentar a equiparação entre as noções de dignidade e liberdade, já que, como veremos, a liberdade e, por conseqüência, o reconhecimento e a garantia de direitos de liberdade constituem uma das principais (se não a principal) exigências do princípio da dignidade da pessoa humana".

(art. 8º, inciso II, da Constituição da República Federativa do Brasil de 1988) e, ainda, frente a uma regra externa a avocar a liberdade (Convenção 87 da Organização Internacional do Trabalho), mas jamais ratificada pelo Brasil, oportuno se faz o exame da denominada teoria dos princípios e regras adotada por Alexy[51] e, no Brasil, estudada por Bonavides.[52]

O sistema jurídico é hierarquizado. Existem normas superiores e normas inferiores, estando a Constituição no degrau mais alto desta hierarquia. Mesmo nas Constituições, como já referido, existem princípios e regras. Nesse sentido, reitera-se, o direito fundamental à liberdade é princípio (artigo 5º, *caput*, da Constituição da República Federativa do Brasil de 1988), enquanto os limites impostos ao sistema sindical, previstos no artigo 8º, especialmente no inciso II, são regras. No ordenamento infraconstitucional, em face da hierarquia, as regras são prevalentes. Verifica-se, assim, a existência de um sistema normativo aberto e hierarquizado de princípios e regras,[53] visando o que Bobbio chama de *completude*.[54] Adota-se, aqui, o conceito de norma de Alexy, para quem norma é gênero, da qual são espécies as regras e os princípios. A diferença entre as duas espécies é gradual e qualitativa:[55]

> O ponto decisivo para a distinção entre regras e princípios é que os *princípios* são normas que ordenam que algo seja realizado na maior medida possível, dentro das possibilidades jurídicas e reais existentes. Portanto, os princípios são *mandatos de otimização*, que estão caracterizados pelo fato de poderem ser cumpridos em diferentes graus e que a medida devida do seu cumprimento não só depende das possibilidades reais, mas também das jurídicas. O âmbito das possibilidades jurídicas é determinado pelos princípios e regras opostos.
>
> Por outro lado, as *regras* são normas que só podem ser cumpridas ou não. Se uma regra é válida, então deve-se fazer exatamente o que ela exige, nem mais, nem menos. Portanto, as regras contêm *determinações* no âmbito do que é fática e juridicamente possível. Isto significa que a diferença entre regras e princípios é qualitativa e não de gradação. Toda norma é uma regra ou um princípio. (tradução livre do autor)[56]

---

51 Ver ALEXY, Robert. *Teoría de los Derechos fundamentales.* Madrid: Centro de Estudios Políticos y Constitucionales. 2001.

52 BONAVIDES, 1997, p. 247.

53 Sobre a matéria ver também DWORKIN, Ronald. *Los derechos en serio.* (Trad. Marta Guastavino). Barcelona: Ariel, 1999, p. 61-101.

54 "Concluindo, a completude é uma condição necessária para os ordenamentos em que valem estas duas regras: 1) o juiz é obrigado a julgar todas as controvérsias que se apresentarem a seu exame; 2) deve julgá-las com base em uma norma pertencente ao sistema ..." e prossegue: "O dogma da completude, isto é, o princípio de que o ordenamento jurídico seja completo para fornecer ao juiz, em cada caso, uma solução sem recorrer à eqüidade, foi dominante, e o é em parte até agora, na teoria jurídica européia de origem romana". (BOBBIO, 1996, p. 118-119).

55 ALEXY, 2001, p. 86-87.

56 El punto decisivo para la distinción entre reglas y principios es que los *principios* son normas que ordenam que algo sea realizado en la mayor medida posible, dentro de las posibilidades jurídicas y reales existentes. Por lo tanto, los principios son *mandatos de optimización*, que están caracterizados por el hecho de que pueden ser cumplidos en diferente grado y que la medida debida de su cumplimiento no sólo depende de las posibilidades reales sino también de las jurídicas. El ámbito de las posibilidades jurídicas es determinado por los principios y reglas opuestos.

A Liberdade Sindical

Sobre a matéria, também trata Canotilho:[57] [58]

[...] (1) é um *sistema jurídico* porque é um sistema de normas; (2) é um *sistema aberto* porque tem uma *estrutura dialógica*, (Caliess) traduzida na disponibilidade e "capacidade de aprendizagem" das normas constitucionais para captarem a mudança da realidade e estarem abertas às concepções cambiantes da "verdade" e da "justiça"; (3) é um *sistema normativo*, porque a estruturação das expectativas referentes a valores, programas, funções, pessoas, é feita através de *normas*; (4) é um *sistema de regras e de princípios*, pois as normas do sistema tanto podem revelar-se sob a forma de *princípios* como sob a sua forma de *regras*. (grifado no original).

Canotilho apresenta, ainda, critérios de distinção entre princípios e normas:[59]

a) Grau de abstracção: os *princípios* são normas com um grau de abstracção relativamente elevado; de modo diverso, as *regras* possuem uma abstração relativamente reduzida;

b) Grau de determinabilidade na aplicação do caso concreto: os *princípios*, por serem vagos e indeterminados, carecem de mediações concretizadoras (do legislador? Do juiz?), enquanto as *regras* são susceptíveis de aplicação directa.

c) Carácter de fundamentabilidade no sistema das fontes de direito: os *princípios* são normas de natureza ou com um papel fundamental no ordenamento jurídico devido à sua posição hierárquica no sistema de fontes (ex: princípios constitucionais) ou à sua importância estruturante dentro do sistema jurídico (ex: princípio do Estado de Direito).

d) "Proximidade" da ideia de direito: os *princípios* são "standards" juridicamente vinculantes redicados nas exigências de "justiça" (Dworkin) ou na "ideia de direito" (Larenz); as *regras* podem ser normas vinculativas com um conteúdo meramente funcional.

e) Natureza normogenética: os *princípios* são fundamentos de regras, isto é, são normas que estão na base ou constituem a *ratio* de regras jurídicas, desempenhando, por isso, uma função normogentética fundamentemente.

O poder constituinte originário é que determina a supremacia da Constituição[60] sobre as demais instituições jurídicas vigentes. Isso faz com que o produto de seu exercício – a Constituição – esteja no topo do ordenamento jurídico, servindo de fundamento de validade a todas as demais normas.[61] A Constituição designa o conjunto de normas jurídi-

---

[57] CANOTILHO, 1997, p. 1033.

[58] Ver, também, FREITAS, Juarez. *A interpretação sistemática do direito.* São Paulo: Malheiros, 1998, p.46: "[...] entende-se mais apropriado que se conceitue o sistema jurídico como uma rede axiológica e hierarquizada de princípios gerais e tópicos, de normas e de valores jurídicos cuja função é a de, evitando ou superando antinomias, dar cumprimento aos princípios e objetivos fundamentais do Estado Democrático de Direito, assim como se encontram consubstanciados, expressa ou implicitamente, na Constituição".

[59] CANOTILHO, 1997, p. 1034-1035.

[60] A supremacia da constituição somente se verifica numa constituição do tipo rígida, ou seja, naquela que exige um procedimento especial e qualificado para sua alteração, diferente do procedimento para elaboração das leis ordinárias.

[61] Ver ENTERRÍA, Eduardo García de. *La constitución como norma y el tribunal constitucional.* Madrid: Civitas, 1994, p. 49: "La Constitución, por una parte, configura y ordena los poderes del Estado por ella construidos; por otra, establece los límites del ejercicio del poder y el ámbito de libertades y derechos fundamentales, así como los objetivos positivos y las prestaciones que el poder debe de cumplir en beneficio de la comunidad. En todos esos contenidos la Constitución se presenta como un sistema preceptivo que emana del pueblo como titular de la soberanía, en su función constituyente, preceptos dirigidos tanto a los diversos órganos del poder por la propia Constitución establecidos como a los ciudadanos. Como ha dicho KAEGI, 'lo fundamentalmente nuevo del Estado constitucional frente a todo el mundo del autoritarismo, es (...) la vinculación a la vez de las autoridades y de los ciudadanos, de todas las autoridades y de todos

cas positivas – regras e princípios – geralmente organizadas em um documento escrito e que apresentam, relativamente às outras normas do ordenamento jurídico, *caráter fundacional* e *primazia normativa*.[62] [63]

A Constituição é lei dotada de características especiais. Tem brilho autônomo expresso através da forma, do procedimento de criação e da sua posição hierárquica no ordenamento jurídico, elementos estes que permitem distingui-la de outros atos legislativos (a legislação infra-constitucional). Caracteriza-se, pois, por sua posição hierárquico-normativa superior relativamente às outras normas do ordenamento jurídico.[64] A sua superioridade hierárquico-normativa apresenta três expressões, de acordo com a lição de Canotilho:

a) normas constitucionais constituem uma *lex superior* que recolhe o fundamento de validade em si própria (*autoprimazia normativa*);
b) as normas da constituição são normas de normas (*normae normarum*), afirmando-se como uma fonte de produção jurídica de outras normas (leis, regulamentos, estatutos);
c) a superioridade normativa das normas constitucionais implica o princípio da conformidade de todos os atos dos poderes públicos com a Constituição.[65]

É importante, ainda, a fim de bem caracterizar o caminho teórico fundante para o fim aqui proposto, o que Alexy entende por distinção entre princípios e valores:[66]

Este último responde exatamente ao modelo dos princípios. A diferença entre princípios e valores se reduz, assim, a um ponto. O que no modelo dos valores é *prima facie* o melhor é, no modelo dos princípios, *prima facie* devido; e o que no modelo dos valores é definitivamente o melhor, é, no modelo dos princípios, definitivamente devido. Assim, pois, os princípios e os valores se diferenciam somente em virtude de seu caráter deontológico e axiológico respectivamente.

No direito se trata do que é devido. Isto fala em favor do modelo dos princípios. Por outra parte, não existe dificuldade alguma em passar da constatação de que uma determinada solução é a melhor do ponto de vista do direito constitucional à constatação de que é devida constitucional-mente. Pressupondo-se a possibilidade de um passo tal, é perfeitamente possível partir na argumentação jurídica do modelo dos valores no lugar do modelo dos princípios. Mas, em todo caso, o modelo dos princípios tem a vantagem de que nele se expressa claramente o caráter do dever ser. A ele se agrega o feito de que o conceito de princípio, em menor medida que o dos valores, dá lugar a menos interpretações falsas. Ambos aspectos são suficientemente importan-tes como para preferir o modelo dos princípios. (tradução livre do autor).[67]

---

los cuidadanos, en contraposición a toda forma de Estado de privilegios de viejo y nuevo cuño. La Constitución jurídica transforma el poder desnudo en legítimo poder jurídico. El gran lema de la lucha por el Estado constitucional ha sido la exigencia de que el (arbitrario) *government by men* debe disolverse en un (jurídico) *government by laws'* ". Grifos no original.

[62] O conceito é de CANOTILHO, 1997, p. 1021-1022.

[63] Sobre o conceito de norma constitucional, ver ROYO, Javier Pérez. *Curso de Derecho Constitucional*. Madrid: Marcial Pons, 2000, p. 93-112.

[64] Segundo KELSEN, Hans, em *Teoria Geral das Normas*. Porto Alegre: Sergio Antonio Fabris, 1986, p. 1: "Com o termo de designa um mandamento, uma prescrição, uma ordem. Mandamen-to não é, todavia, a única função de uma norma. Também conferir poderes, permitir, derrogar são funções das normas".

[65] CANOTILHO, 1997, p. 1022.

[66] ALEXY, 2001, p. 147.

[67] "Esto último responde exactamente al modelo de los principios. La diferencia entre principios y valores se reduce así a un punto. Lo que en el modelo de los valores es *prima facie* lo mejor es,

Na possibilidade nada remota de haver colisão entre princípios, Alexy ensina:[68]

> Quando os princípios entram em colisão – tal como é o caso quando, segundo um princípio, algo está proibido e, segundo outro princípio, está permitido – um dos princípios tem que ceder ante o outro. Mas isto não significa declarar inválido o princípio desprezado nem que no princípio desprezado deva se introduzir uma cláusula de exceção. Mas bem o que sucede é que, segundo certas circunstâncias, um dos princípios precede ao outro. Segundo outras circunstâncias, a questão da precedência pode ser solucionada de maneira inversa. Isto é o que se quer dizer quando se afirma que, nos casos concretos, os princípios têm diferente peso e que prevalece o princípio com maior peso. Os conflitos de regras se levam a cabo na dimensão da validade; a colisão de princípios – como somente podem entrar em colisão princípios válidos – tem lugar mais adiante da dimensão da validade, na dimensão do peso.
> Exemplos da solução de colisões de princípios são oferecidos pelas numerosas ponderações de bens realizadas pelo Tribunal Constitucional Federal. Aqui, por exemplo, pode-se recorrer a duas decisões, a do caso da incapacidade processual e a do caso Lebach. A análise da primeira decisão conduz à interpretação acerca da estrutura das soluções de colisões que podem ser resumidas em uma lei de colisão; a segunda aprofunda estas interpretações e conduz à concepção do resultado da ponderação como norma de direito fundamental escrita. (tradução livre do autor).[69]

Cumpre registrar o ensinamento de Alexy no caso de conflito entre regras,[70] algo que pode ocorrer mais amiudemente:

> en el modelo de los principios, *prima facie* debido; y lo que en el modelo de los valores es definitivamente lo mejor es, en el modelo de los principios, definitivamente debido. Así, pues, los principios y los valores se diferencian sólo en virtud de su carácter deontológico y axiológico respectivamente.
> En el derecho, de lo que se trata es de qué es lo debido. Esto habla en favor del modelo de los principios. Por outra parte, no existe dificuldad alguna en pasar de la constatación de que una determinada solución es la mejor desde el punto de vista del derecho constitucional a la constatación de que es debida iusconstitucionalmente. Si se presupone la posibilidad de un paso tal, es perfectamente posible partir en la argumentación jurídica del modelo de los valores en lugar del modelo de los principios. Pero, en todo caso, el modelo de los principios tiene la vantaja de que en él se expresa claramente el carácter de deber ser. A ello se agrega el hecho de que el concepto de principio, en menor medida que el de los valores, da lugar a menos falsas interpretaciones. Ambos aspectos son lo suficientemente importantes como para preferir el modelo de los principios."

[68] ALEXY, 2001, p. 89-90.

[69] "Cuando los princípios entran en colisión – tal como es el caso cuando según un principio algo está prohibido y, según outro principio, está permitido – uno de los principios tiene que ceder ante el outro. Pero, esto no significa declarar inválido al principio desplazado ni que en el principio desplazado haya que introducir una cláusula de excepción. Más bien lo que sucede es que, bajo ciertas circunstancias uno de los principios sucede al outro. Bajo oytras circunstancias, la cuestión de la precedencia puede ser solucuonada de manera inversa. Esto es lo que se quiere decir cuando se afirma que en los casos concretos los principios tienen diferente peso y que prima el principio com mayor peso. Los conflictos de reglas se llevan a cabo en la dimensión de la validez; la colisión de principios – como sólo pueden entrar en colisión principios válidos – tiene lugar más allá de la dimensión de la validez, en la dimensión del peso. Ejemplos de la solución de colisiones de principios los ofrecen las numerosas ponderaciones de bienes realizadas por el Tribunal Constitucional Federal. Aquí, a guisa de ejemplo, puede recurrirse a dos decisiones, a la del fallo sobre incapacidad procesal y la del fallo Lebach. El análisis de la primera decisión conduce a intelecciones acerca de la estructura de las soluciones de colisiones que pueden ser resumidas en una ley de colisión; la segunda profundiza estas intelecciones y conduce a la conpepción del resultado de la ponderación como norma de derecho fundamental adscripta."

[70] ALEXY, 2001, p. 88.

Um conflito de regras somente pode ser solucionado, ou bem introduzindo em uma das regras uma cláusula de exceção que elimina o conflito, ou declarando inválida, pelo menos, uma das regras. Um exemplo de um conflito de regras que pode ser eliminado através da introdução de uma cláusula de exceção é o que se dá entre a proibição de abandonar a sala antes que soe o timbre de saída e a ordem de abandoná-la em caso de alarme de incêndio. Se, todavia, não houver soado o timbre de saída e se dá alarme de incêndio, estas regras conduzem a juízos concretos de dever ser contraditórios entre si. Este conflito se soluciona introduzindo, na primeira regra, uma cláusula de exceção para o caso do alarme de incêndio.

Se uma solução deste tipo não é possível, pelo menos uma das regras tem que ser declarada inválida e, com isso, eliminada do ordenamento jurídico. A diferença entre o que sucede com o conceito de validade social ou da importância de uma norma, o conceito de validade jurídica não é graduável. Uma norma vale ou não vale juridicamente. Que uma regra vale e é aplicável a um caso significa que vale, também, sua conseqüência jurídica. Qualquer que seja a forma como sejam fundamentados, não pode ser o caso que valham dois juízos concretos de dever ser reciprocamente contraditórios. Se é constatada a aplicabilidade de duas regras com conseqüências reciprocamente contraditórias no caso concreto, e esta contradição não pode ser eliminada mediante a introdução de uma cláusula de exceção, deve-se, então, declararar inválida, pelo menos, a uma das regras. (tradução livre do autor).[71]

Importante aqui, também, apontar a concepção entre *princípios* e *regras*[72] proposta por Horta, para quem "os *princípios* são normas dotadas de um grupo de abstração relativamente elevado, enquanto a regra dispõe da abstração relativamente reduzida. O princípio constitucional impõe aos órgãos do Estado a realização de fins, a execução de tarefas, a formulação de programa. A *regra* se introduz no domínio da organização e do funcionamento dos órgãos, serviços e atividades do

---

[71] "Un conflicto entre reglas sólo puede ser solucionado o bien introduciendo en una de las reglas una cláusula de excepción que elimina el conflicto o declarando inválida, por lo menos, una de las reglas. Un ejemplo de un conflicto de reglas que puede ser eliminado a través de la introducción de una cláusula de excepción es el que se da entre la prohibición de abandonar la sala antes de que suene el timbre de salida y la orden de abandonarla en caso de alarma de incendio. Si todavía no ha sonado el timbre de salida y se da alarma de incendio, estas reglas conducen a juicios concretos de deber ser contradictorios entre sí. Este conflicto se soluciona introduciendo en la primera regla una cláusula de excepción para el caso de alarma de incendio. Si una solución de este tipo no es posible, por lo menos una de las reglas tiene que ser declarada inválida y, con ello, eliminada del ordenamiento jurídico. A diferencia de lo que sucede com el concepto de validez social o de la importancia de una norma, el concepto de validez juridica no es graduable. Una norma vale o no vale juridicamente. Que una regla vale y es aplicable a un caso significa que vale también su consecuencia jurídica. Cualquiera que sea la forma cómo se los fundamente, no puede ser el caso que valgan dos juicios concretos de deber ser recíprocamente contradictorios. Si se constata la aplicabilidad de dos reglas con consecuencias recíprocamente contradictorias en el caso concreto y esta contradicción no puede ser eliminada mediante la introducción de una cláusula de excepción, hay entonces que declarar inválida, por lo menos, a una de las reglas."

[72] Ver, também, o conceito de ÁVILA, Humberto, sobre princípios e regras, em *Teoria dos Princípios*. São Paulo: Malheiros, 2004, p. 70: "As regras são normas imediatamente descritivas, primariamente retrospectivas e com pretensão de decidibilidade e abrangência, para cuja aplicação se exige a avaliação da correspondência, sempre centrada na finalidade que lhes dá suporte ou nos princípios que lhes são axiologicamente sobjacentes, entre a construção conceitual da descrição normativa e a construção conceitual dos fatos.
Os princípios são normas imediatamente finalísticas, primariamente prospectivas e com pretensão de complementariedade e de parcialidade, para cuja aplicação se demanda uma avaliação da correlação entre o estado de coisas a ser promovido e os efeitos decorrentes da conduta havida como necessária à sua promoção".

Estado e do Poder. É nesse plano que se localizam as regras ou normas de competência, de organização, de procedimento e de garantias".[73]

Verifica-se, assim, que os princípios logicamente têm maior densidade valorativa. Por isso mesmo devem ser sempre uma espécie de esteio ou alicerce para a construção de regras. Estas sim, pela baixa densidade valorativa, podem ser reconstruídas de acordo com a necessidade social.

1.5. OS DIREITOS DE PRIMEIRA, SEGUNDA, TERCEIRA E QUARTA GERAÇÕES

Bonavides, no seu "Curso de Direito Constitucional", ao tratar da teoria dos direitos fundamentais, apresenta a classificação destes direitos em quatro gerações.[74] [75] A razão de tal definição decorre daquilo que se denominou "princípios cardeais" onde todo o conteúdo dos direitos fundamentais se exprimiu no pós revolução francesa: liberdade, igualdade e fraternidade. Assim se posiciona Bonavides:[76]

> Com efeito, descoberta a fórmula de generalização e universalidade, restava doravante seguir os caminhos que consentissem inserir na ordem jurídica positiva de cada ordenamento político os direitos e conteúdos materiais referentes àqueles postulados. Os direitos fundamentais passaram na ordem institucional a manifestar-se em três gerações sucessivas, que traduzem sem dúvida um processo cumulativo e qualitativo, o qual, segundo tudo faz prever, tem por

[73] Ver HORTA, Raul Machado. *Direito Constitucional.* Belo Horizonte: Del Rey, 1999, p. 281.

[74] Ver MORAES, Alexandre de. *Direito constitucional.* São Paulo: Atlas, 2001, p. 57-58: "Modernamente, a doutrina classifica os direitos fundamentais em gerações, baseando-se na ordem cronológica em que passaram a ser constitucionalmente reconhecidos. Assim, os direitos de primeira geração são os direitos e garantias individuais e políticos clássicos (liberdades públicas); os direitos de segunda geração são os direitos sociais, econômicos e culturais, e os direitos de terceira geração são os chamados direitos de solidariedade ou fraternidade. Saliente-se que há hoje uma tendência em se reconhecer a existência de uma quarta geração ou dimensão de direitos".

[75] Ver, também, BULOS, Uadi Lammêgo. 2000, p. 66-67: "A *primeira geração*, surgida no final do século XVII, inaugura-se com o florescimento das liberdades públicas, é dizer, dos direitos e das garantias individuais e políticas clássicas, as quais encontravam na limitação do poder estatal seu embasamento. Nessa fase, prestigiavam-se cognominadas *prestações negativas*, as quais geravam um dever de não-fazer por parte do Estado, com vistas à preservação do direito à vida, à liberdade de locomoção, à expressão, à religião, à associação, etc.
Já a *segunda geração*, advinda logo após a Primeira Grande Guerra, compreende os direitos sociais, econômicos e culturais, os quais visam assegurar o bem-estar e a igualdade, impondo ao Estado uma prestação positiva, no sentido de fazer algo de natureza social em favor do homem. A *terceira geração* engloba os chamados *direitos de solidariedade ou fraternidade*.
[...]
O início do novo milênio prenuncia alterações na vida e no comportamento dos homens. Nesse contexto, os direitos sociais das minorias, os direitos econômicos, os coletivos, os difusos, os individuais homogêneos conviverão com outros de notória importância e envergadura. Referimo-nos aos *direitos fundamentais de quarta geração*, relativos à informática, *softwares*, biociências, eutanásia, alimentos transgênicos, sucessão dos filhos gerados por inseminação artificial, clonagens, etc".

[76] BONAVIDES, 1996, p. 516-517.

bússola uma nova universalidade: a universalidade material e concreta, em substituição da universalidade abstrata e, de certo modo, metafísica daqueles direitos, contida no jusnaturalismo do século XVIII.

[...]

Os direitos de primeira geração são os direitos de liberdade, os primeiros a constarem do instrumento normativo constitucional, a saber, os direitos civis e políticos, que em grande parte correspondem, por um prisma histórico, àquela fase inaugural dos constitucionalismo do Ocidente.

[...]

Os direitos de primeira geração ou direitos da liberdade têm por titular o indivíduo, são oponíveis ao Estado, traduzem-se como faculdades ou atributos da pessoa e ostentam uma subjetividade que é seu traço mais característico; enfim, são direitos de resistência ou de oposição perante o Estado.

[...]

Os direitos da segunda geração merecem um exame mais amplo. Dominam o século XX do mesmo modo como os direitos da primeira geração dominaram o século passado. São os direitos sociais, culturais e econômicos em como os direitos coletivos ou de coletividades, introduzidos no constitucionalismo das distintas formas de Estado social, depois que germinaram por obra da ideologia e da reflexão antiliberal deste século. Nasceram abraçados ao princípio da igualdade, do qual não se podem separar, pois fazê-lo equivaleria a desmembrá-los da razão de ser que os ampara e estimula.

[...]

Dotados de altíssimo teor de humanismo e universalidade, os direitos da terceira geração tendem a cristalizar-se neste fim de século[77] enquanto direitos que não se destinam especificamente à proteção dos interesses de um indivíduo, de um grupo ou de um determinado Estado. Têm primeiro por destinatário o gênero humano mesmo, num momento expressivo de sua afirmação como valor supremo em termos de existencialidade concreta. Os publicistas e juristas já os enumeram com familiaridade, assinalando-lhe o caráter fascinante de coroamento de uma evolução de trezentos anos na esteira da concretização dos direitos fundamentais. Emergiram eles da reflexão sobre temas referentes ao desenvolvimento, à paz, ao meio-ambiente, à comunicação, e ao patrimônio comum da humanidade.

[...]

A globalização política na esfera da normatividade jurídica introduz os direitos de quarta geração, que, aliás, correspondem à derradeira fase da institucionalização do Estado social.

São direitos da quarta geração o direito à democracia, o direito à informação e o direito ao pluralismo. Deles depende a concretização da sociedade aberta do futuro, em sua dimensão de máxima universalidade, para a qual parece o mundo inclinar-se no plano de todas as relações de convivência.[78]

No presente trabalho, encontram-se direitos de primeira geração, como o direito à liberdade – aqui liberdade de associação[79] sindical – e direitos de segunda geração, onde se insere o direito (social) à liberdade sindical, seja no plano individual, seja no plano coletivo.[80]

---

[77] A edição da obra é de 1997 e o presente trabalho é de 2005; portanto, já no século XXI.

[78] BOVAVIDES, 1996, p. 516-525.

[79] Cf. BULOS, Uadi Lammêgo, 2000, p. 66.

[80] Veja-se, a propósito, SARLET, Ingo Wolfgang, 1998, p. 49: "O impacto da industrialização e os graves problemas sociais e econômicos que a acompanharam, as doutrinas socialistas e a constatação de que a consagração formal de liberdade e igualdade não gerava a garantia do seu efetivo gozo acabaram, já no decorrer do século XIX, gerando amplos movimentos reivindicatórios e o reconhecimento progressivo de direitos atribuindo ao Estado comportamento ativo na realização da justiça social. A nota distintiva destes direitos é sua dimensão positiva, uma vez

1.6. Antinomia interna na Constituição Federal de 1988

Há de se registrar, como tema nuclear do presente trabalho, a situação de incompatibilidade entre o artigo 5º, *caput*, e os incisos II e IV, do artigo 8º da Constituição Federal, bem como entre o próprio artigo 8º, *caput* e inciso I, com os seus incisos II e IV.

O artigo 5º, *caput*, garante a liberdade e tem a seguinte redação

> Todos são iguais perante a lei, sem distinção de qualquer natureza, garantindo-se aos brasileiros e aos estrangeiros residentes no País a inviolabilidade do direito à vida, à liberdade, à segurança e à propriedade, nos termos seguintes:

Por outro lado, dispõe o vigente artigo 8º da Constituição Federal de 1988:

> É livre a associação profissional ou sindical, observado o seguinte:
> I – a lei não poderá exigir autorização do Estado para a fundação de sindicato, ressalvado o registro no órgão competente, vedadas ao Poder Público a interferência e a intervenção na organização sindical.
> II – é vedada a criação de mais de uma organização sindical, em qualquer grau, representativa de categoria profissional ou econômica, na mesma base territorial, que será definida pelos trabalhadores ou empregadores interessados, não podendo ser inferior à área de um Município;
> [...]

que se cuida não mais de evitar a intervenção do Estado na esfera da liberdade individual, mas, sim, na lapidar formulação de C. Lafer, de propiciar um *direito de participar do bem-estar social*. Não se cuida mais, portanto, de liberdade do e perante o Estado, e sim de liberdade por intermédio do Estado. Estes direitos fundamentais, que embrionária e isoladamente já haviam sido contemplados nas Constituições Francesas de 1793 e 1848 (que não chegou a entrar efetivamente em vigor), caracterizam-se, ainda hoje, por outorgarem ao indivíduo direitos a prestações sociais estatais, como assistência social, saúde, educação, trabalho, etc., revelando uma transição das liberdades formais abstratas para as liberdades materiais concretas, utilizando-se a formulação preferida na doutrina francesa. É, contudo, no século XX, de modo especial nas Constituições do segundo pós-guerra, que estes novos direitos fundamentais acabaram sendo consagrados em um número significativo de Constituições, além de serem objeto de diversos pactos internacionais. Como oportunamente observa P. Bonavides, estes direitos fundamentais, no que se distinguem dos clássicos de liberdade e igualdade formal, nasceram *abraçados ao princípio da igualdade*, entendida esta num sentido material.
Ainda na esfera dos direitos da segunda dimensão, há que atentar para a circunstância de que estes não englobam apenas direitos de cunho positivo, mas também as assim denominadas *liberdades sociais*, do que dão conta os exemplos de *liberdade de sindicalização, do direito de greve, bem como de reconhecimento de direitos fundamentais aos trabalhadores, tais como o direito a férias e ao repouso remunerado, a garantia de um salário mínimo, a limitação da jornada de trabalho, apenas para citar alguns dos mais representativos (grifei)*. A segunda dimensão dos direitos fundamentais abrange, portanto, bem mais do que os direitos de cunho prestacional, de acordo com o que ainda propugna parte da doutrina, inobstante o cunho *positivo* possa ser considerado como marco distintivo desta nova fase na evolução dos direitos fundamentais. Saliente-se, contudo, que, a exemplo dos direitos de primeira dimensão, também os direitos sociais (tomados no sentido amplo ora referido) se reportam à pessoa individual, não podendo ser confundidos com os direitos coletivos e/ou difusos da terceira dimensão. A utilização da expressão *social* encontra justificativa, entre outros aspectos que não nos cabe aprofundar neste momento na circunstância de que os direitos da segunda dimensão podem ser considerados uma densificação do princípio da justiça social, além de corresponderem a reivindicações das classes menos favorecidas, de modo especial da classe operária, a título de compensação, em virtude da extrema desigualdade que caracterizava (e, de certa forma, ainda caracteriza) as relações com a classe empregadora notadamente detentora de um maior ou menor grau de poder econômico".

IV – a assembléia geral fixará a contribuição que, em se tratando de categoria profissional, será descontada em folha, para custeio do sistema confederativo da representação sindical respectiva, independentemente da contribuição prevista em lei:

Na Proposta de Emenda Constitucional número 369/2005 permanece a antinomia interna. O artigo 5º fica mantido como está. A redação proposta para o artigo 8º é a seguinte:

É assegurada a liberdade sindical, observado o seguinte:

I-A – o Estado não poderá exigir autorização para fundação de entidade sindical, ressalvado o registro no órgão competente, vedadas ao Poder Público a interferência e a intervenção nas entidades sindicais;

I-B – o Estado atribuirá personalidade sindical às entidades que, na forma da lei, atenderem requisitos de representatividade, de participação democrática dos representados e de agregação que assegurem a compatibilidade de representação em todos os níveis e âmbitos da negociação coletiva;

[...]

IV – a lei estabelecerá o limite da contribuição em favor das entidades sindicais que será custeada por todos os abrangidos pela negociação, cabendo à assembléia geral fixar seu percentual, cujo desconto, em se tratando de entidade sindical de trabalhadores, será efetivado em folha de pagamento;

O artigo 5º, *caput*, da Constituição Federal, encerra princípios. O artigo 8º, tanto na redação atual, como na redação da PEC, encerra regras. Existe, portanto, incompatibilidade entre o princípio constitucional da liberdade e as regras formais impostas pelo artigo 8º, seja na redação atual, seja na nova redação, caso aprovada a Proposta de Emenda Constitucional nos termos em que foi apresentada.

Há, também, incompatibilidade constitucional, entre regras do artigo 8º vigente e entre regras do artigo 8º proposto.

O princípio da liberdade (art. 5º, *caput*, da Constituição da República Federativa do Brasil de 1988) não é compatível com a unicidade sindical (art. 8º, inciso II, da Constituição da República Federativa do Brasil de 1988) e com qualquer tipo de contribuição sindical compulsória (art. 8º, inciso IV, da Constituição da República Federativa do Brasil de 1988). À toda evidência, a regra de livre associação profissional e sindical (art. 8º, *caput*, da Constituição da República Federativa do Brasil de 1988), bem como a determinação de não intervenção do Estado na atividade sindical (art. 8º, inciso I, da Constituição da República Federativa do Brasil de 1988), são incompatíveis com a unicidade sindical e com qualquer tipo de contribuição compulsória. Por fim, a afirmação de liberdade sindical (art. 8º, *caput*, com a redação dada pela Proposta de Emenda Constitucional) é incompatível com a intervenção do Estado na atividade sindical (art. 8º, inciso I-B, com a redação dada pela Proposta de Emenda Constitucional) e, também, com qualquer tipo de contribuição compulsória (art. 8º, inciso IV, com a redação dada pela Proposta de Emenda Constitucional).

Segundo Bobbio,[81] "a situação de normas incompatíveis entre si é uma dificuldade tradicional frente à qual se encontraram os juristas de

---

[81] BOBBIO, Norberto. *Teoria do Ordenamento Jurídico*. Brasília: UnB, 1996, p. 81.

todos os tempos, e teve uma denominação própria característica: *antinomia*". Para que possa ocorrer *antinomia* são necessárias duas condições: as duas normas devem pertencer ao mesmo ordenamento e as duas normas devem ter o mesmo âmbito de validade.[82]

Assim, conforme a conclusão de Bobbio, tem-se a definição de *antinomia jurídica* como "aquela situação que se verifica entre duas normas incompatíveis, pertencentes ao mesmo ordenamento e tendo o mesmo âmbito de validade".[83]

Ao tratar das *antinomias impróprias*, Bobbio as explica fazendo referência a outras situações: "... consideram-se, por exemplo, o valor da liberdade e o da segurança como valores antinômicos, no sentido de que a garantia da liberdade causa dano, comumente, à segurança, e a garantia à segurança tende a restringir a liberdade; em conseqüência, um ordenamento inspirado em ambos os valores se diz que descansa sobre princípios antinômicos."

É importante destacar, aqui, a discordância com a afirmação de Bobbio. Entende-se exatamente o contrário: um sistema de liberdade sindical traria (trará) plena segurança ao sistema como um todo, especialmente a empregados e empregadores, que poderão se estabelecer e negociar livremente, sem qualquer perigo de intervenção.

As antinomias devem ser solucionadas. Assim, os critérios de solução das antinomias jurídicas são o cronológico (*lex posterior derogat priori*), o hierárquico (*lex superior derogat inferiori*) e o da especialidade (*lex specialis derogat generali*).[84]

No caso presente, entre o artigo 5º, *caput*, e o artigo 8º e incisos (atual e proposto), aplica-se o critério da hierarquia: como já referido, os princípios são hierarquicamente superiores às regras.

Em relação ao artigo 8º, vigente da Constituição Federal de 1988, pode-se inserir o *caput* e o inciso I, como compatíveis com o princípio constitucional da liberdade, e os incisos II e IV, como incompatíveis com o princípio constitucional da liberdade. Assim, pode ser aplicado o critério hierárquico.

Por fim, o artigo 8º da Proposta de Emenda Constitucional, apresenta o *caput* e o inciso I-A como compatíveis com o princípio constitucional da liberdade, o que não ocorre com os incisos I-B e IV.

Para inserir, portanto, o sistema constitucional de regras sindicais ao princípio da liberdade sindical, o remédio é eliminar, da Constituição Federal de 1988, os incisos II e IV do atual artigo 8º, e os incisos I-B e IV do artigo 8º proposto pela PEC. De outra forma não será possível, inclusive, ratificar a Convenção 87 da OIT.

---

[82] BOBBIO, 1996, p. 86-87.

[83] Idem, ibidem, p. 88.

[84] Idem, ibidem, p. 92-96.

1.7. FUNDAMENTOS DA LIBERDADE SINDICAL

A liberdade como Direito Constitucional fundamental é o princípio que dá suporte à idéia da existência de liberdade sindical em um dado ordenamento jurídico.

Especificamente com relação à liberdade sindical, os mais destacados nomes do Direito do Trabalho nacional e estrangeiro têm-se debruçado ante o tema.

Discute-se o Constitucionalismo de valores e os mecanismos de concreção da razoabilidade e da proporcionalidade, a efetividade das normas constitucionais, em geral, e dos direitos sociais, em especial. Ainda, no que diz respeito à construção e à dogmática dos direitos fundamentais, aborda-se a inserção do trabalhador (pessoa humana) na Sociedade através do seu órgão máximo de representação e de cidadania: o sindicato. Nesse contexto, há de se inserir o direito à liberdade sindical (seja no plano individual, seja no plano coletivo), nos chamados direitos de segunda dimensão, já examinados.

Neste sentido, apresenta-se o conceito de liberdade sindical para alguns juristas estrangeiros e brasileiros.

Para o espanhol Manglano,[85] a liberdade sindical se divide em individual positiva e negativa e coletiva. Na liberdade sindical positiva estão presentes o direito à promoção sindical e à liberdade de constituição sindical, o direito de filiação e o direito de participação. Na liberdade sindical negativa destacam-se os direitos de abstenção e desfiliação. Por fim, na liberdade sindical coletiva, há de se destacar a liberdade de regulamentação, a liberdade de representação, a liberdade de gestão, as liberdades de dissolução e de suspensão e a liberdade de federação.

Outro autor espanhol, o Professor Avilés, define liberdade sindical como "o direito fundamental de trabalhadores em agruparem-se estavelmente para participar da organização das relações produtivas." (tradução livre do autor).[86] [87]

O italiano Giugni refere, ao tratar da definição jurídica estabelecida na Constituição italiana, que "o direito de organizar-se livremente, sancionado no texto constitucional, se explica, em primeiro lugar (pelo menos do ponto de vista do enquadramento histórico), como direito subjetivo público de liberdade, no sentido de inibir o Estado de realizar atos que possam lesar o interesse tutelado".[88]

---

[84] BOBBIO, 1996, p. 86-87.

[86] AVILÉS, Antonio Ojeda. *Compendio de Derecho Sindical*. Madrid: Tecnos, 1998, p. 34.

[87] Segue texto no original: "el derecho fundamental de los trabajadores a agruparse establemente para participar en la ordenación de las relaciones productivas".

[88] GIUGNI, Gino. *Direito Sindical*. São Paulo: LTr, 1991, p. 47.

A Liberdade Sindical

Os mexicanos também deram grande contribuição ao estudo da liberdade sindical. Cueva, comentando a primeira Constituição social da história (México, 1917), assim dispõe:[89]

> As instituições principais do ordenamento jurídico são: a liberdade e o direito de associação profissional ou sindical, a liberdade e o direito de negociação e contratação coletivas e a regulamentação dos conflitos coletivos de trabalho e das greves. O enunciado puro e simples dessas instituições ratifica a tese que sustentamos, neste mesmo capítulo, no sentido de que o Direito Coletivo do Trabalho tem como destinação promover a formação do direito individual do trabalho e garantir sua efetividade.
> A Declaração de Direitos manteve-se fiel aos seus princípios, e, ao configurar as instituições do Direito Coletivo do Trabalho, respeitou o princípio da liberdade aos homens e de suas associações: a organização dos sindicatos e seu direito à negociação e à contratação coletivas são aos livres, ou, em outras palavras: o Estado não pode impor aos trabalhadores a sindicalização nem os obrigar a negociar e a contratar coletivamente. Uma fórmula resume excelentemente essas idéias: a sindicalização é um direito, mas nunca um dever.

Por fim, apresenta-se a posição de Guerrero que, também comentando a Constituição mexicana, define a liberdade sindical de forma genérica: "Os homens amantes da liberdade sempre têm lutado para que se respeite o princípio da liberdade sindical, que se traduz em duas questões: deixar ao trabalhador a possibilidade de formar parte de um sindicato ou não, e respeitar o direito que tem para separar-se de um sindicato quando assim lhe convenha, ao que se agrega o direito do trabalhador de eleger, entre vários sindicatos, o que preferir". (tradução livre do autor)[90] [91]

Dentre os autores brasileiros, Martins define liberdade sindical como:

> O direito dos trabalhadores e empregadores de se organizarem e constituírem livremente as agremiações que desejarem, no número por eles idealizado, sem que sofram qualquer interferência ou intervenção do Estado, nem uns em relação aos outros, visando à promoção de seus interesses ou dos grupos que irão representar. Essa liberdade sindical também compreende o direito de ingressar e retirar-se dos sindicatos. A liberdade sindical, significa, pois, o direito de os trabalhadores e os empregadores se associarem, livremente, a um sindicato. Todo aquele que tiver interesse profissional ou econômico a ser discutido poderá reunir-se num sindicato. Para que haja autonomia e liberdade sindical, é preciso que exista uma forma de custeio da atividade das entidades sindicais, o que deveria ser feito por intermédio de contribuições espontâneas dos filiados e não por intermédio de contribuições compulsórias. Seria, por exemplo, a mensalidade dos sócios e a contribuição decorrente do custo da negociação coletiva.[92]

Russomano define assim a liberdade sindical:

---

[89] CUEVA, Mário de la. *Panorama do Direito do Trabalho*. Porto Alegre: Sulina, 1965, p. 143.

[90] Segue texto no original: "Los hombres amantes de la libertad siempre han luchado porque se respete el principio de la libertad sindical que se traduce en dos cuestiones: dejar al trabajador em la posibilidad de formar parte de un sindicato o no, y respetar el derecho que tiene para separarse de un sindicato cuando así le convenga, a lo que se arega el derecho Del trabajador de eligir, entre vários sindicatos, el que prefiera".

[91] GUERERO, Euquerio. *Manual de Derecho Del Trabajo*. México: Purrúa, 1983, p. 298.

[92] MARTINS, Sergio Pinto. *Direito do Trabalho*. São Paulo: Atlas, 1999, p. 581.

Se os institutos jurídicos podem ser representados geometricamente, diremos, de início, que a liberdade sindical é uma figura triangular. Na verdade, ela é formada, conceitualmente, de três partes distintas, que se tocam nas extremidades, dando-nos idéia de um perfeito triângulo jurídico. Não se pode falar em liberdade sindical absoluta sem se admitir que exista, em determinado sistema jurídico, *sindicalização livre, autonomia sindical e – em nosso juízo – pluralidade sindical*. Por outras palavras: a liberdade sindical pressupõe a sindicalização livre, contra a sindicalização obrigatória; a autonomia sindical, contra o dirigismo sindical; a pluralidade sindical, contra a unicidade sindical. É essa a posição adotada pela grande maioria dos escritores estrangeiros, inclusive Rouast e Paul Durand, na França. Não foi outra a razão pela qual, na Itália, Ferrucio Pergolesi e Francesco Santoro-Passarelli definiram-na como uma 'liberdade complexa'. Se tomarmos a liberdade sindical no seu conceito mais amplo, necessariamente encontraremos, no fundo desse instituto, aquelas três idéias básicas, sem as quais não existe liberdade plena, nem para o sindicato, nem para os trabalhadores que nele encontram os pulmões da sua vida profissional".[93]

Não menos importante, registra-se, também, o pensamento de Nascimento:

A expressão *liberdade sindical* tem mais de um significado. O primeiro é metodológico. Significa um critério de classificação dos sistemas sindicais, comparados desde as suas origens históricas até o período contemporâneo. Esses sistemas podem ser avaliados segundo a dimensão que foi dada à liberdade sindical. Liberdade sindical tem uma função epistemológica, didático-expositiva do Direito Sindical, um referencial de estudo. Sob esse prisma – a garantia ou não da liberdade sindical num sistema jurídico -, os ordenamentos jurídicos são avaliados em sistemas com ou sem liberdade sindical. O segundo é conceitual. Nesse sentido, discute-se o que é liberdade sindical, quais os valores que a presidem, seu alcance, características, manifestações e garantias, que devem ser estabelecidas, para que, como princípio jurídico, cumpra a sua função, preservadora ou retificadora dos desvios, da lei ou da autoridade pública. O terceiro é coletivo, sistêmico, liberdade sindical na acepção coletiva, como liberdade de associação, de organização, de administração e de exercício das funções. O quarto é individual, liberdade assegurada a cada pessoa de se filiar ou de desfiliar-se de um sindicato. Voltemos ao sentido coletivo. Liberdade sindical é manifestação do direito de associação. Pressupõe a garantia, prevista no ordenamento jurídico, da existência de sindicatos. Se as leis de um Estado garantem o direito de associação, de pessoas com interesses profissionais e econômicos, de se agruparem em organizações sindicais, essas serão leis fundantes da liberdade sindical. Assim, liberdade sindical, no sentido agora analisado, caracteriza-se como reconhecimento, pela ordem jurídica, do direito de associação sindical, corolário do direito de associação; portanto, liberdade sindical, nessa perspectiva, é o princípio que autoriza o direito de associação, aplicado ao âmbito trabalhista.[94]

Lebre define liberdade sindical como "o direito assegurado aos trabalhadores e empregadores de associarem-se livremente, constituindo sindicatos, os quais não poderão sofrer intervenções estatais ou privadas, com a finalidade de realizar interesses próprios".[95]

Para Moraes Filho, considera-se liberdade sindical:

A liberdade sindical constitui um feixe de liberdades, mas todas tendentes à plena realização da vida sindical, tendo em vista os objetivos que a informam e a orientam. A primeira manifestação

---

[93] RUSSOMANO, Mozart Victor. *Princípios Gerais de Direito Sindical*, Rio de Janeiro: Forense, 1998, p. 54-66.

[94] NASCIMENTO, Amauri Mascaro. *Compêndio de Direito Sindical*. São Paulo: LTr, 2000, p. 139-140.

[95] Ver LEBRE, Eduardo Antonio Temponi. *Direito Coletivo do Trabalho*. Porto Alegre: Síntese, 1999, p. 45.

A Liberdade Sindical

de liberdade sindical é a que pertence ao indivíduo perante o Estado e a própria entidade, isto é, a sindicalização não deve ser *compulsória*, podendo cada integrante da profissão entrar para o sindicato e dele sair à vontade. Esta primeira manifestação é individual, mas nada impede que o sindicato fixe uma taxa de ingresso e certas obrigações ao associado que queira retirar-se, tais como aviso com antecedência e pagamentos de algumas mensalidades.

A segunda manifestação de liberdade sindical consiste em ficar a cargo dos próprios interessados a escolha do regime de sua organização, se única ou plúrima. A unicidade não lhes poderia ser imposta por lei. Umas atividades e profissões se aglutinariam num só sindicato; outras, em diversos. Percebe-se, facilmente, o tumulto que tal regime viria ocasionar na vida associativa das classes econômicas, mas seria, sem dúvida, o único compatível com a plena e absoluta liberdade sindical.

Finalmente, a terceira manifestação da liberdade sindical recebe o nome de autonomia sindical, e diz respeito à liberdade que devem gozar as entidades sindicais, de qualquer grau, perante o patronato e, principalmente, perante o Estado. Autonomia significa autogoverno da categoria e das entidades sindicais, segundo a sua livre escolha e deliberação, sem intromissão de controles ou dominações que lhes roubem a autenticidade representativa.[96]

É, também, Moraes Filho, no clássico "O Problema do Sindicato único no Brasil", que refere:

Podem todos esses problemas ser resumidos em três questões essenciais, que os compreendem por inteiro e que se encontram mais facilmente na ordem do dia a dia da política social, quanto às associações profissionais. São elas: a) Liberdade do sindicato de autodeterminar-se, de autogovernar-se, de elaborar seus próprios estatutos, de administrar-se e dirigir-se independentemente. Questão esta que costuma receber entre nós a denominação específica de autonomia sindical, no que diz respeito aos outros organismos profissionais e principalmente ao Estado. b) Liberdade de constituição do sindicato com plena capacidade de representação, podendo existir para a mesma profissão em mais de um organismo sindical. Reside aí o permanente debate em torno da unidade ou da pluralidade sindical. c) Liberdade do indivíduo para ingressar em qualquer sindicato que lhe diga respeito, ou dele exonerar-se quando bem lhe aprouver. Com este último ponto, estamos em presença da questão da obrigatoriedade sindical.[97]

Süssekind, por sua vez, assim define liberdade sindical:

Deduz-se do direito comparado, inspirado sobretudo nos princípios consubstanciados na Convenção da OIT n. 87 (Genebra, 1948) e no Pacto Internacional dos Direitos Econômicos, Sociais e Culturais da ONU (Nova York, 1966), que a liberdade sindical deve ser vista sob um tríplice aspecto:
a) liberdade sindical coletiva, que corresponde ao direito dos grupos de empresários e de trabalhadores, vinculados por uma atividade comum, similar ou conexa, de constituir o sindicato de sua escolha, com a estruturação que lhes convier;
b) liberdade sindical individual, que concerne à liberdade de organização interna e de funcionamento da associação sindical e, bem assim, à faculdade de constituir federações e

---

[96] MORAES FILHO, 2000, p. 618.

[97] Idem, *O problema do Sindicato único no Brasil*. São Paulo: Alfa-Omega, 1978, p. 147-148.

confederações ou de filiar-se às já existentes, visando sempre aos fins que fundamentam sua instituição.[98]

Na lição de Magano, o conceito de liberdade sindical é:

Liberdade sindical é o direito dos trabalhadores e empregadores de não sofrerem interferências nem dos poderes públicos nem de uns em relação aos outros, no processo de se organizarem, bem como o de promoverem interesses próprios ou dos grupos a que pertençam.[99]

Para Oliveira, "...o princípio da liberdade sindical engloba: o direito à livre constituição de sindicatos, sem autorização prévia do Estado; a liberdade de estabelecer os próprios estatutos; a impossibilidade das organizações serem dissolvidas ou suspensas por via administrativa; o direito de constituir federações e confederações, podendo, tanto as entidades de primeiro e segundo grau, filiarem-se a organizações internacionais".[100]

Examinadas as posições dos importantes autores supracitados, o presente trabalho, que tem como tema nuclear exatamente a "liberdade sindical", não se furta de apresentar a sua própria posição e definição acerca do tema.

Com efeito, há necessidade de que sejam examinados alguns aspectos do sindicalismo nacional para, comparando-os às idéias gerais acerca de liberdade sindical, seja possível apresentar um conceito. Assim, os aspectos a serem examinados são os seguintes:

a) *Constituição de sindicatos:* considerada a disposição do artigo 8º, inciso I, da Constituição da República Federativa do Brasil de 1988, entende-se existente a liberdade neste aspecto. O registro da nova associação no cartório de títulos e documentos é mera formalidade de aquisição de personalidade jurídica para qualquer associação; o registro no Ministério do Trabalho e do Emprego deve(ria) ocorrer apenas para fins estatísticos;

b) *Ingresso e saída individual do sindicato:* em princípio está caracterizado aqui um aspecto de liberdade plena. O artigo 5º, inciso XX, combinado com o artigo 8º, inciso V, ambos da Constituição Federal de 1988, deixam clara a possibilidade individual de filiação (associação) e desfiliação (desassociação);

c) *Enquadramento sindical:* dispõe o artigo 570 da Consolidação das Leis do Trabalho que "os sindicatos constituir-se-ão, normalmente, por categorias econômicas ou profissionais específicas, na conformidade da discriminação do Quadro de Atividades e Profissões a que se refere o art. 577, ou segundo as subdivisões que, sob a proposta da Comissão

---

98 SÜSSEKIND, Arnaldo. *Curso de Direito do Trabalho.* Rio de Janeiro/São Paulo: Renovar, 2002, p. 527.

99 MAGANO, Octavio Bueno. *Manual de Direito do Trabalho – Direito Coletivo do Trabalho –* Volume 3. São Paulo: LTr, 1990, p. 24.

100 OLIVEIRA, Olga Maria Boschi Aguiar de. *A Universalidade do princípio da Liberdade Sindical.* Revista da Faculdade de Direito da UFSC. Porto Alegre: Síntese, v. 1, p. 145.

A Liberdade Sindical

de Enquadramento Sindical, de que trata o art. 576, forem criadas pelo Ministro do Trabalho." Aqui, há que se fazer uma reflexão. Embora seja do entendimento uníssono da doutrina e da jurisprudência que a Constituição Federal de 1988 não recepcionou parte do artigo 570 da CLT e que o Quadro a que se refere o art. 577 passou a ser mero indicativo, já que o Ministro do Trabalho e do Emprego não tem mais ingerência na criação de sindicatos e não existe mais a Comissão de Enquadramento Sindical, é certo que as regras previstas no artigo 511 e parágrafos, da CLT[101] permanecem vigentes. Isto, não só porque a própria Constituição Federal de 1988 utiliza em larga escala a expressão "categoria", mas também porque não é possível a representatividade sindical além da identidade, da similitude e da conexão. Assim, entende-se que esta regra que ainda perdura, é incompatível com um sistema de liberdade plena. Para atingir-se a liberdade sindical plena, não deveriam existir os limites do enquadramento. Assim, o trabalhador da construção civil que se entendesse melhor representado pelo Sindicato dos Metalúrgicos, poderia optar por este;

d) *Administração interna:* na medida em que, a partir da promulgação da atual Constituição Federal, os sindicatos passaram a estar livres para constituírem os seus estatutos e, a partir deles, a sua administração interna sem nenhuma interferência do Poder Público, entende-se que, nesta aspecto, há liberdade sindical;

e) *Constituição de órgãos superiores:* embora limitados à federação e à confederação, ainda que não haja proibição à criação de centrais sindicais, aqui, há uma certa liberdade sindical no sentido de ampliação vertical do sistema;

f) *Filiação a organizações internacionais:*[102] não há, no ordenamento interno, nenhum impedimento para que os sindicatos possam filiar-se a organizações internacionais.

---

[101] "Art. 511. É lícita a associação para fins de estudo, defesa e coordenação dos seus interesses econômicos ou profissionais de todos os que, como empregadores, empregados, agentes ou trabalhadores autônomos, ou profissionais liberais, exerçam, respectivamente, a mesma atividade ou profissão ou atividades ou profissões similares ou conexas.
§ 1º. A solidariedade de interesses econômicos dos que empreendem atividades idênticas, similares ou conexas constitui o vínculo social básico que se denomina categoria econômica.
§ 2º. A similitude das condições de vida oriunda da profissão ou trabalho em comum, em situação de emprego na mesma atividade econômica ou em atividades econômicas similares ou conexas, compõe a expressão social elementar compreendida como categoria profissional;
§ 3º. Categoria profissional diferenciada é a que se forma dos empregados que exerçam profissões ou funções diferenciadas por força de estatuto profissional especial ou em conseqüência de condições de vida singulares.
§ 4º. Os limites de identidade, similaridade ou conexidade fixam as dimensões dentro das quais a categoria econômica ou profissional é homogênea e a associação é natural."
[102] Segundo SÜSSEKIND, 2002, p. 525, as principais entidades internacionais às quais as associações sindicais brasileiras são filiadas são:
a) Federação Sindical Mundial (FSM), que reúne associações sindicais na linha comunista ou socialista-democrática e tem sede em Praga;

g) *Limitação a uma organização da mesma categoria por base territorial (unicidade sindical):* aqui, fica acentuada a clara inexistência de liberdade sindical. A limitação prevista no artigo 516 da CLT e no artigo 8°, inciso II, da Constituição Federal de 1988, no sentido de ser vedada a criação de mais de uma organização sindical, em qualquer grau (sindicatos, federações e confederações), na mesma base territorial, fere de morte não só a própria liberdade vista num contexto filosófico, mas também do ponto de vista da colisão interna entre princípios (artigo 5°, *caput*, da Constituição Federal de 1988) e regras (artigos 516 da CLT e 8°, inciso II, da Constituição Federal de 1988) e, ainda, de colisão com os parâmetros internacionais de liberdade sindical, como será visto no Capítulo IV.

h) *Contribuição sindical compulsória:* a questão da receita dos sindicatos será examinada no sub-capítulo 3.7. É certo, contudo, que a imposição de uma contribuição sindical (antigo imposto sindical), existente desde 1940, a todos os representados de uma categoria profissional ou econômica, ou, ainda, de autônomos ou profissionais liberais, é contrária a um sistema de oxigenação de um sindicalismo real e verdadeiramente representativo e, portanto, contrária à liberdade sindical;

i) *Negociação coletiva:* hoje, o artigo 114, § 2°, da Constituição Federal de 1988, já com a redação dada pela Emenda Constitucional número 45, de 2004, impõe a negociação coletiva como procedimento anterior à arbitragem e ao dissídio coletivo. Além disso, a CLT também obriga aos sujeitos das relações coletivas de trabalho a negociarem.[103] De qualquer forma, a negociação coletiva é restringida pelo poder normativo da Justiça do Trabalho.

j) *Poder normativo da Justiça do Trabalho:* a nova redação do artigo 114[104] da Constituição Federal, dada pela Emenda Constitucional n° 45,

---

b) Confederação Mundial do Trabalho (CMT), que agremia organizações sindicais defensoras da doutrina cristã e tem sede em Bruxelas;
c) Confederação Internacional das Organizações Sindicais Livres (CIOSL), que defende o sindicalismo estritamente profissional, desligado de qualquer pregação ou vinculação política ou religiosa. Está sediada também em Bruxelas.

103 "Art. 616. Os Sindicatos representativos de categorias econômicas ou profissionais e as empresas, inclusive as que não tenham representação sindical, quando provocados, não podem recusar-se à negociação coletiva."

104 "Art. 114. Compete à Justiça do Trabalho processar e julgar: (Redação dada pela Emenda Constitucional n° 45, de 2004)
I - as ações oriundas da relação de trabalho, abrangidos os entes de direito público externo e da administração pública direta e indireta da União, dos Estados, do Distrito Federal e dos Municípios; (Incluído pela Emenda Constitucional n° 45, de 2004)
II - as ações que envolvam exercício do direito de greve; (Incluído pela Emenda Constitucional n° 45, de 2004)
III - as ações sobre representação sindical, entre sindicatos, entre sindicatos e trabalhadores, e entre sindicatos e empregadores; (Incluído pela Emenda Constitucional n° 45, de 2004)
IV - os mandados de segurança, habeas corpus e habeas data , quando o ato questionado envolver matéria sujeita à sua jurisdição; (Incluído pela Emenda Constitucional n° 45, de 2004)
V - os conflitos de competência entre órgãos com jurisdição trabalhista, ressalvado o disposto no art. 102, I, o; (Incluído pela Emenda Constitucional n° 45, de 2004)

de 8 de dezembro de 2004, embora confusa e mal redigida, deixa claro, no novo parágrafo segundo, que o poder normativo da Justiça do Trabalho está mantido. Quando a expressão *...podendo a Justiça do Trabalho decidir o conflito...* em dissídios coletivos de natureza econômica permanece, não se configura alteração na idéia de poder normativo. À toda evidência, o poder normativo desestimula a negociação coletiva que deve ser levada à exaustão. É neste sentido a contradição do instituto com a mais ampla liberdade sindical.

k) *Exercício do direito de greve:* o direito de greve será examinado no sub-capítulo 3.8. De qualquer forma, entende-se que, num contexto de liberdade sindical, deve haver livre exercício do direito de greve. Isto não quer dizer que não tenha que existir limites, principalmente de ordem formal; pelo contrário, a legislação serve exatamente para dar contornos ao exercício desta liberdade. Isto ocorre hoje, no Brasil, para os trabalhadores regidos pela Consolidação das Leis do Trabalho, pela Lei nº 7.783, de 28 de junho de 1989. Os servidores públicos estatutários, contudo, ainda não têm regulamentado este direito constitucional.[105] [106]

Assim, considerados os aspectos jurídicos e sociais destacados pelos autores aqui relacionados, e, ainda, especialmente destacados os onze aspectos acima, apresenta-se o seguinte conceito de liberdade sindical: "direito de trabalhadores, entendidos como tal empregados, empregadores, autônomos e profissionais liberais, de livremente constituírem e desconstituírem sindicatos; de individualmente ingressarem

---

VI - as ações de indenização por dano moral ou patrimonial, decorrentes da relação de trabalho; (Incluído pela Emenda Constitucional nº 45, de 2004)
VII - as ações relativas às penalidades administrativas impostas aos empregadores pelos órgãos de fiscalização das relações de trabalho; (Incluído pela Emenda Constitucional nº 45, de 2004)
VIII - a execução, de ofício, das contribuições sociais previstas no art. 195, I, a , e II, e seus acréscimos legais, decorrentes das sentenças que proferir; (Incluído pela Emenda Constitucional nº 45, de 2004)
IX - outras controvérsias decorrentes da relação de trabalho, na forma da lei. (Incluído pela Emenda Constitucional nº 45, de 2004)
§ 1º Frustrada a negociação coletiva, as partes poderão eleger árbitros.
§ 2º Recusando-se qualquer das partes à negociação coletiva ou à arbitragem, é facultado às mesmas, de comum acordo, ajuizar dissídio coletivo de natureza econômica, podendo a Justiça do Trabalho decidir o conflito, respeitadas as disposições mínimas legais de proteção ao trabalho, bem como as convencionadas anteriormente. (Redação dada pela Emenda Constitucional nº 45, de 2004)
§ 3º Em caso de greve em atividade essencial, com possibilidade de lesão do interesse público, o Ministério Público do Trabalho poderá ajuizar dissídio coletivo, competindo à Justiça do Trabalho decidir o conflito". (Redação dada pela Emenda Constitucional nº 45, de 2004)
[105] "Art. 37.
[...]
VII – o direito de greve será exercido nos termos e nos limites definidos em lei específica."
[106] Tramita, no Supremo Tribunal Federal, o Mandado de Injunção número 670, relatado pelo Ministro Maurício Corrêa, onde o Sindicato dos Servidores Policiais Civis do Espírito Santo – SINDIPOL – postula a regulamentação do direito de greve para os servidores públicos.

e saírem dos sindicatos conforme seus interesses e sem limites decorrentes da profissão à qual pertençam; de livremente administrarem as organizações sindicais, constituírem órgãos superiores e de associarem-se a órgãos internacionais; de livremente negociarem sem qualquer interferência do Poder Público (Executivo, Legislativo ou Judiciário); e de livremente exercerem o direito de greve, observadas as formalidades legais; tudo isso sem limitação de base territorial e num regime de pluralismo, sendo o sistema financiado única e exclusivamente pelas contribuições espontâneas por eles mesmos fixadas".

É importante explicar alguns aspectos semânticos do conceito acima proposto. Inicialmente, para este autor, trabalhador é todo aquele que trabalha; sendo, portanto, gênero do qual são espécies empregadores,[107] empregados,[108] autônomos[109] e profissionais liberais.[110]

De outra parte, a liberdade de constituir sindicatos não deve encontrar limites ou barreiras no sistema legal ou no Poder Público. Assim, deve haver apenas o registro formal e o controle estatístico, e não a limitação dada por enquadramento categorial e por base territorial.

Com efeito, a liberdade individual de ingresso e saída dos sindicatos e, por conseqüência, de não ser obrigado a pagar nenhuma contribuição compulsória aos sindicatos encerra um aspecto da liberdade individual.

A liberdade de administração interna, de constituição de órgãos superiores não limitados às federações e às confederações, mas, também, às centrais e outros que sejam do interesse dos representados, e, ainda, a liberdade de associação a órgãos internacionais definem o aspecto de liberdade de organização.

A negociação coletiva só pode ser fomentada e incentivada com a total ausência ou interferência do Poder Público. Para tanto, o poder normativo deve ser totalmente extinto num ambiente de plena liberdade sindical.

---

[107] Segundo o artigo 2º da Consolidação das Leis do Trabalho, "considera-se empregador a empresa, individual ou coletiva, que, assumindo os riscos da atividade econômica, admite, assalaria e dirige a prestação pessoal de serviço".

[108] Definido no artigo 3º da Consolidação das Leis do Trabalho, "empregado é toda pessoa física que prestar serviços de natureza não eventual a empregador, sob a dependência deste e mediante salário".

[109] Segundo o artigo 12, inciso V, alínea *h*, da Lei nº 8.212/91, trabalhador autônomo "é a pessoa física que exerce, por conta própria, atividade econômica de natureza urbana, com fins lucrativos ou não".

[110] Ver FERREIRA, Aurélio Buarque de. *Novo Dicionário da Língua Portuguesa*. Rio de Janeiro: Nova Fronteira, 1986, p.1398: "Profissão Liberal. Profissão de nível superior caracterizada pela inexistência de qualquer vinculação hierárquica e pelo exercício predominantemente técnico e intelectual de conhecimentos".

A Liberdade Sindical

Por fim, o exercício do direito de greve, como forma de organização e pressão dos empregados para a busca de melhores salários e melhores condições de trabalho, ainda que com os necessários limites legais, fecha o contexto de liberdade sindical.

A seguir, faz-se a divisão dos aspectos que compreendem a liberdade sindical em liberdade individual, liberdade coletiva e liberdade em face do Estado.

1.7.1. Liberdade individual

No plano individual, a liberdade sindical é constituída dos seguintes direitos extraídos do conceito proposto pelo autor:

a) *Constituição de sindicatos:* a constituição de organizações sindicais é um direito individual que se manifesta de forma coletiva;

b) *Ingresso e saída do sindicato:* o ingresso e a saída como sócio (filiado) de uma organização sindical é um direito única e exclusivamente individual;

c) *Exercício do direito de greve:* é um direito individual que se manifesta de forma coletiva e limitado pelo Poder Público.

Para Manglano,[111] a liberdade sindical individual pode ser positiva ou negativa. Na liberdade sindical individual positiva estão o direito de constituição de sindicatos, o direito de filiação e o direito de participação.

Na liberdade sindical individual negativa estão o direito de desfiliação e o direito de abstenção sindical.

1.7.2. Liberdade coletiva

No plano coletivo, a liberdade sindical é constituída dos seguintes direitos extraídos do conceito proposto pelo autor:

a) *Constituição de sindicatos:* como já referido, este direito se manifesta de forma coletiva. É sempre um grupo (coletividade) de interessados que, reunido com os mesmos interesses, constitui uma organização sindical;

b) *Constituição de órgãos superiores:* embora este direito esteja inserido também na liberdade sindical em face do Estado, ele só pode existir se houver vontade da coletividade em constituir federações, confederações, centrais sindicais ou outros órgãos que estimem superiores;

c) *Filiação a organizações internacionais:* da mesma forma que o item anterior, as organizações sindicais podem filiar-se a entidades internacionais se não houver proibição por parte do Poder Público. De

---

[111] MANGLANO, 1996, p. 257-266.

qualquer forma, esta filiação somente pode ocorrer se houver interesse coletivo;

d) *Negociação coletiva:* a negociação coletiva, se incentivada, é claro instituto da liberdade sindical coletiva.[112] Encontra limites, contudo, no poder normativo que, faz parte da (ausência de) liberdade sindical em face do Estado.

e) *Exercício do direito de greve:* o direito de greve, realizado individualmente, é manifestado de forma coletiva, encontrando, no Estado, os limites para o seu exercício.

Conforme o ensinamento de Manglano,[113] a liberdade sindical coletiva é manifestada de várias formas: através do direito de elaboração dos estatutos, através do direito de representação (eleição de representantes), também em relação ao direito de administração, no direito de dissolução e suspensão de atividades e no direito de organização de entidades de grau superior.

1.7.3. Liberdade em face do Estado

A liberdade sindical em face do Estado é constituída dos seguintes aspectos também extraídos do conceito proposto pelo autor:

a) *Constituição de sindicatos:* como refere a Convenção 87 da Organização Internacional do Trabalho (art. 7º), o Poder Público não pode impor limites para a aquisição de personalidade jurídica pelas organizações sindicais;

b) *Enquadramento sindical:* a impossibilidade de representação por qualquer organização sindical da preferência dos interessados encontra óbice no sistema de categorias por enquadramento sindical. O trabalhador da construção civil não pode ser representado pelo sindicato dos trabalhadores metalúrgicos, ainda que este lhe seja mais benéfico. Isto é definido por lei, sendo, portanto, um limitador estatal à liberdade sindical;

c) *Administração interna:* a administração interna somente pode ser definida pelos estatutos livremente aprovados pelos interessados se não houver limitação legal para isto;

d) *Constituição de órgãos superiores:* da mesma forma que o item anterior, e ainda que seja também um direito de liberdade sindical coletiva, a constituição de órgãos superiores só pode ocorrer dentro dos limites legais;

---

[112] As Convenções número 98, de 01 de julho de 1949, ratificada pelo Brasil em 18 de novembro de 1952, e 154, de 19 de junho de 1981, ratificada pelo Brasil em 10 de julho de 1992, ambas da Organização Internacional do Trabalho, tratam da liberdade sindical de negociação coletiva e relações trabalhistas.

[113] MANGLANO, 1996, p. 270-278.

e) Filiação a organizações internacionais: a filiação das organizações sindicais a entidades internacionais não deve ser limitada pelo Estado;

f) Unicidade sindical: imposta por lei, é a mais clara forma de limitação ao amplo exercício da liberdade sindical;

g) Contribuição sindical compulsória: na medida em que, num ambiente de liberdade sindical, qualquer contribuição deve ser expontânea, as contribuições impostas por lei limitam o direito à liberdade sindical;

h) Poder normativo da Justiça do Trabalho: limitador constitucional da negociação coletiva, o poder normativo limita também a liberdade sindical.

1.8. DIREITOS HUMANOS E LIBERDADE SINDICAL

A Emenda Constitucional número 45, de 08 de dezembro de 2004, entre outras alterações, acrescentou o parágrafo terceiro ao artigo quinto, com a seguinte redação:

> Os tratados e convenções internacionais sobre direitos humanos que forem aprovados, em cada Casa do Congresso Nacional, em dois turnos, por três quintos dos votos dos respectivos membros, serão equivalentes às emendas constitucionais.

A Convenção 87 da OIT, que trata de liberdade sindical, se enquadra na nova regra, acima referida. A liberdade sindical, especialmente no seu viés coletivo, se enquadra no feixe dos direitos humanos. Neste sentido, a lição de Sarlet:[114]

> Neste sentido, assume atualmente especial relevância a clarificação da distinção entre as expressões "direitos fundamentais" e "direitos humanos", inobstante tenha também ocorrido uma confusão entre os dois termos. Neste particular, não há dúvidas de que os direitos fundamentais, de certa forma, são também sempre direitos humanos, no sentido de que seu titular sempre será o ser humano, ainda que representado por entes coletivos (grupos, povos, nações, Estado). Fosse apenas por este motivo, impor-se-ia a utilização uniforme do termo "direitos humanos" ou expressão similar, de tal sorte que não é nesta circunstância que encontraremos argumentos idôneos a justificar a distinção.
>
> Em que pese sejam ambos os termos ("direitos humanos" e "direitos fundamentais") comumente utilizados como sinônimos, a explicação corriqueira e, diga-se de passagem, procedente para a distinção é de que o termo "direitos fundamentais" se aplica para aqueles direitos do ser humano reconhecidos e positivados na esfera do direito constitucional positivo de determinado estado, ao passo que a expressão "direitos humanos" guardaria relação com os documentos de direito internacional, por referir-se àquelas posições jurídicas que se reconhecem ao ser humano como tal, independentemente de sua vinculação com determinada ordem constitucional, e que, portanto, aspiram à validade universal, para todos os povos e tempos, de tal sorte que revelam um inequívoco caráter supranacional (internacional).

Sendo, portanto, o direito à liberdade um direito fundamental, tratando a Convenção 87 da liberdade sindical e, sendo, ainda, a referida convenção um documento internacional, efetivamente trata de

---

[114] SARLET, 1998, p. 31.

direitos humanos. A já referida Declaração Universal dos Direitos do Homem, de 10 de dezembro de 1948 é, neste prisma, um documento internacional que trata de direitos humanos. O artigo XXIII, no parágrafo 4, dispõe que "todo homem tem direito a organizar sindicatos e a eles ingressar para proteção de seus interesses".

É de Perez Luño[115] o conceito que dá amplitude à expressão "direitos humanos":

> Um conjunto de faculdades e instituições que, em cada momento histórico, concretizam as exigências da dignidade, da liberdade e da igualdade humanas, as quais devem ser reconhecidas positivamente pelos ordenamentos jurídicos em nível nacional e internacional.[116] (tradução livre do autor)

Não há dúvida de que, nos pontos nucleares propostos por Perez Luño – dignidade, liberdade e igualdade –, indiscutivelmente está presente a liberdade sindical. Portanto, a Convenção 87 da OIT é um tratado de Direitos Humanos.

Nesse passo, a conclusão é de que não há necessidade de discutir, e muito menos de aprovar a Proposta de Emenda Constitucional número 369/2005, sobre a reforma sindical. Tratando a Convenção 87 da OIT de liberdade sindical e, por conseqüência, de direitos humanos, basta, seguindo a regra do § 3° do artigo 5° da Constituição Federal de 1988, com redação dada pela Emenda Constitucional número 45, de 8 de dezembro de 2004, que o Congresso a aprove, em dois turnos, por três quintos dos votos dos respectivos membros, na Câmara dos Deputados e no Senado, com o que a mesma ingressaria no ordenamento jurídico interno com status constitucional, trazendo efetiva liberdade sindical ao Brasil.

Estabelecidos os parâmetros principiológicos e de regramento, ou seja, estabelecidos os traços fundamentais normativos sobre a liberdade num contexto filosófico e sobre a liberdade sindical propriamente dita, passar-se-á a examinar as regras sindicais vigentes no Brasil.

---

115 PÉREZ LUÑO, Antonio Enrique. *Derechos Humanos, Estado de Derecho y Constitución.* Madrid: Tecnos, 1999, p.48.

116 O texto no original é: "...un conjunto de faculdades e instituciones que, en cada momento histórico, concretan las exigencias de la dignidad, la libertad y la igualdad humanas, las cuales deben ser reconocidas positivamente por los ordenamientos jurídicos a nivel nacional e internacional".

A Liberdade Sindical

2. O sindicalismo no Brasil

O segundo capítulo trata do sindicalismo no Brasil, desde as suas origens até a atualidade. Examina, ainda, o sistema sindical atual, fazendo referência às principais regras vigentes.

2.1. DAS ORIGENS À PROCLAMAÇÃO DA REPÚBLICA

Sobre as origens dos sindicatos no Brasil, verificar-se-á, brevemente , o que existiu ou não existiu desde o descobrimento (1500), até a proclamação da independência (1822); da primeira Constituição (imperial) outorgada por Dom Pedro I, em 1824, até o final do império (1889).

No seu Compêndio de Direito Sindical, Nascimento[117] descreve o que denominou de "primeiras formas associativas". Refere o citado autor, que, como em outros países, também no Brasil as corporações de ofício precederam os sindicatos. Oriundas do período feudal, a partir da época da servidão, as corporações de ofício aglutinavam pessoas que tinham o mesmo ofício. Eram hierarquizadas, tendo à frente os mestres e abaixo os oficiais e os aprendizes.

Em 1699, na cidade de Salvador, havia corporações de oficiais mecânicos e de ourives, sendo os ofícios mecânicos agrupados por similitude ou conexão profissional, ou seja, carpinteiros podiam se reunir com torneiros, marceneiros, etc.[118]

A Revolução Francesa de 1789, com seu ideal liberal no sentido de que não havia necessidade de haver intermediários entre o indivíduo e o Estado, proibiu as corporações de ofício. Esta proibição chegou ao Brasil trinta e cinco anos depois, quando Dom Pedro I outorgou a Constituição imperial de 25 de março de 1824.[119] [120]

---

[117] NASCIMENTO, 2000, p. 74.

[118] Idem, ibidem, p. 74.

[119] "Art. 179. A inviolabilidade dos Direitos Civis e Políticos dos Cidadãos Brazileiros, que tem por base a liberdade, a segurança individual, e a propriedade, é garantida pela Constituição do Império, pela maneira seguinte:
[...] XXV. Ficam abolidas as Corporações de Officios, seus Juizes, Escrivães, e Mestres."

[120] Ver CAMPANHOLE, Hilton Lobo e CAMPANHOLE, Adriano, em *Constituições do Brasil – 1824, 1891, 1934, 1937, 1946, 1967, 1969 e 1988*. São Paulo: Atlas, 1999, p. 832-833.

A Liberdade Sindical

Moraes Filho traduz de forma clara a origem dos sindicatos:

A evolução da existência do sindicato na sociedade moderna, surgida depois da Revolução Francesa, caminhou da luta pela sua própria sobrevivência contra o Estado à existência junto a esse mesmo Estado. A princípio, lutavam as organizações profissionais contra os patrões e contra o Estado, que lhes negava o direito de reconhecimento legal. A coalizão e a liberdade de associação eram terminantemente proibidas. O Código Penal punia com alguma gravidade quem infringisse tais dispositivos. As relações existentes entre os possíveis sindicatos e o Estado eram relações de absoluta hostilidade, procurando um destruir o outro da forma mais rápida e ostensiva. Além daquele espírito individualista e igualitário, de governo absenteísta, da Revolução Francesa, outro motivo também poderoso inspirava o Estado nessa ojeriza pelas organizações de classe, principalmente organizações da classe operária: o temor de que as associações se transformassem em núcleos revolucionários contra a sociedade constituída. Para os operários, nada mais representava o Estado do que a própria classe burguesa transfigurada em poder público. A classe que os explorava economicamente nas fábricas e nas oficinas, que era a sua patroa nos locais de trabalho, não deixava de sê-lo igualmente nos quadros políticos da nação, já que o governo existia para proteger a propriedade privada e aplicar as leis do país.[121]

Na visão do próprio Moraes Filho,[122] os aspectos que tiveram influência na gênese da constituição dos sindicatos durante o século XIX, foram os mesmos que determinaram o aparecimento do próprio Direito do Trabalho, como ramo autônomo da ciência jurídica. Referidos aspectos são:

a) Os vícios e as conseqüências da liberdade econômica e do liberalismo político, ou seja, com a livre concorrência, que se refletia diretamente no campo do direito, constatou-se, ao cabo de poucos anos, que o equilíbrio do campo econômico e social ficou inviável. A suposta igualdade de todos perante a lei criava uma maior desigualdade de condições. Não se via grupo por trás do indivíduo, já que cada contrato era uma lei particular entre os sujeitos contratantes;

b) O maquinismo e a concentração de massas humanas e de capitais. Com o aparecimento do maquinismo na produção econômica, o homem ficou relegado a um papel secundário. As operações técnicas tornavam-se mais rápidas e automáticas, e assim poderia ser dispensado um grande número de trabalhadores masculinos e adultos, substituídos pela máquina por mulheres e crianças, menos dispendiosos e mais dóceis. Começaram a aparecer os primeiros sem-trabalho, as crises econômicas se sucediam e os acidentes se multiplicavam, obrigando aos operários a auxiliarem-se mutuamente (ligas de socorros mútuos). Ainda com o uso do maquinismo, puderam os industriais concentrar grandes massas humanas em grandes locais de trabalho, fábricas, usinas e grandes cidades. Tais fatos, por óbvio, facilitaram sobremodo o surgimento do fenômeno associativo;

---

[121] MORAES FILHO, 1978, p. 99-100.

[122] Idem, ibidem, p. 106-107.

c) As grandes lutas sociais que se desenrolaram durante os três primeiros quartos do século XIX. Os luditas e os cartistas na Inglaterra, as revoluções de 1848 e 1871 na França e a revolução de 1848 na Alemanha representaram muito para o despertar do Estado para a intervenção e regulamentação na vida econômica. Os operários se reuniam, reivindicavam, protestavam. Foi inegavelmente com a publicação do "Manifesto do Partido Comunista" de 1848, por Marx e Engels, que se dava forma, pela primeira vez, a uma crítica exaustiva e profunda das condições de trabalho nos países da Europa de então;

d) Finalmente, os livres acordos entre os grupos profissionais. Enquanto o Estado não se decidia a intervir, enquanto não se modificava a mentalidade das classes dirigentes, iam os operários e patrões ultimando entre si verdadeiros contratos coletivos de trabalho sem o saberem. Surgiam espontaneamente à margem do direito estatal;

No Brasil, destacam-se, ainda, antes da proclamação da República, a *Liga Operária* (1870), a *Liga Operária de Socorros Mútuos* (1872), e a *União Operária* (1880).

Verifica-se que, até o final do Império, ainda não havia nenhum diploma legal que regulasse tais ligas ou o próprio sindicalismo, ainda incipiente. Nesse contexto, Vianna refere que, até 1889, o sistema sindical era livre e autônomo do Brasil.[123]

2.2. DA PROCLAMAÇÃO DA REPÚBLICA À REVOLUÇÃO DE 1930

A partir da proclamação da República, em 1889, examinar-se-ão a primeira Constituição republicana (1891), os movimentos sociais do final do século XIX e do início do século XX – que trouxeram consigo as primeiras leis sindicais –, os reflexos da primeira grande guerra mundial (1914-1918), a revolução russa de 1917, as primeiras Constituições sociais da história (México, 1917 e Weimar, 1919)[124] e, ao final da

---

[123] VIANNA, Luiz Werneck. *Liberalismo e Sindicato no Brasil*. Rio de Janeiro: Paz e Terra, p. 39.

[124] Segundo SÜSSEKIND, 1999, p. 11-12, "...a primeira Constituição a inserir no seu texto importantes direitos para o trabalhador foi a da Suíça, aprovada em 1874 e emendada em 1896. É certo que a Constituição francesa de 1848, de curtíssima vigência, aludiu ao direito do trabalho, à educação profissional e a instituições de previdência; mas não estabeleceu, de maneira objetiva, um elenco de direitos para o trabalhador. Também é certo que a Segunda Declaração dos Direitos do Homem (1793), inspirada no projeto de ROBESPIERRE, limitou o direito de propriedade e atribuiu à sociedade o dever de prover a subsistência de todos os seus membros, inclusive os inaptos para o trabalho e os indigentes; mas não cogitou dos direitos sociais específicos do trabalhador, que são os que nos interessam neste estudo.
A Constituição do México de 1917, esta sim, armou um quadro significativo de direitos sociais específicos do trabalhador, muitos dos quais foram repetidos nas Cartas Magnas de alguns países latino-americanos. O seu art. 123 contempla o campo de incidência das leis de proteção ao trabalho, a participação nos lucros da empresa, a proteção especial ao trabalho das mulheres e dos menores, a garantia de emprego, a isonomia salarial, o direito sindical, o contrato coletivo de trabalho, a greve, a previdência social, a higiene e segurança no trabalho e a proteção à família do trabalhador.

A Liberdade Sindical

primeira guerra, em 1919, o Tratado de Versailles[125] que, entre outras decisões, criou a Organização Internacional do Trabalho (OIT), da qual o Brasil é signatário desde então (1919).

Com a proclamação da República, em 1889, veio a necessidade de elaboração de uma Constituição republicana. Assim, em 24 de fevereiro de 1891, foi promulgada a nova Constituição da República dos Estados Unidos do Brazil.[126] [127]

As primeiras associações sindicais foram as ligas operárias e, já no início do século XX, defendiam melhores salários, redução de jornada de trabalho e assistência. Destacam-se a *Liga de Resistência dos Trabalhadores em Madeira* (1901), *Liga dos Operários em Couro* (1901) e a *Liga de Resistência das Costureiras* (1906).[128]

A ação sindical se intensificou entre o final do século XIX e o início do século XX. Ainda que o Código Penal de 1890 proibisse a greve, neste período algumas greves eclodiram, como, por exemplo, a dos cocheiros no Rio da Janeiro, em 1900, e a dos ferroviários de São Paulo, em 1901.

Nesta época, início do movimento sindical brasileiro, destacava-se a liberdade dessas associações, criadas sem restrições de qualquer natureza.[129]

Dois anos depois, a Alemanha, derrotada na primeira grande guerra do século XX, adotou a Constituição de Weimar que, sob a influência dos socialistas, inseriu no seu texto um capítulo sobre a ordem econômica e social, previu a criação de conselhos de trabalhadores nas empresas, nos distritos e no Reich e de conselho econômico nacional, assegurou a liberdade sindical e colocou o trabalho sob a proteção especial do Estado, o qual deveria se empenhar pela regulamentação internacional do trabalho. Apesar de renegada pelo advento do nazismo, ela teve ampla ressonância nas Constituições do após-guerra, inclusive na brasileira de 1934."

[125] Ver SÜSSEKIND, 1999, p. 12: "O artigo 427 do Tratado de Versailles, consagrador do Direito do Trabalho como um dos ramos da enciclopédia jurídica e criador da Organização Internacional do Trabalho, adotou os seguintes princípios: 1) o trabalho não há de ser considerado como mercadoria (princípio da dignidade do trabalho humano); 2) direito de associação; 3) salário capaz de assegurar um nível de vida conveniente; 4) jornada de 8 horas ou duração semanal de trabalho de 48 horas; 5) descanso semanal preferentemente aos domingos; 6) supressão do trabalho das crianças e proteção especial ao trabalho do menor; 7) igualdade salarial entre o homem e a mulher; 8) isonomia entre o nacional e o estrangeiro para as condições de trabalho estatuídas em lei; 9) serviço de inspeção para assegurar a aplicação das leis e regulamentos de proteção aos trabalhadores".

[126] A Constituição de 1891, trouxe como novidades, no artigo 72, os parágrafos 8° e 24°:
"Art. 72. A Constituição assegura a brasileiros e a estrangeiros residentes no país a inviolabilidade dos direitos concernentes á liberdade, á segurança individual, e á propriedade nos termos seguintes:
[...]
8°. A todos é licito associarem-se e reunirem-se livremente e sem armas; não podendo intervir a policia, sinão para manter a ordem pública.
[...]
24°. É garantido o livre exercicio de qualquer profissão moral, intellectual e industrial."
Importante registrar que a primeira Constituição republicana do Brasil abriu as portas para a associação sindical, ao referir sobre a licitude de associação.

[127] Ver CAMPANHOLE, 1999, p. 768-769.

[128] Ver NASCIMENTO, 2000, p. 75.

[129] Idem, ibidem, p.75.

Iniciou-se, ainda no início do século XX, o período que regulou o sindicalismo no Brasil. Com maior número de trabalhadores no meio rural, o Decreto número 979, de 1903, permitiu a sindicalização dos profissionais da agricultura e das indústrias rurais. Para que o sindicato tivesse personalidade jurídica, bastava o registro de dois exemplares dos estatutos, da ata de instalação e da lisa de sócios no Cartório do Registro de Hipotecas do Distrito. O número de sete sócios era suficiente para a fundação de um sindicato.[130]

No ano de 1906, após o Congresso Operário Brasileiro ocorrido no mesmo ano, foi criada a primeira associação com o nome de sindicato: o *Sindicato dos Trabalhadores em Mármore, Pedra e Granito*, de São Paulo.[131]

Somente quatro anos depois do regramento no meio rural, em 1907, o Decreto número 1.637 organizou o sindicalismo urbano.[132]

Conforme ensina Segadas Vianna, os sindicatos de então possuíam apenas o rótulo. Entre os trabalhadores, principalmente do campo, não existia uma base intelectual que lhes assegurasse capacidade para se organizar e, além disso, estavam economicamente subjugados aos senhores da terra, que não hesitavam em mandar liquidar os que tivessem coragem de reclamar qualquer medida em seu benefício, já que os direitos não existiam consagrados em textos de lei.[133]

Há que se registrar que as primeiras regulamentações sindicais não impunham qualquer limitação acerca da organização do número de instituições na mesma base territorial.

Foram importantes e influentes, no sindicalismo nacional, alguns fatores externos. São eles, a primeira grande guerra mundial, de 1914 a 1918 e, no curso da guerra, a revolução bolchevique na Rússia; mas, principalmente, o advento da primeira Constituição social da história, a mexicana de 1917. Em 1919, além da entrada em vigor da Constituição alemã (Weimar), importante foi o Tratado de paz que selou o final da guerra: o Tratado de Versailles e, com ele, a criação da Organização Internacional do Trabalho (OIT). O Brasil é membro da Organização Internacional do Trabalho desde a sua criação.

Ainda no ano de 1916, o recém criado Código Civil regulou a locação de serviços, nos artigos 1216 a 1236. A partir da década de 20, intensificaram-se os movimentos operários reivindicatórios e grevistas, principalmente no Rio de Janeiro, São Paulo, Salvador e Recife.[134] Sob a

---

[130] NASCIMENTO, 2000, p. 76-77.

[131] Idem, ibidem, p. 75.

[132] Idem, ibidem, p. 77.

[133] VIANNA, José de Segadas, SÜSSEKIND, Arnaldo Lopes e MARANHÃO, Délio. *Instituições de Direito do Trabalho, Volume 2*. Rio de Janeiro: Freitas Bastos, 1981, p. 958.

[134] MORAES FILHO, 2000, p. 96.

A Liberdade Sindical

inspiração da revolução russa, foram criados, no Brasil, os partidos socialista (1920) e comunista (1922).

Em 1923, tramitou, na Câmara dos Deputados um projeto de Código do Trabalho e, no mesmo ano, com a chamada Lei Eloy Chaves (Lei número 4.682, de 24/01/1923), criaram-se a estabilidade decenal no emprego e as caixas de aposentadoria, origem da atual previdência social.

Em 1927, sob o regime fascista, entrou em vigor a *Carta del Lavoro* na Itália.

Em 24 de outubro de 1930, foi deflagrada a revolução que levou Getúlio Vargas ao poder e uma nova fase foi iniciada.

2.3. DA REVOLUÇÃO DE 1930 À CONSTITUIÇÃO FEDERAL DE 1988

Na evolução, ocorreu a revolução de 1930, que levou Getúlio Vargas ao poder e, a partir de então, a produção legal em matéria trabalhista e sindical.

Referida revolução trouxe, no seu bojo, uma série de reformas sociais que, apesar de registrar no programa do seu chefe um vasto programa de benefícios aos trabalhadores, foi deflagrada por motivos eleitorais.[135]

Pimenta, em sua obra "Sociologia Jurídica do Trabalho", referiu textualmente: "Foi uma revolução de superfície, porque teve por ponto de convergência a conquista de postos eleitorais, muito embora tivesse atraído o concurso unânime das camadas populares. Não foi uma revolução de mentalidade, caldeada e situada no subsolo da nacionalidade brasileira, irrompendo por anseios e aspirações de um mundo novo com novas condições de existência".[136]

De todo modo, a revolução trouxe reformas efetivas. Em 26/11/1930, o Decreto número 19.443 criou o Ministério do Trabalho, Indústria e Comércio, com a finalidade de superinteder a questão social, cuidando do amparo necessário aos trabalhadores nacionais.

Em 1931, foi instituído o Departamento Nacional do Trabalho, indo para o órgão antigos juristas, intelectuais e parlamentares que lutavam em prol da legislação trabalhista. O Ministro era Lindolpho Collor, cercado por Evaristo de Moraes, Joaquim Pimenta, Agripino Nazareth, Deodato Maia, Carlos Cavaco, Américo Palha e outros.[137]

Em 19 de março de 1931, o Decreto número 19.770 regulou a sindicalização, unificando o regramento existente até então, que sepa-

---

[135] MORAES FILHO, 2000, p. 98.

[136] PIMENTA, Joaquim. *Sociologia Jurídica do Trabalho*. Rio de Janeiro: Max Limonad, S/D.

[137] MORAES FILHO, 2000, p. 98.

rava o sindicalismo rural do sindicalismo urbano. Em termos gerais, contudo, não houve significativas modificações.

Em 1932, o Decreto número 21.761 instituiu a contratação coletiva.

Uma série de decretos tratando de matéria trabalhista entrou em vigor neste período. Em 12 de julho de 1934, o Decreto número 24.594 reformou a legislação sindical de três anos antes.

Em 16 de julho de 1934, foi promulgada a terceira Constituição brasileira, sendo a segunda republicana e a primeira social. No Título IV, que tratava "Da Ordem economica e social", o artigo 120 dispunha:

> Os syndicatos e as associações profissionaes serão reconhecidos de conformidade com a lei. Paragrapho único. A lei assegurará a pluralidade syndical e a completa autonomia dos syndicatos.

Foi uma novidade fantástica e avançada para a época, mas, por diversos motivos, acabou não se implementando. Por óbvio, o principal deles foi a curta duração da Constituição de 1934, com apenas três anos, três meses e vinte e cinco dias, mas a dificuldade de regulamentação e de implementação do modelo também foi elemento de negativo destaque.

Esta Constituição de 1934, terceira Constituição brasileira e segunda republicana, inspirada nas Constituições mexicana, de 1917, e alemã, de 1919, foi considerada a primeira Constituição social do Brasil, porque no artigo 121 arrolou direitos trabalhistas até então inexistentes.[138] [139]

Com novo golpe, Getúlio Vargas decretou, em 10 de novembro de 1937, uma nova Constituição dos Estados Unidos do Brasil.[140] No que

---

[138] CAMPANHOLE, 1999, p. 719-720.

[139] "Art. 121. A lei promoverá o amparo da producção e estabelecerá as condições de trabalho, na cidade e nos campos, tendo em vista a protecção social do trabalhador e os interesses economicos do paiz.

1°. A legislação do trabalho observará os seguintes preceitos, além de outros que collimem melhorar as condições do trabalhador:

a) prohibição de differença de salario para um mesmo trabalho, por motivo de idade, sexo, nacionalidade ou estado civil;

b) salario minimo, capaz de satisfazer, conforme as condições de cada região, ás necessidades normaes do trabalhador;

c) trabalho diario não excedente de oito horas, reduziveis, mas só prorrogaveis nos casos previstos em lei;

d) prohibição de trabalho aos menores de 14 annos; de trabalho nocturno a menores de 16; e em industrias insalubres, a menores de 18 annos e mulheres;

e) repouso hebdomadario, de preferencia aos domingos;

f) férias annuaes remuneradas;

g) indemnização ao trabalhador dispensado sem justa causa;

h) assistencia medica e sanitaria ao trabalhador e á gestante, assegurado a esta descanso, antes e depois do parto, se prejuizo do salário e do emprego, e instituição de previdencia, mediante contribuição igual da União, do empregador e do empregado, a favor da velhice, da invalidez, da maternidade e nos casos de accidentes do trabalho ou de morte;

i) regulamentação do exercicio de todas as profissões;

j) reconhecimento das convenções collectivas de trabalho."

[140] O artigo 137 arrolou os direitos dos trabalhadores:

A Liberdade Sindical

diz respeito ao sindicalismo, houve duro retrocesso. O artigo 138 assim dispôs:

> A associação profissional ou sindical é livre. Somente, porém, o sindicato regularmente reconhecido pelo Estado tem o direito de representação legal dos que participarem da categoria de produção para que foi constituído, e de defender-lhes os direitos perante o Estado e as outras associações profissionais, estipular contratos coletivos de trabalho obrigatórios para todos os seus associados, impor-lhes contribuições e exercer em relação a êles funções delegadas de poder público.[141]

Prevista no artigo 139 da Constituição de 1937, em 1941 foi instalada a Justiça do Trabalho, ainda órgão do Poder Executivo.

A Lei número 1.402, de 1939, criou a organização sindical que, mais tarde, seria incorporada à Consolidação das Leis do Trabalho. O imposto sindical[142] foi criado pelo Decreto número 2.377 e o enquadramento sindical foi criado pelo Decreto número 2.381, ambos de 1940.

Em 29 de janeiro de 1942, a Portaria número 791 nomeou comissão para elaborar o anteprojeto da Consolidação das Leis do Trabalho, e em 1º de maio de 1943, foi outorgado o Decreto-Lei número 5.452, que a criou.

"Art. 137. A legislação do trabalho observará, além de outros, os seguintes preceitos:
a) os contratos coletivos de trabalho concluídos pelas associações, legalmente reconhecidas, de empregadores, trabalhadores, artistas e especialistas, serão aplicados a todos os empregados, trabalhadores, artistas e especialistas que elas representam;
b) os contratos coletivos de trabalho deverão estipular obrigatóriamente a sua duração, a importância e as modalidades do salário, a disciplina interior e o horário de trabalho;
c) a modalidade do salário será a mais apropriada às exigências do operário e da empresa;
d) o operário terá direito ao repouso semanal aos domingos e, nos limites das exigências técnicas da emprêsa, aos feriados civis e religiosos, de acôrdo com a tradição local;
e) depois de um ano de serviço ininterrupto em uma emprêsa de trabalho contínuo, o operário terá direito a uma licença anual remunerada;
f) nas emprêsas de trabalho contínuo, a cessação das relações de trabalho, a que o trabalhador não haja dado motivo, e quando a lei não lhe garanta a estabilidade no emprêgo, creia-lhe o direito a uma indenização proporcional aos anos de serviço;
g) nas emprêsas de trabalho contínuo, a mudança de proprietário não recinde o contrato de trabalho, conservando os empregados, para com o nôvo empregador, os direitos que tinham em relação ao antigo;
h) salário mínimo, capaz de satisfazer, de acôrdo com as condições de cada região, as necessidades normais de trabalho;
i) dia de trabalho de oito horas, que poderá ser reduzido, e sòmente suscetível de aumento nos casos previstos em lei;
j) o trabalho à noite, a não ser nos casos em que é efetuado periòdicamente por turnos, será retribuído com remuneração superior à do diurno;
k) proibição de trabalho a menores de quatorze anos; de trabalho noturno a menores de dezesseis e, em indústrias insalubres, a menores de dezoito anos e mulheres;
l) assistência médica e higiênica ao trabalhador e à gestante, assegurado a esta, sem prejuízo do salário, um período de repouso antes e depois do parto;
m) a instituição de seguros de velhice, de invalidez, de vida e para os casos de acidentes do trabalho;
n) as associações de trabalhadores têm o dever de prestar aos seus associados auxílio ou assistência, no referente às práticas administrativas ou judiciais relativas aos seguros de acidentes do trabalho e aos seguros sociais."

[141] CAMPANHOLE, 1999, p. 624.

[142] Denominação alterada para "contribuição sindical" com o Decreto-Lei número 27, de 14 de novembro de 1966.

Discutia-se, à época, a natureza jurídica do novo diploma legal. O Professor Antonio Cesarino Junior entendia que o diploma foi além da sua natureza de coordenar e reunir leis em vigor, criando matéria nova e, portanto, era um código. O Professor Orlando Gomes entendia que não era consolidação e não era código, já que lhe faltava estruturação lógica, sistema e coerência. A comissão que elaborou o documento entendia que, entre a mera coleção de leis e o código, existe a consolidação, que coordena textos legislativos e princípios. Prevaleceu a idéia da comissão. À época, na ditadura, a discussão era irrelevante. O artigo 180 da Carta de 1937 dava competência ao Chefe de Estado (não havia Poder Legislativo) para baixar decretos-lei com força de legislação federal. Assim, não havia inconstitucionalidade ou ilegalidade para o então Presidente legislar.[143]

A Consolidação das Leis do Trabalho foi útil e meritória, ordenando textos antigos e criando matéria nova, como, por exemplo, o Título IV, sobre contrato de trabalho. Originariamente, compôs-se de onze títulos e de novecentos e vinte e dois artigos. O Título Primeiro tratou da introdução geral; o Título Segundo dispôs sobre as normas gerais de tutela do trabalho; o Título Terceiro, sobre as normas especiais de tutela do trabalho; o Título Quarto tratou das disposições gerais sobre o contrato individual de trabalho; o Título Quinto cuidou da organização sindical; o Título Sexto, sobre a convenção coletiva de trabalho; o Título Sétimo, sobre a fiscalização e imposição de multas, recursos e depósitos, inscrição e cobrança das mesmas; o Título Oitavo dispôs sobre as normas gerais de organização e composição dos Tribunais do trabalho, jurisdição e competência; o Título Nono, sobre as disposições gerais da procuradoria da Justiça do Trabalho e da previdência social; o Título Décimo tratou das normas sobre disposições preliminares, processo em geral, dissídios individuais e coletivos, execução, recursos, aplicação de penalidades e disposições gerais; e, finalmente, o Título Décimo Primeiro tratou das disposições gerais e transitórias.

Inúmeras são as leis posteriores e as modificações no texto original. Contudo, do ponto de vista estrutural, apenas a Lei número 9.958, de 12 de janeiro de 2000, criou o Título VI-A, "Das Comissões de Conciliação Prévia".

A Constituição de 18 de setembro de 1946 foi formalmente democrática, uma vez que foi promulgada por Congresso Nacional constituinte. Tratou do sindicalismo no artigo 159, mas não modificou a legislação então vigente, que impunha o sistema de unicidade sindical:

> É livre a associação profissional ou sindical, sendo reguladas por lei a forma de sua constituição, a sua representação legal nas convenções coletivas de trabalho e o exercício das funções delegadas pelo poder público.

---

[143] MORAES FILHO, 2000, p. 100-101.

A Liberdade Sindical

Os direitos trabalhistas foram arrolados no artigo 157[144] [145] e a Constituição de 1946 foi a primeira a reconhecer o direito de greve (art. 158).

Veio a ruptura da ordem legal a partir de 1964. Em 24 de janeiro de 1967, sob a égide do governo militar, o Congresso Nacional promulgou uma nova Constituição do Brasil.

A Constituição de 24 de janeiro de 1967[146] valorizou o trabalho como condição da dignidade humana (art. 157, inciso II), proibiu a greve em serviços públicos e atividades essenciais (art. 157, § 7º) e, sobre o sindicalismo, dispôs:

> Art. 159. É livre a associação profissional ou sindical; a sua constituição, a representação legal nas convenções coletivas de trabalho e o exercício das funções delegadas de poder público serão regulados em lei.
>
> § 1º Entre as funções delegadas a que se refere êste artigo, compreende-se a de arrecadar, na forma da lei, contribuições para o custeio da atividade dos órgãos sindicais e profissionais para a execução de programas de interêsse das categorias por êles representadas.
>
> § 2º É obrigatório o voto nas eleições sindicais.

O artigo 158, por sua vez, arrolou os direitos dos trabalhadores.[147]

---

[144] CAMPANHOLE, 2000, p. 515-516.

[145] "Art. 157. A legislação do trabalho e a da previdência social obedecerão aos seguintes preceitos, além de outros que visem à melhoria da condição dos trabalhadores:
I – salário mínimo capaz de satisfazer, conforme as condições de cada região, as necessidades normais do trabalhador e de sua família;
II – proibição de diferença de salário para um mesmo trabalho por motivo de idade, sexo, nacionalidade ou estado civil;
III – salário do trabalho noturno superior ao do diurno;
IV – participação obrigatória e direta do trabalhador nos lucros da emprêsa, nos têrmos e pela forma que a lei determinar;
V – duração diária do trabalho não excedente a oito horas, exceto nos casos e condições previstos em lei;
VI – repouso semanal remunerado, preferentemente aos domingos e, no limite das exigências técnicas das emprêsas, nos feriados civis e religiosos, de acôrdo com a tradição local;
VII – férias anuais remuneradas;
VIII – higiene e segurança do trabalho;
IX – proibição de trabalho a menores de quatorze anos; em indústrias insalubres, a mulheres e a menores de dezoito anos, e de trabalho noturno a menores de dezoito anos, respeitadas, em qualquer caso, as condições estabelecidas em lei e as exceções admitidas pelo juiz competente;
X – direito da gestante a descanso antes e depois do parto, sem prejuízo do emprêgo nem do salário;
XI – fixação das percentagens de empregados brasileiros nos serviços públicos dados em concessão e nos estabelecimentos de determinados ramos do comércio e da indústria;
XII – estabilidade, na emprêsa ou na exploração rural, e indenização ao trabalhador despedido, nos casos e nas condições que a lei estatuir;
XIII – reconhecimento das convenções coletivas de trabalho;
XIV – assistência sanitária, inclusive hospitalar e médica preventiva, ao trabalhador e à gestante;
XV – assistência aos desempregados;
XVI – previdência, mediante contribuição da União, do empregador e do empregado, em favor da maternidade e contra as conseqüências da doença, da velhice, da invalidez e da morte;
XVII – obrigatoriedade da instituição do seguro pelo empregador contra os acidentes do trabalho."

[146] CAMPANHOLE, 2000, p. 434-436.

[147] "Art. 158. A Constituição assegura aos trabalhadores os seguintes direitos, além de outros que, nos têrmos da lei, visem à melhoria de sua condição social:

A Emenda Constitucional número 1, de 17 de outubro de 1969, foi, de fato, uma nova Constituição, já que alterou toda a estrutura da anterior.[148] Os direitos sindicais foram para o artigo 166,[149] e os direitos dos trabalhadores foram arrolados no artigo 165.[150]

I – salário mínimo capaz de satisfazer, conforme as condições de cada região, as necessidades normais do trabalhador e de sua família;
II – salário-família aos dependentes do trabalhador;
III – proibição de diferença de salários e de critério de admissão por motivo de sexo, côr e estado civil;
IV – salário de trabalho noturno superior ao diurno;
V – integração do trabalhador na vida e no desenvolvimento da emprêsa, com participação nos lucros e, excepcionalmente na gestão, nos casos e condições que forem estabelecidos;
VI – duração diária do trabalho não excedente de oito horas, com intervalo para descanso, salvo casos especialmente previstos;
VII – repouso semanal remunerado e nos feriados civis e religiosos, de acôrdo com a tradição local:
VIII – férias anuais remuneradas;
IX – higiene e segurança do trabalho;
X – proibição de trabalho a menores de doze anos e de trabalho noturno a menores de dezoito anos, em indústrias insalubres a êstes e às mulheres;
XI – descanso remunerado da gestante, antes e depois do parto, sem prejuízo do emprêgo e do salário;
XII – fixação das percentagens de empregados brasileiros nos serviços públicos dados em concessão e nos estabelecimentos de determinados ramos comerciais e industriais;
XIII – estabilidade, com indenização ao trabalhador despedido, ou fundo de garantia equivalente;
XIV – reconhecimento das convenções coletivas de trabalho;
XV – assistência sanitária, hospitalar e médica preventiva;
XVI – previdência social, mediante contribuição da União, do empregador e do empregado, para seguro-desemprêgo, proteção da maternidade e nos casos de doença, velhice, invalidez e morte;
XVII – seguro obrigatório pelo empregador contra acidentes do trabalho;
XVIII – proibição de distinção entre trabalho manual, técnico ou intelectual, ou entre os profissionais respectivos;
XIX – colônias de férias e clínicas de repouso, recuperação e convalescença, mantidas pela União, conforme dispuser a lei;
XX – aposentadoria para a mulher, aos trinta anos de trabalho, com salário integral;
XXI – greve, salvo o disposto no art. 157, 7."
[148] CAMPANHOLE, 2000, p. 321-322.
[149] "Art. 166. É livre a associação profissional ou sindical; a sua constituição, a representação legal nas convenções coletivas de trabalho e o exercício de funções delegadas de poder público serão regulados em lei.
§ 1º Entre as funções delegadas a que se refere este artigo, compreende-se a de arrecadar, na forma da lei, contribuições para o custeio da atividade dos órgãos sindicais e profissionais e para a execução de programas de interesse das categorias por eles representadas.
§ 2º É obrigatório o voto nas eleições sindicais."
[150] "Art. 165. A Constituição assegura aos trabalhadores os seguintes direitos, além de outros que, nos termos da lei, visem à melhoria de sua condição social:
I – salário mínimo capaz de satisfazer, conforme as condições de cada região, as suas necessidades normais e as de sua família;
II – salário-família aos seus dependentes;
III – proibição de diferença de salários e de critério de admissões por motivo de sexo, cor e estado civil;
IV – salário de trabalho noturno superior ao diurno;
V – integração do trabalhador na vida e no desenvolvimento da empresa, com participação nos lucros e, excepcionalmente na gestão, segundo for estabelecido em lei;
VI – duração diária do trabalho não excedente de oito horas, com intervalo para descanso, salvo casos especialmente previstos;
VII – repouso semanal remunerado e nos feriados civis e religiosos, de acordo com a tradição local:
VIII – férias anuais remuneradas;
IX – higiene e segurança do trabalho;
X – proibição de trabalho, em indústrias insalubres, a mulheres e menores de dezoito anos, de

A Liberdade Sindical

O regime ditatorial manteve o sindicalismo calado até 1979, quando as primeiras greves do chamado "ABC" paulista,[151] por melhores salários e condições de trabalho, reinauguraram o ambiente sindical no Brasil.

A partir daí, os movimentos sociais ganharam força e surgiram as Centrais sindicais. A primeira Central a ser criada foi a "Central Única dos Trabalhadores" – CUT, em 28 de agosto de 1983, na cidade de São Bernardo do Campo, no Primeiro Congresso Nacional da classe trabalhadora. A Central Única dos Trabalhadores é uma organização sindical de massas em nível máximo, de caráter classista, autônomo e democrático, adepta da liberdade de organização e de expressão e guiada por preceitos de solidariedade, tanto no âmbito nacional, como no âmbito internacional.[152] Além da CUT, são importantes, também, a Central "Força Sindical" e a "Central Geral dos Trabalhadores – CGT". As centrais surgiram acima do sistema confederativo fixado pela legislação então vigente, institucionalizando-se, de fato, como estruturas espontâneas na cúpula do movimento sindical, mas sem personalidade jurídica sindical, ou seja, sem as prerrogativas de negociação coletiva e representação.[153]

Com o já referido, os "ventos democráticos" passaram a soprar no Brasil novamente e, em 05 de outubro de 1988, foi promulgada uma nova – a atual – Constituição, modificando um pouco os rumos do sindicalismo nacional.

---

trabalho noturno a menores de dezoito anos e de qualquer trabalho a menores de doze anos;

XI – descanso remunerado da gestante, antes e depois do parto, sem prejuízo do emprego e do salário;

XII – fixação das porcentagens de empregados brasileiros nos serviços públicos dados em concessão e nos estabelecimentos de determinados ramos comerciais e industriais;

XIII – estabilidade, com indenização ao trabalhador despedido, ou fundo de garantia equivalente;

XIV – reconhecimento das convenções coletivas de trabalho;

XV – assistência sanitária, hospitalar e médica preventiva;

XVI – previdência social nos casos de doença, velhice, invalidez e morte, seguro-desemprego, seguro contra acidentes do trabalho e proteção da maternidade, mediante contribuição da União, do empregador e do empregado;

XVII – proibição de distinção entre trabalho manual, técnico ou intelectual, ou entre os profissionais respectivos;

XVIII – colônias de férias e clínicas de repouso, recuperação e convalescença, mantidas pela União, conforme dispuser a lei;

XIX – aposentadoria para a mulher, aos trinta anos de trabalho, com salário integral;

XX – a aposentadoria para o professor após 30 anos e, para a professora, após 25 anos de efetivo exercício em funções de magistério, com salário integral; e

XXI – greve, salvo o disposto no art. 162."

[151] Pólo industrial nacional, especialmente automobilístico, formado pelas cidades de Santo André, São Bernardo do Campo e São Caetano do Sul, próximas à capital paulista.

[152] Ver site oficial da Central Única dos Trabalhadores – CUT – http:\\www.cut.org.br. Hoje a CUT tem 3.261 entidades filiadas, 7.422.589 sócios e 21.972.960 representados.

[153] NASCIMENTO, 2000, p. 91-92.

2.4. FASE POSTERIOR À CONSTITUIÇÃO FEDERAL DE 1988

Embora considerada importante avanço para a abertura sindical, a Constituição Federal de 1988 mostra-se contraditória. Tenta combinar liberdade sindical com a unicidade sindical imposta por lei e a contribuição sindical oficial. De qualquer forma, a Constituição de 1988 trouxe grandes novidades. Os direitos dos trabalhadores, inseridos no Capítulo dos Direitos Sociais, passou a fazer parte do Título dos Direitos e Garantias Fundamentais.

Importante reiterar que os direitos sociais, dentre eles os direitos dos trabalhadores e as regras sindicais, estão, na Constituição Federal de 1988, pela primeira vez no âmbito dos Direitos e Garantias Fundamentais. Na atual Constituição Federal, os direitos dos trabalhadores estão arrolados no artigo 7º.[154]

---

[154] "Art. 7º. São direitos dos trabalhadores urbanos e rurais, além de outros que visem à melhoria de sua condição social:
I – relação de emprego protegida contra a despedida arbitrária ou sem justa causa, nos termos de lei complementar, que preverá indenização compensatória, dentre outros direitos;
II – seguro-desemprego, em caso de desemprego involuntário;
III – fundo de garantia do tempo de serviço;
IV – salário mínimo, fixado em lei, nacionalmente unificado, capaz de atender a suas necessidades vitais básicas e às de sua família com moradia, alimentação, educação, saúde, lazer, vestuário, higiene, transporte e previdência social, com reajustes periódicos que lhe preservem o poder aquisitivo, sendo vedada sua vinculação para qualquer fim;
V – piso salarial proporcional à extensão e à complexidade do trabalho;
VI – irredutibilidade do salário, salvo o disposto em convenção ou acordo coletivo;
VII – garantia de salário, nunca inferior ao mínimo, para os que percebem remuneração variável;
VIII – décimo terceiro salário com base na remuneração integral ou no valor da aposentadoria;
IX – remuneração do trabalho noturno superior à do diurno;
X – proteção do salário na forma da lei, constituindo crime sua retenção dolosa;
XI – participação nos lucros, ou resultados, desvinculada da remuneração, e, excepcionalmente, participação na gestão da empresa, conforme definido em lei;
XII – salário-família pago em razão do dependente do trabalhador de baixa renda nos termos da lei;
XIII – duração do trabalho normal não superior a oito horas diárias e quarenta e quatro semanais, facultada a compensação de horários e a redução de jornada, mediante acordo ou convenção coletiva de trabalho;
XIV – jornada de seis horas para o trabalho realizado em turnos ininterruptos de revezamento, salvo negociação coletiva;
XV – repouso semanal remunerado, preferencialmente aos domingos;
XVI – remuneração do serviço extraordinário superior, no mínimo, em cinqüenta por cento à do normal;
XVII – gozo de férias anuais remuneradas com, pelo menos, um terço a mais do que o salário normal;
XVIII – licença à gestante, sem prejuízo do emprego e do salário, com a duração de cento e vinte dias;
XIX – licença-paternidade, nos termos fixados em lei;
XX – proteção do mercado de trabalho da mulher, mediante incentivos específicos, nos termos da lei;
XXI – aviso prévio proporcional ao tempo de serviço, sendo no mínimo de trinta dias, nos termos da lei;
XXII – redução dos riscos inerentes ao trabalho, por meio de normas e saúde, higiene e segurança;
XXIII – adicional de remuneração para as atividades penosas, insalubres ou perigosas, nos termos da lei;
XXIV – aposentadoria;

Além desta novidade, o sindicalismo passou a contar com mais regras no âmbito constitucional, como se verifica no artigo 8º, a seguir comentado. O artigo 8º dispõe:

É livre a associação profissional ou sindical, observado o seguinte:

I – a lei não poderá exigir autorização do Estado para a fundação de sindicato, ressalvado o registro no órgão competente, vedadas ao Poder Público a interferência e a intervenção na organização sindical;

II – é vedada a criação de mais de uma organização sindical, em qualquer grau, representativa de categoria profissional ou econômica, na mesma base territorial, que será definida pelos trabalhadores ou empregadores interessados, não podendo ser inferior à área de um Município;

III – ao sindicato cabe a defesa dos direitos e interesses coletivos ou individuais da categoria, inclusive em questões judiciais ou administrativas;

IV – a assembléia geral fixará a contribuição que, em se tratando de categoria profissional, será descontada em folha, para custeio do sistema confederativo da representação sindical respectiva, independentemente da contribuição prevista em lei;

V – ninguém será obrigado a filiar-se ou a manter-se filiado a sindicato;

VI – é obrigatória a participação dos sindicatos nas negociações coletivas de trabalho;

VII – o aposentado filiado tem direito a votar e ser votado nas organizações sindicais;

VIII – é vedada a dispensa do empregado sindicalizado a partir do registro da candidatura a cargo de direção ou representação sindical e, se eleito, ainda que suplente, até um ano após o final do mandato, salvo se cometer falta grave nos termos da lei.

Parágrafo Único. As disposições deste artigo aplicam-se à organização de sindicatos rurais e de colônias de pescadores, atendidas as condições que a lei estabelecer.

2.4.1. Associação, investidura, registro e filiação sindical

No regramento anterior, havia a necessidade de autorização do Estado para o funcionamento dos sindicatos. Tal situação se dava através da investidura sindical a ser conferida através de um documen-

---

XXV – assistência gratuita aos filhos e dependentes desde o nascimento até seis anos de idade em creches e pré-escolas;

XXVI – reconhecimento das convenções e acordos coletivos de trabalho;

XXVII – proteção em face da automação, na forma da lei;

XXVIII – seguro contra acidentes de trabalho, a cargo do empregador, sem excluir a indenização a que este está obrigado, quando incorrer em dolo ou culpa;

XXIX – ação, quanto aos créditos resultantes das relações de trabalho, com prazo prescricional de cinco anos para os trabalhadores urbanos e rurais, até o limite de dos anos após a extinção do contrato de trabalho;

XXX – proibição de diferença de salários, de exercício de funções e de critérios de admissão por motivo de sexo, idade, cor ou estado civil;

XXXI – proibição de qualquer discriminação no tocante a salário e critérios de admissão do trabalhador portador de deficiência;

XXXII – proibição de distinção entre trabalho manual, técnico e intelectual ou entre os profissionais respectivos;

XXXIII – proibição do trabalho noturno, perigoso ou insalubre a menores de 18 (dezoito) e de qualquer trabalho a menores de 16 (dezesseis) anos, salvo na condição de aprendiz, a partir de 14 (quatorze) anos;

XXXIV – igualdade de direitos entre o trabalhador com vínculo empregatício permanente e o trabalhador avulso.

Parágrafo único. São assegurados à categoria dos trabalhadores domésticos os direitos previstos nos incisos IV , VI, VIII, XV, XVII, XVIII, XIX, XXI, XXIV, bem como a sua integração à previdência social."

to conhecido como "Carta Sindical" (previstos nos artigos 515 a 521 da CLT). Segundo o inciso I do artigo 8° da atual Constituição Federal, a lei não pode mais exigir autorização do Estado para a fundação de sindicato. Há necessidade, contudo, de registro no órgão competente que, ao longo dos anos, mostrou-se ser "os órgãos competentes". É que, sendo o sindicato uma pessoa jurídica de direito privado, uma vez deliberada a sua fundação pelos interessados, a ata de criação e o estatuto devem ser levados a registro no Cartório de Títulos e Documentos. Uma vez reconhecida a personalidade jurídica de direito civil à nova associação, procede-se o registro no Ministério do Trabalho e do Emprego, objetivando a personalidade jurídica trabalhista com a conseqüente prerrogativa de representatividade de classe.

Hoje, a Portaria número 376, de 23 de maio de 2000, do Ministério do Trabalho e do Emprego, define os delineamentos do registro sindical,[155] já que, segundo a melhor doutrina, o artigo 558 da CLT, que

---

[155] Portaria n. 343, de 4 de Maio de 2000, com redação da Portaria n. 376, de 23 de Maio de 2000. (Publicada no DOU, de 5 de MAIO 2000, SEÇÃO 1, página 14)
O MINISTRO DE ESTADO DO TRABALHO E EMPREGO, no uso das atribuições que lhe confere o artigo 87, inciso II, da Constituição Federal, resolve:
Art. 1° O pedido de registro sindical, dirigido ao Ministro de Estado do Trabalho e Emprego, indicará o endereço completo do requerente e será:
I – remetido por via postal, com Aviso de Recebimento à Esplanada dos Ministérios, Bloco "F", Térreo, CEP: 70059-902, Brasília - DF; ou
II – entregue no Protocolo Geral do Ministério do Trabalho e Emprego, no mesmo endereço.
Art. 2° O pedido de registro sindical será instruído com os seguintes documentos autênticos:
I – edital de convocação dos membros da categoria para a assembléia geral de fundação da entidade, publicado com antecedência mínima de dez dias de sua realização, prazo que será majorado para trinta dias, quando a entidade interessada tiver base territorial interestadual ou nacional, nos seguintes veículos de comunicação impressa: (*)
a) em jornal diário de grande circulação no Estado ou Estados abrangidos pela pretensa base territorial, e, também, se houver, em jornal de circulação no Município ou Região da pretendida base territorial; e
b) no Diário Oficial dos Estados ou da União.
II – ata da assembléia geral a que se refere o inciso anterior;
III – cópia do estatuto social, aprovado pela assembléia geral, que deverá conter os elementos identificadores da representação pretendida, em especial:
a) a categoria ou categorias representadas, nos termos do art. 511 da Consolidação das Leis do Trabalho - CLT;
b) a base territorial.
IV – o recibo de depósito, em favor do Ministério do Trabalho e do Emprego, relativo ao recolhimento da importância correspondente ao custo das publicações no Diário Oficial da União, cujo valor será indicado em Portaria Ministerial.
Art. 3° O pedido de registro da federação e de confederação será instruído com cópias autenticadas do respectivo estatuto e das atas da assembléia de cada sindicato constituinte da federação ou do Conselho de Representantes de cada federação constituinte da confederação, das quais constarão a expressa autorização para a fundação da nova entidade e para a respectiva filiação a ela, aplicando-se, no que couber, o prescrito no artigo anterior.
Art. 4° A Secretaria de Relações do Trabalho terá o prazo de sessenta dias, a contar da data de protocolo do pedido, para verificar a instrução do processo e publicar o pedido de registro no Diário Oficial da União ou notificar o requerente, mediante Aviso de Recebimento, a cumprir e eventuais exigências.
§ 1° Na análise do pedido examinar-se-á, preliminarmente, se o requerente atende, quanto à representatividade, o disposto nos arts. 511, 534 e 535, *caput*, da Consolidação das Leis do

---

A Liberdade Sindical

tratava da matéria, não teria sido recepcionado pela Constituição Federal de 1988.

A Constituição Federal veda, ao Poder Público, a interferência e a intervenção na organização sindical.[156] Na verdade, há apenas a liber-

---

Trabalho - CLT, conforme o caso, sob pena de arquivamento.

§ 2° O requerente terá o prazo de trinta dias para cumprir a(s) exigência(s), contado da data de juntada aos autos do comprovante de entrega do Aviso de Recebimento.

§ 3° Decorrido o prazo de que trata o § 2°, sem que o requerente tenha cumprido a(s) exigência(s), o pedido será declarado inepto e, a seguir, arquivado.

Art. 5° A entidade sindical de mesmo grau, cuja representatividade coincida, no todo ou em parte, com a do requerente, terá o prazo de trinta dias para apresentar impugnação, contado da data da publicação de que trata o caput do artigo anterior. (*)

§ 1° A impugnação será feita mediante requerimento, entregue no Protocolo Geral do Ministério do Trabalho e Emprego, vedada a interposição por via postal, e será instruída com os documentos a seguir indicados: (*)

a. comprovante de registro do impugnante no Ministério do Trabalho e Emprego;

b. recibo de depósito, em favor do Ministério do Trabalho e Emprego, relativo ao recolhimento da importância correspondente ao custo da publicação no Diário Oficial da União, cujo valor será indicado em Portaria Ministerial.

§ 2° (revogado); (**)

Art. 6° Findo o prazo a que se refere o art. 5°, a Secretaria de Relações do Trabalho terá quinze dias para proceder ao exame de admissibilidade das impugnações apresentadas e submeter ao Ministro de Estado a proposta de decisão.

Parágrafo único. O exame de admissibilidade da impugnação restringir-se-á tempestividade do pedido, à representatividade do impugnante, nos termos do caput do art. 5°, à comprovação de seu registro no Ministério do Trabalho e Emprego e de recolhimento do valor relativo ao custo da publicação, não cabendo a este Ministério analisar ou intervir sobre a conveniência ou oportunidade do desmembramento, desfiliação, dissociação ou situações assemelhadas. (*)

Art. 7° No caso de a impugnação ser conhecida, o registro não será concedido, cabendo às partes interessadas dirimir o conflito pela via consensual ou por intermédio do Poder Judiciário.

Parágrafo único. Até que o Ministério do Trabalho e Emprego seja notificado do inteiro teor do acordo ou da sentença final que decidir a controvérsia, o pedido de registro ficará sobrestado.

Art. 7° A. No caso de não ter sido interposta impugnação ao término do prazo a que se refere o art. 5°, ou quando essa não for conhecida, ou, ainda, após o recebimento da notificação a que se refere o parágrafo único do art. 7°, a Secretaria de Relações do Trabalho submeterá ao Ministro de Estado a proposta de concessão de registro. (**)

Art. 8° Aplica-se o disposto nesta Portaria, no que couber, aos pedidos de modificação da representação, tais como alteração da(s) categoria(s) representada(s) ou da base territorial abrangida, desmembramento, fusão e outros.

Art. 9° A Secretaria de Relações do Trabalho providenciará a publicação, no Diário Oficial da União, dos atos relativos a sobrestamento, arquivamento, admissibilidade de impugnação e registro, no prazo de até trinta dias da lavratura do ato.

Art. 10 Esta Portaria se aplica a todos os processos em curso neste Ministério.

Art. 11 Esta Portaria entra em vigor na data de sua publicação.

Art. 12 Revoga-se a Instrução Normativa n° 01, de 17 de julho de 1997.

FRANCISCO DORNELLES

(*) alteração na redação, feita pela Portaria 376, Publicada no D.O.U. de 24.05.00, seção I, p. 15;

(**) acréscimo ou revogação, feita pela Portaria 376, Publicada no D.O.U. de 24.05.00, seção I, p. 15.

156 No sistema sindical de direito – previsto em lei, as organizações sindicais são o sindicato na base (município), a federação nos estados membros (unidades da federação) e as confederações no topo (União). Por isso, o sistema atual é chamado piramidal. A previsão legal está nos seguintes artigos: "Art. 511 . É lícita a associação para fins de estudo, defesa e coordenação dos seus interesses econômicos ou profissionais de todos os que, como empregadores, empregados, agentes ou trabalhadores autônomos, ou profissionais liberais, exerçam, respectivamente, a mesma atividade ou profissão ou atividades ou profissões similares ou conexas.
[...]"

dade de administração interna das organizações sindicais, considerando a circunstância de que, a partir da promulgação da atual Constituição Federal, o Ministro do Trabalho e do Emprego não tem mais qualquer ingerência na administração interna das organizações sindicais, que é inteiramente definida pelos estatutos aprovados pelos interessados.

Quando o inciso V dispõe que ninguém será obrigado a filiar-se ou a manter-se filiado a sindicato, verifica-se que este tipo de liberdade individual específica está inserida na liberdade genérica prevista no artigo 5º, inciso XX, que dispõe que "ninguém poderá ser compelido a associar-se ou a permanecer associado". De qualquer forma, entende-se que aspectos como o enquadramento sindical, a contribuição sindical e a unicidade sindical contrariam esta liberdade de filiação e não filiação.

2.4.2. Enquadramento sindical

Embora a Constituição Federal de 1988, ao proibir a intervenção do Estado no sistema sindical, não tenha recepcionado o Quadro de Atividades e Profissões anexo ao artigo 577 da CLT, é certo que manteve o enquadramento sindical previsto a partir do artigo 570 consolidado.

É que a Constituição Federal de 1988 manteve o sistema confederativo e a organização sindical por categorias. Segundo Martins, permanece em vigor o quadro anexo ao artigo 577 da CLT, mas como a Comissão de Enquadramento Sindical não foi recepcionada pela Constituição, o referido quadro não pode ser alterado.[157]

O certo é que não é possível constituir sindicatos para além da identidade, similaridade ou conexidade das categorias, conforme preceitua o artigo 511 e parágrafos, da CLT. Esta regra, à toda evidência, manteve o enquadramento sindical por categoria, o que, na prática, é comprovado pelo fato de não ser possível haver reunião em sindicato sem tal convergência.

"Art. 512. Somente as associações profissionais constituídas para os fins e na forma do artigo anterior e registradas de acordo com o art. 558 poderão ser reconhecidas como Sindicatos e investidas nas prerrogativas definidas nesta Lei.
[...]"
"Art. 533. Constituem associações sindicais de grau superior as federações e confederações organizadas nos termos desta Lei."
"Art. 534. É facultado aos Sindicatos, quando em número não inferior a 5 (cinco), desde que representem a maioria absoluta de um grupo de atividades ou profissões idênticas, similares ou conexas, organizarem-se em federação.
[...]"
"Art. 535. As Confederações organizar-se-ão com o mínimo de 3 (três) federações e terão sede na Capital da República."

157 MARTINS, Sergio Pinto. *Direito do Trabalho*. São Paulo: Atlas, 2004, p. 724.

2.4.3. Unicidade sindical

Há, como já referido, flagrante contradição nas regras constitucionais que tratam do sistema sindical. Se o *caput* e o inciso I do artigo 8º da Constituição Federal de 1988 falam em livre associação e vedação de interferência e intervenção nas atividades sindicais, o inciso II, por sua vez, encerra direta intervenção e ausência de liberdade no sindicalismo, ao impor o sistema de unicidade sindical[158] em qualquer grau, na mesma base territorial, que não será inferior à área de um município. Da mesma forma, ficam as unidades da federação (Estados) limitadas a uma federação da mesma categoria e, a União, limitada a uma confederação da mesma categoria.

Conforme já referido anteriormente, tal sistema fere de morte o princípio da liberdade sindical.

A questão não é a existência fática de um sindicato da mesma categoria na mesma base territorial, mas sim a proibição legal de haver mais de um sindicato da mesma categoria na mesma base territorial. Caso os interessados assim optem, poderá haver apenas um sindicato da mesma categoria na mesma base territorial. Segundo Nascimento, a esta situação dá-se o nome de *unidade sindical.*[159] [160]

2.4.4. Funções dos sindicatos

Segundo Nascimento, são funções dos sindicatos a negocial, de representação, assistencial, arrecadação, política e ética.[161]

A função negocial é a principal das entidades sindicais, sua verdadeira razão de existir. É encontrada na Constituição Federal, nos artigos 7º, inciso XXVI (reconhecimento dos acordos e convenções coletivas); 8º, inciso VI (é obrigatória a participação dos sindicatos nas negociações coletivas); e 114, § 2º, (que refere a negociação antes da arbitragem e do dissídio coletivo).

Na CLT, a função negocial está presente especialmente no artigo 611, *caput* (convenção coletiva de trabalho), 611, § 1º, (acordo coletivo de trabalho) e 616 (obrigatoriedade da tentativa de negociar).

Para negociar, o sindicato deve representar.

O inciso III do artigo 8º da Constituição Federal de 1988 trata da prerrogativa dada aos sindicatos para defender interesses coletivos ou

---

[158] NASCIMENTO, 2000, p. 158, assim conceitua unicidade sindical: "É a proibição, por lei, da existência de mais de um sindicato na mesma base de atuação".

[159] Idem, ibidem, p. 160: "Unidade Sindical é o sistema no qual os sindicatos se unem não por imposição legal, mas em decorrência da própria opção".

[160] Idem, ibidem, p. 160: "Pluralidade sindical é o princípio segundo o qual, na mesma base territorial, pode haver mais de um sindicato representando pessoas ou atividades que tenham um interesse coletivo comum".

[161] Idem, ibidem, p. 224-227.

individuais da categoria, seja em questões individuais, seja em questões coletivas. Importante aqui referir que, contrariamente a algumas vozes que interpretam o dispositivo de forma extensiva, no sentido de que a representação e a substituição processual estão ilimitadas, este autor continua adotando a posição de que não é esta a intenção do Constituinte. Ainda que a Resolução número 119/2003, do Tribunal Superior do Trabalho, tenha cancelado o Enunciado número 310, entende-se que as razões foram outras, ou seja, a defasagem em relação às já inaplicáveis leis que tratavam de reajustes salariais:

RESOLUÇÃO Nº 119/2003

CERTIFICO E DOU FÉ que o Egrégio Pleno do Tribunal Superior do Trabalho, em sessão extraordinária hoje realizada, sob a Presidência do Exmo Sr. Ministro Francisco Fausto, Presidente do Tribunal, presentes os Ex.^{mos} Srs. Ministros Vantuil Abdala, Vice-Presidente, Ronaldo Lopes Leal, Corregedor-Geral da Justiça do Trabalho, Rider Nogueira de Brito, José Luciano de Castilho Pereira, Milton de Moura França, João Oreste Dalazen, Gelson de Azevedo, Carlos Alberto Reis de Paula, Antônio José de Barros Levenhagen, Ives Gandra Martins Filho, João Batista Brito Pereira, Maria Cristina Irigoyen Peduzzi, José Simpliciano Fontes de Faria Fernandes, Renato de Lacerda Paiva, Emmanoel Pereira e Lelio Bentes Corrêa, e a Exma Subprocuradora-Geral do Trabalho, Dr.ª Terezinha Matilde Licks, em face do decidido no processo nº TST-E-RR-175.894/1995-9, RESOLVEU cancelar o Enunciado nº 310, da Súmula da Jurisprudência do Tribunal Superior do Trabalho.

Sala de Sessões, 25 de setembro de 2003.

Valério Augusto Freitas Do Carmo - Diretor-Geral de Coordenação Judiciária

PROCESSO: E-RR NÚMERO: 175894 ANO: 1995 PUBLICAÇÃO: DJ - 10/10/2003 PROC. Nº TST-E-RR-175.894/95.9 C: A C Ó R D Ã O TP RLL/Ss/mgg REVISÃO DO ENUNCIADO Nº 310 DO TST. Considerando que o cerne da discussão é a abrangência do art. 8º, inciso III, da Constituição Federal e considerando ainda que o STF já decidiu contra a jurisprudência do Tribunal Superior do Trabalho, consubstanciada no Enunciado nº 310/TST, deve o Enunciado nº 310 ser cancelado. Vistos, relatados e discutidos estes autos de Incidente de Uniformização de Jurisprudência em Embargos em Recurso de Revista nº TST-E-RR-175.894/95.9 , em que são Embargantes SINDICATO DOS TRABALHADORES NAS INDÚSTRIAS QUÍMICAS, PETROQUÍMICAS, FARMACÊUTICAS, TINTAS E VERNIZES, PLÁSTICOS, RESINAS SINTÉTICAS, EXPLOSIVOS E SIMILARES DO ABCD e MAUÁ, RIBEIRÃO PIRES E RIO GRANDE DA SERRA e é Embargado SANKO INDÚSTRIA QUÍMICA LTDA . A Subseção I Especializada em Dissídios Individuais do Tribunal Superior do Trabalho, conforme certidão de fls. 129, de acordo com o art. 235 do anterior RITST e § 1º, do art. 156 do atual RITST , decidiu suspender a proclamação final do julgamento dos embargos e remeter os autos ao Tribunal Pleno para revisão, se for o caso, do Enunciado nº 310, item I, da Súmula de Jurisprudência desta corte, uma vez que a maioria dos Ministros estava votando de forma contrária aos termos do inciso I do referido enunciado. A Comissão de Jurisprudência e Precedentes Normativos, em parecer exarado às fls. 136/137, opinou: Nos termos do art. 235 do RITST, a SDI-1 decidiu suspender o julgamento do processo em epígrafe e remeter os autos ao Tribunal Pleno para deliberar sobre a revisão, ou não, do Inciso I do Enunciado nº 310, que assim dispõe: SUBSTITUIÇÃO PROCESSUAL. SINDICATO. I. O art. 8º, inciso III, da Constituição da República não assegura a substituição processual pelo sindicato. Os Exmos. Srs. Ministros Ronaldo Leal, relator do processo, Luciano de Castilho, João O. Dalazen, Carlos Alberto, Brito Pereira e Francisco Fausto reconheciam a legitimidade do Sindicato para pleitear diferenças salariais resultantes da aplicação do índice da URP de fevereiro de 1989, tão-somente, com fundamento no art. 8º, III, da CF/88, por entenderem que: O preceito constitucional sob exame confere à entidade sindical a defesa de direitos e interesses individuais da categoria, cuja lesão tenha origem comum; e Os direitos decorrentes de planos

A Liberdade Sindical

econômicos são categoriais, homogêneos e, no caso, a suposta violação atinge toda a categoria representada pelo Sindicato. Divergiam desse entendimento os Exmos. Srs. Ministros Rider de Brito, Moura França e Maria Cristina Peduzzi, que não conheciam dos embargos, sob o argumento de que a decisão da 4ª Turma se harmonizava com disposto no Inciso I, do Enunciado nº 310. E, em cumprimento ao § 8º do art. 196 do RITST, os autos foram remetidos à Comissão de Jurisprudência para exarar parecer. No âmbito do STF, a matéria se encontra suspensa desde 15.10.97, em virtude de pedido de vista regimental formulado pelo Exmo. Sr. Ministro Nelson Jobim, ocasião em que foi adiado o julgamento em conjunto dos Processos RE 210029-RS, 193503-SP, 193579-SP, 208983-SC, 211152-DF, 211874-RS, afetados ao Plenário pela 2ª Turma, nos quais se discutia a incidência do art. 8º, III, da CF/88. Diante do exposto, sobretudo, da existência de vários processos suspensos, aguardando o julgamento deste Incidente, a Comissão, reunida em 25.04.02, opinou pela continuidade da aplicação da tese versada no inciso I do Enunciado nº 310 e determinou a remessa dos autos para deliberação do Tribunal Pleno, por entender que, nos processos que aqui tramitam, as partes almejam uma posição do TST. É o relatório. V O T O Discute-se nos presentes autos a revisão do Enunciado nº 310 do TST, em razão de a maioria dos Ministros que compõe a SBDI-1 estarem votando de forma contrária aos termos do inciso I do referido enunciado, que dispõe: O art. 8º, inciso III, da Constituição da República não assegura a substituição processual pelo sindicato. Saliente-se que, in casu, a matéria devolvida nos embargos concerne exclusivamente ao tema da substituição processual, isto é, da legitimidade do sindicato para pleitear, em nome próprio, mas em favor dos trabalhadores substituídos, a URP de fevereiro de 1989. A ação, proposta em 19/9/89, durante o período de vigência da Lei nº 7.788/89, que, segundo o Enunciado nº 310, III, assegurou a legitimidade do sindicato como substituto processual da categoria, está fundamentada, no entanto, apenas no art. 8º, inciso III, da Constituição Federal. A JCJ, vendo a legitimidade só pela ótica do supedâneo de que se valeu o sindicato autor para apresentar-se como substituto processual, extinguiu o processo, sem julgamento de mérito, por ilegitimidade de parte. O Regional seguiu-lhe os passos, mas foi atento ao princípio jura novit curia , pois analisou o tema da legitimidade à luz da Lei nº 8.073/90. A 4ª Turma, em acórdão de fls. 91/93, não conheceu do recurso de revista do sindicato reclamante quanto ao tema da ilegitimidade ativa ad causam , por entender que não foram atendidos os pressupostos do artigo 896 da CLT, invocando o Enunciado nº 310, I, da casa. A maioria dos membros da SBDI-1, no entanto, reconheceu a legitimidade do sindicato por entender que a) o preceito constitucional sob exame confere à entidade sindical a defesa de direitos e interesses individuais da categoria se a lesão é de origem comum; e b) os direitos decorrentes de planos econômicos são de categorias, homogêneos, e, no caso, a suposta violação atinge toda a categoria representada pelo sindicato. Referido entendimento contraria totalmente o inciso I do Enunciado nº 310, ora em discussão. Ressalte-se que no âmbito do Supremo Tribunal Federal, conquanto a matéria se encontre suspensa desde 15/10/97, em virtude de pedido de vista regimental feito pelo Ministro Nelson Jobim, ocasião em que foi adiado o julgamento conjunto dos processos RE 210029-RS, 193503-SP, 193579-SP, 208983-SC, 211152-DF, 211874-RS, o posicionamento das Turmas do STF no mandado de injunção nº 347-5-SC, no RE nº 202.063-0-PR e no RE nº 182543-0-SP é pela aplicação do art. 8º, III, da Constituição Federal, em reconhecimento à legitimidade das entidades sindicais de representar todos os integrantes das categorias a que pertencem. No último processo citado, o STF concluiu que A legitimação das organizações sindicais, entidades de classe ou associações, para a segurança coletiva, é extraordinária, ocorrendo, em tal caso, substituição processual. Assim, considerando que o cerne da discussão é a abrangência do art. 8º, inciso III, da Constituição Federal e considerando ainda que o STF já decidiu contra a jurisprudência desta casa, consubstanciada no Enunciado nº 310, assim como a maioria dos Ministros da SBDI-1 desta casa, voto no sentido de que o Enunciado nº 310 seja cancelado. ISTO POSTO ACORDAM os Ministros do Tribunal Pleno do Tribunal Superior do Trabalho, por maioria, reconhecendo a legitimidade ativa do sindicato, determinar o retorno dos autos à SBDI-I, para que prossiga no exame da matéria, como entender de direito, ficando cancelado o Enunciado nº 310 da Súmula de Jurisprudência do Tribunal Superior do Trabalho. Brasília, 25 de setembro de 2003. RONALDO LEAL Relator

As regras para a representação (legitimação ordinária) e substituição processual (legitimação extraordinária) permanecem as mesmas.

O referido inciso III do artigo 8º da Constituição Federal de 1988, contempla apenas, e tão somente, a representação das categorias profissionais e econômicas. A substituição processual[162] permanece sendo regulada pela regra geral prevista no artigo 6º do Código de Processo Civil, que dispõe: "ninguém poderá pleitear, em nome próprio, direito alheio, salvo quando autorizado por lei".

Considerando-se que, desde a implantação do "Plano Real", em 1994, pela Lei número 9.069, de 29 de junho de 1995, todas as leis que tratavam de aumentos e reajustes salariais foram revogadas,[163] as únicas hipóteses de substituição processual ou legitimação extraordinária autorizadas pela legislação trabalhista, hoje, são:

a) Ação de cumprimento de norma coletiva (sentença normativa, convenção coletiva de trabalho e acordo coletivo de trabalho);[164] [165]

b) A postulação judicial de adicionais de insalubridade e periculosidade;[166]

c) A postulação judicial de recolhimento do Fundo de Garantia do Tempo de Serviço;[167]

d) O mandado de segurança coletivo.[168]

---

[162] Neste sentido, SÜSSEKIND, Arnaldo, 2002, p. 552: "A distinção entre representante e substituto processual é unissonamente proclamada pelos processualistas nacionais e estrangeiros: o representante atua em nome do representado, que é parte no processo; o substituto atua no interesse de outro, mas em seu próprio nome, sendo ele mesmo parte no processo, apesar de questionar-se direito alheio".

[163] Foram revogados os dispositivos que tratam de aumentos e reajustes salariais das leis ns.6.708, de 30/10/1979; 7.238, de 29/10/1984; 7.788, de 03/07/1989; e 8.073, de 30/07/1990.

[164] Ver CLT:
"Art. 872.
[...]
Parágrafo Único. Quando os empregadores deixarem de satisfazer o pagamento de salários, na conformidade da decisão proferida, poderão os empregados ou seus sindicatos, independentes da outorga de poderes de seus associados, juntando certidão de tal decisão, apresentar reclamação à Junta ou Juízo competente, observado o processo previsto no Capítulo II deste Título, sendo vedado, porém, questionar sobre matéria de fato e de direito já apreciada na decisão."

[165] Ver Lei número 8.984, de 07 de fevereiro de 1995:
"Art. 1º. Compete à Justiça do Trabalho conciliar e julgar os dissídios que tenham origem no cumprimento de convenções coletivas de trabalho ou acordos coletivos de trabalho, mesmo quando ocorram entre sindicatos ou entre sindicato de trabalhadores e empregador."

[166] Ver CLT:
"Art. 195.
[...]
§ 2º. Argüída em juízo insalubridade ou periculosidade, seja por empregado, seja por sindicato em favor de grupo de associados, o juiz designará perito habilitado na forma deste artigo, e, onde não houver, requisitará perícia ao órgão competente do Ministério do Trabalho."

[167] Ver Lei número 8.036, de 11 de maio de 1990:
"[...]
Art. 25. Poderá o próprio trabalhador, seus dependentes e sucessores, ou ainda o Sindicato a que estiver vinculado, acionar diretamente a empresa por intermédio da Justiça do Trabalho, para compeli-la a efetuar o depósito das importâncias devidas nos termos desta Lei."

[168] Ver Constituição da República Federativa do Brasil de 1988:

Além da prerrogativa de representatividade de classe, os sindicatos dos trabalhadores têm, também, a prerrogativa da presença nas negociações coletivas de trabalho. É o que dispõe o inciso VI do artigo 8º da Constituição Federal de 1988. Embora não refira expressamente, entende-se, por interpretação sistemática, que esta prerrogativa se dá apenas aos sindicatos da categoria profissional, e não aos da categoria econômica. Isto porque o inciso XXVI do artigo 7º também da Constituição Federal de 1988, reconhece as convenções e os acordos coletivos de trabalho. E, na medida em que convenção coletiva de trabalho é resultado da negociação coletiva entre sindicato da categoria profissional e sindicato da categoria econômica[169] e acordo coletivo de trabalho é o resultado da negociação coletiva entre o sindicato da categoria profissional e a(s) empresa(s),[170] verifica-se, à toda evidência, que a única interpretação possível ao inciso VI do artigo 8º já referido, é a obrigatoriedade da presença do sindicato dos trabalhadores nas negociações coletivas de trabalho.

A função assistencial está prevista especialmente no artigo 514, *b* e *d*, da CLT, mas mais comumente nos estatutos dos sindicatos, que criam benefícios especialmente para os seus associados.

A função de arrecadação existe na medida em que o sindicato necessita arrecadar para cumprir as suas demais funções, especialmente a negocial, a de representação e a assistencial. Examinar-se-ão as fontes de custeio dos sindicatos em tópico específico.

Por fim, a função política ou de colaboração com o Estado está prevista no artigo 513, *d*, da CLT, e a função ética decorre do princípio da boa-fé, que deve nortear as relações jurídicas em geral.

2.4.5. Fontes de custeio sindical

Examinar-se-á, a seguir, quais são as contribuições vigentes atualmente (fontes de custeio dos sindicatos) e qual a previsão futura, bem

---

"Art. 5º.Todos são iguais perante a lei, sem distinção de qualquer natureza, garantindo-se aos brasileiros e aos estrangeiros residentes no País a inviolabilidade do direito à vida, à liberdade, à igualdade, à segurança e à propriedade, nos termos seguintes:
[...]
LXX – o mandado de segurança coletivo poderá ser impetrado por:
[...]
b) organização sindical, entidade de classe ou associação legalmente constituída e em funcionamento há pelo menos um ano, em defesa dos interesses de seus membros ou associados;"

[169] Ver CLT, art. 611, *caput*: "Convenção Coletiva de Trabalho é o acordo de caráter normativo, pelo qual dois ou mais sindicatos representativos de categorias econômicas e profissionais estipulam condições de trabalho aplicáveis, no âmbito das respectivas representações, às relações individuais de trabalho."

[170] Ver CLT, artigo 611, § 1º: "É facultado aos Sindicatos representativos de categorias profissionais celebrar Acordos Coletivos com uma ou mais empresas da correspondente categoria econômica, que estipulem condições de trabalho, aplicáveis no âmbito da empresa ou das empresas acordantes às respectivas relações de trabalho."

como o aspecto de serem ou não serem obrigatórias aos membros das categorias profissional e econômica.

2.4.5.1. Contribuição sindical

Criada em 1940, pelo Decreto nº 2.377, com a denominação inicial de *imposto sindical*, esta é, hoje, a única contribuição efetiva e indiscutivelmente obrigatória a todos os membros das categorias profissionais, econômicas, de autônomos e de profissionais liberais, independentemente de serem ou não serem sócios do sindicato que os representa.[171]

Em 14 de novembro de 1966, através do Decreto-Lei nº 27, a denominação *imposto sindical* foi alterada para *contribuição sindical*. O Decreto-Lei nº 229, de 28 de fevereiro de 1967, ratificou a nova denominação, mantida até hoje.

A contribuição sindical está regulada na Consolidação das Leis do Trabalho, dos artigos 578[172] a 610. Dos valores arrecadados, na forma prevista pelo artigo 589 da CLT, o rateio é dividido em: 60% (sessenta por cento) para o sindicato, 15% (quinze por cento) para a federação, 5% (cinco por cento) para a confederação, e 20% (vinte por cento) para a "Conta Especial Emprego e Salário".

Os objetivos da contribuição sindical estão descritos no artigo 592 da CLT, sendo os principais, a assistência jurídica, médica, odontológica, cooperativas, creches, colônias de férias, etc. A contribuição sindical, por ser obrigatória, tem natureza tributária, conforme prevê a Constituição Federal de 1988, nos artigos 8º, inciso IV,[173] parte final, e 149,[174] e o Código Tributário Nacional, no artigo 217, inciso I.[175]

---

[171] Ver CLT, artigo 579: "A contribuição sindical é devida por todos aqueles que participarem de uma determinada categoria econômica ou profissional, ou de uma profissão liberal, em favor do sindicato representativo da mesma categoria ou profissão ou, inexistindo este, na conformidade do disposto no art. 591".

[172] Ver CLT, artigo 579: "A contribuição sindical é devida por todos aqueles que participarem de uma determinada categoria econômica ou profissional, ou de uma profissão liberal, em favor do sindicato representativo da mesma categoria ou profissão ou, inexistindo este, na conformidade do disposto no art. 591".

[173] "Art. 8º. É livre a associação profissional ou sindical, observado o seguinte:
[...]
IV – a assembléia geral fixará a contribuição que, em se tratando de categoria profissional, será descontada em folha, para custeio do sistema confederativo da representação sindical respectiva, *independentemente da contribuição prevista em lei;*"
(O grifo não está no original)

[174] "Art. 149. Compete exclusivamente à União instituir contribuições sociais, de intervenção no domínio econômico e de interesses das categorias profissionais ou econômicas, como instrumento de sua atuação nas respectivas áreas, observado o disposto nos arts. 146, III, e 150, I e III, e sem prejuízo do previsto no art. 195, § 6º, relativamente às contribuições a que alude o dispositivo."

[175] "Art. 217. As disposições desta Lei, notadamente as dos arts. 17, 74, § 2º, e 77, parágrafo único, bem como a do art. 54 da Lei nº 5.025, de 10 de junho de 1966, não excluem a incidência e a exigibilidade:

A Liberdade Sindical

2.4.5.2. Contribuição assistencial

A contribuição assistencial, também denominada desconto assistencial, encontra respaldo no artigo 513, alínea *e*, da CLT, que, dentre as prerrogativas dos sindicatos, está "impor contribuições a todos aqueles que participam das categorias econômicas ou profissionais ou das profissões liberais representadas".

Há que se registrar o sentido da *imposição* referida no citado artigo da Consolidação das Leis do Trabalho. Na lição de Martins, a Constituição Federal de 1988 modificou o sentido da expressão *...impor contribuições...* A acepção correta diz respeito apenas à permissão conferida ao sindicato para arrecadar contribuições que lhe são pertinentes, como pessoa jurídica de Direito Privado.[176] A posição é pertinente, já que o artigo 8º da Constituição Federal de 1988 referiu ser livre a associação sindical. Embora, como visto, existam outros aspectos que limitam esta liberdade, onde é possível dar interpretação extensiva a uma regra no sentido da busca do princípio maior que é a liberdade, deve o intérprete fazê-lo.

O fundamento jurídico da contribuição assistencial é a norma coletiva (sentença normativa, laudo arbitral, convenção coletiva de trabalho ou acordo coletivo de trabalho) e o seu objetivo é o custeio das atividades assistenciais do sindicato da categoria profissional, bem como o fato de o sindicato ter participado das negociações coletivas, visando a obtenção de novas e melhores condições de trabalho para a categoria. Por esta razão, a contribuição assistencial é devida, geralmente, pelos empregados (categoria profissional).

Entende-se que a contribuição assistencial é devida apenas pelos sócios do sindicato. Esta posição é fundamentada pelos artigos 5º, inciso XX, e 8º, inciso V, ambos da Constituição Federal de 1988, que dispõem genérica e especificamente sobre ninguém ser obrigado a associar-se ou a manter-se associado, bem como pelo entendimento majoritário da jurisprudência, consubstanciado pelo Precedente Normativo nº 119 do Tribunal Superior do Trabalho, ora transcrito:

119 – CONTRIBUIÇÕES SINDICAIS
Contribuições Sindicais – Inobservância de preceitos constitucionais. A Constituição da República, em seus arts. 5º, XX, e 8º, V, assegura o direito de livre associação e sindicalização. É ofensiva a essa modalidade de liberdade cláusula constante de acordo, convenção coletiva ou sentença normativa estabelecendo contribuição em favor de entidade sindical a título de taxa para custeio do sistema confederativo, assistência, revigoramento ou fortalecimento sindical e outros da mesma espécie, obrigando trabalhadores não sindicalizados. Sendo nulas as

---

I – da "contribuição sindical", denominação que passa a ter o Imposto Sindical de que tratam os arts. 578 e segs. da Consolidação das Leis do Trabalho, sem prejuízo do disposto no art. 16 da Lei nº 4.589, de 11 de dezembro de 1964;"

[176] MARTINS, Sergio Pinto. *Contribuição Confederativa*. São Paulo: LTr, 1996, p. 118.

estipulações que inobservem tal restrição, tornam-se passíveis de devolução os valores irregularmente descontados.

Deve-se registrar, contudo, que o Ministério do Trabalho e do Emprego, que, em 13 de abril de 2004, havia editado a Portaria n. 160,[177]

---

[177] PORTARIA Nº 160, DE 13 DE ABRIL DE 2004
(Publicada no DOU de 16/04/2004, seção 1, pág. 89)
Dispõe sobre o desconto em folha de pagamento de salário das contribuições instituídas pelos sindicatos.
O MINISTRO DE ESTADO DO TRABALHO E EMPREGO, no uso das atribuições que lhe conferem o art. 87, parágrafo único, II, da Constituição Federal, e o art. 913 da Consolidação das Leis do Trabalho - CLT, aprovada pelo Decreto-lei nº 5.452, de 1º de maio de 1943,
CONSIDERANDO o disposto no art. 8º, V, da Constituição Federal, que dispõe sobre a liberdade de filiação;
CONSIDERANDO o disposto no art. 513, inciso e, da Consolidação das Leis do Trabalho - CLT, que dispõe sobre a prerrogativa do sindicato de impor contribuições a todos aqueles que participem das categorias econômicas ou profissionais, ou das profissões liberais representadas;
CONSIDERANDO o disposto no art. 8º, inciso IV da Constituição Federal, que autoriza a fixação de contribuição confederativa em assembléia geral da categoria a ser descontada em folha de pagamento de salário;
CONSIDERANDO o disposto no art. 545 da Consolidação das Leis do Trabalho - CLT, que condiciona o desconto em folha de pagamento das contribuições devidas ao sindicato à prévia autorização do empregado, salvo quanto à contribuição sindical;
CONSIDERANDO o Enunciado da Súmula nº 666 do Supremo Tribunal Federal, que estabelece que a contribuição confederativa de que trata o art. 8º, inciso IV, da Constituição Federal, só é exigível dos filiados ao sindicato respectivo;
CONSIDERANDO o Precedente Normativo nº 119 do Tribunal Superior do Trabalho, segundo o qual é ofensivo ao direito de livre associação e sindicalização, previsto nos arts. 5º, inciso XX, e 8º, inciso V, da Constituição Federal, cláusula constante de convenção, acordo coletivo ou sentença normativa estabelecendo contribuição em favor de entidade sindical a título de taxa para custeio do sistema confederativo, assistencial, revigoramento ou fortalecimento sindical e outras da mesma espécie, obrigando trabalhadores não sindicalizados; e
CONSIDERANDO a necessidade de orientar empregadores, sindicatos e trabalhadores acerca do procedimento para recolhimento das contribuições instituídas pelas entidades sindicais, resolve:
Art. 1º As contribuições instituídas pelos sindicatos em assembléia geral da categoria, em especial a confederativa e/ou as constantes de convenção ou acordo coletivo e sentença normativa, em especial a contribuição assistencial, são obrigatórias apenas para os empregados sindicalizados.
§ 1º A contribuição confederativa, prevista no inciso IV, do art. 8º da Constituição Federal, fixada pela assembléia geral do sindicato, tem por finalidade custear o sistema confederativo.
§ 2º A contribuição assistencial, prevista na alínea "e", do art. 513, da CLT, e demais decorrentes do mesmo diploma legal, deverão constar de convenção ou acordo coletivo de trabalho, devidamente registrado no setor competente do órgão local do Ministério do Trabalho e Emprego, ou de sentença normativa, e tem por finalidade custear as atividades assistenciais, melhorias e o crescimento sindical, além da participação da entidade nas negociações por melhores condições de trabalho.
Art. 2º O empregador poderá efetuar o desconto, em folha de pagamento de salário, do valor correspondente às contribuições devidas pelos empregados aos sindicatos respectivos e previstas em convenção ou acordo coletivo de trabalho registrados no Ministério do Trabalho e Emprego, em sentença normativa ou em assembléia geral sindical, quando notificado do valor das contribuições.
§ 1º Para os empregados não sindicalizados, o desconto em folha de pagamento somente poderá ser efetuado mediante prévia e expressa autorização do empregado
I - A autorização de que trata o parágrafo 1º será efetuada por escrito, e conterá as seguintes informações:
a) nome do sindicato para o qual será creditada a contribuição;
b) identificação do instrumento coletivo que instituiu a contribuição e o período de vigência;
c) identificação do valor ou da forma de cálculo da contribuição;
d) identificação e assinatura do empregado.

A Liberdade Sindical

dispondo que as contribuições assistencial e confederativa são devidas apenas por sócios dos sindicatos.

Até aí, nada de novo. Ocorre que, por evidente pressão de "entidades sindicais" de representação duvidosa, no dia 30 de abril de 2004, foi editada a Portaria n° 180,[178] suspendendo a determinação contida na Portaria anterior, de que as referidas contribuições são devidas apenas por sócios dos sindicatos. Entende-se que portarias ministeriais não têm força de lei e, muito menos, a possibilidade de contrariar dispositivos constitucionais (arts. 5°, inciso XX, e 8°, inciso V, da Constituição da República Federativa do Brasil de 1988).

II A autorização terá validade pelo período de vigência do instrumento coletivo e poderá ser revogada pelo empregado a qualquer tempo.
§ 2° O desconto em folha de pagamento efetuado sem a devida autorização do empregado não sindicalizado ou com base em instrumento coletivo não registrado no MTE sujeita o empregador a autuação administrativa pela fiscalização do trabalho (Ementa n° 000365-4 Efetuar descontos nos salários do empregado, salvo os resultantes de adiantamentos, de dispositivos de lei ou convenção coletiva de trabalho).
Art. 3° O empregador fará o recolhimento da contribuição à entidade sindical até o décimo dia do mês subseqüente ao do desconto, de acordo com o parágrafo único do art. 545 da CLT.
Parágrafo único. O não recolhimento da contribuição descontada do empregado no prazo mencionado no caput implica na incidência de juros de mora de 10% sobre o montante retido, sem prejuízo da multa administrativa prevista no art. 553 da CLT, e das *cominações penais*.
Art. 4° Esta Portaria entra em vigor na data de sua publicação.
RICARDO BERZOINI
[178] PORTARIA N° 180, DE 30 DE ABRIL DE 2004.
Publicada no DOU de 3/05/04, Seção I pág. 112)
Suspende, temporariamente, a eficácia de dispositivos da Portaria Ministerial n° 160, de 13 de abril de 2004 e dá outras providências.
O MINISTRO DE ESTADO DO TRABALHO E EMPREGO, no uso das atribuições que lhe conferem o art. 87, parágrafo único, inciso II, da Constituição Federal, e o art. 913 da Consolidação das Leis do Trabalho - CLT, aprovada pelo Decreto-Lei n° 5.452, de 1° de maio de 1943,
CONSIDERANDO os argumentos apresentados pelas Centrais Sindicais, em reunião realizada em 22 de abril de 2004, com representante do Ministério do Trabalho e Emprego - MTE, da impossibilidade momentânea dos sindicatos cumprirem as regras estabelecidas no art. 1°, e nos §§ 1° e 2°, do art. 2°, da Portaria Ministerial n° 160, de 13 de abril de 2004;
CONSIDERANDO que as centrais sindicais assumiram o compromisso formal de, durante o período da suspensão da eficácia do art. 1°, e dos §§ 1° e 2°, do art. 2°, da Portaria Ministerial n° 160, de 13 de abril de 2004, orientarem os sindicatos para observarem o princípio da razoabilidade ao estabelecerem os valores correspondentes à contribuição confederativa e à contribuição assistencial;
CONSIDERANDO que as centrais sindicais assumiram o compromisso de orientarem os sindicatos para que os valores cobrados tenham como referência, a partir da publicação desta Portaria, os limites estabelecidos no Fórum Nacional do Trabalho para a futura contribuição negocial;
RESOLVE:
Art. 1° Suspender a eficácia do art. 1°, e dos §§ 1° e 2°, do art. 2°, da Portaria Ministerial n° 160, de 13 de abril de 2004, até 31 de maio de 2005.
Art. 2° As entidades sindicais deverão fazer constar dos instrumentos coletivos negociados, no período de suspensão de que trata o art. 1°, as seguintes informações:
I – denominação do sindicato para o qual serão creditadas as contribuições;
II – data da assembléia geral que instituiu as contribuições;
III – identificação do tipo de contribuição, seu valor e forma de cálculo;
IV – período de vigência da cláusula que instituiu as contribuições.
Art. 3° Esta Portaria entra em vigor na data de sua publicação.
RICARDO BERZOINI

Com efeito, mesmo após a edição da Portaria nº 180, de 30 de abril de 2004, do Ministério do Trabalho e do Emprego, o Precedente Normativo nº 199, do Tribunal Superior do Trabalho, acima citado, permanece vigente. Ademais, o artigo 545 da CLT, é claro:

> Os empregadores ficam obrigados a descontar na folha de pagamento dos seus empregados, desde que por eles devidamente autorizados, as contribuições devidas ao Sindicato, quando por este notificados, salvo quanto à contribuição sindical, cujo desconto independe dessas formalidades.

Deve-se registrar que a melhor interpretação do artigo 545 da CLT, acima citado é, à luz do princípio protetor ao *hipossuficiente*, a de que as contribuições assistencial e confederativa não podem ser descontadas do salário, salvo expressa autorização para tal, e não o contrário, como seguida e equivocadamente preconizado (descontos efetuados à revelia do empregado que, ao examinar o seu contracheque, o identifica, discordando do mesmo e, por isso mesmo, tendo que "correr atrás" da devolução).

2.4.5.3. Contribuição confederativa

Do ponto de vista de previsão legal (constitucional), a contribuição confederativa é recente em relação às demais. Foi criada com a Constituição Federal de 1998 e está prevista no artigo 8º, inciso IV:

> É livre a associação profissional ou sindical, observado o seguinte:
> [...]
> IV – a assembléia geral fixará a contribuição que, em se tratando de categoria profissional, será descontada em folha, para custeio do sistema confederativo da representação sindical respectiva, independentemente da contribuição prevista em lei:

Verifica-se, inicialmente, pelo teor do dispositivo constitucional, que a contribuição confederativa é prevista apenas para a categoria profissional e não para a categoria econômica.

Também pode-se extrair o inciso IV do artigo 8º da Constituição Federal de 1988, que, embora prevista constitucionalmente, a contribuição confederativa somente poder ser criada mediante assembléia geral do sindicato. O objetivo da contribuição, como refere a denominação, é custear o sistema confederativo, ou seja, o sistema legal piramidal que tem o sindicato na base (município) e as entidades de grau superior acima (federações normalmente estaduais e confederações no topo).

Segundo Martins,[179] o conceito de contribuição confederativa é:

> A contribuição confederativa é a prestação pecuniária, espontânea, fixada pela assembléia geral do sindicato, tendo por finalidade custear o sistema confederativo.

Como já referido no exame da contribuição assistencial, e apesar da Portaria nº 180, de 30 de abril de 2004, do Ministério do Trabalho e do Emprego, a cobrança da contribuição confederativa também encon-

---

[179] MARTINS, 1996, p. 115.

A Liberdade Sindical

tra os mesmos limites constitucionais, legais e jurisprudenciais já referidos.

Assim, da mesma forma que a contribuição assistencial, entende-se que a contribuição confederativa é devida apenas e tão somente pelos sócios dos sindicatos.

2.4.5.4. Contribuição associativa

Na medida em que a entidade sindical tem natureza jurídica de associação de direito privado[180] e, como tal, assemelha-se a qualquer outro tipo de associação, pode, por previsão estatutária, impor contribuições aos seus associados.

O artigo 548, alínea *b,* da Consolidação das Leis do Trabalho, refere que as contribuições dos associados, na forma estabelecida pelos estatutos, fazem parte do patrimônio das associações sindicais.

A contribuição associativa fixada, portanto, pelos próprios interessados, é cobrada em função dos benefícios prestados pela organização sindical aos seus associados.[181]

Nesse contexto, pode-se dizer que a contribuição associativa é a única das contribuições que não é polêmica, bem como que se insere nos limites e padrões da verdadeira liberdade sindical.

2.4.5.5. Outras fontes de arrecadação

Além das chamadas receitas ordinárias, as já referidas *contribuição sindical, contribuição assistencia, contribuição confederativa e contribuição associativa,* as entidades sindicais têm, também, previsão legal do que pode ser denominado *receitas extraordinárias.*

Dispõe o artigo 548 da CLT:

Constituem o patrimônio das associações sindicais:
a) as contribuições devidas aos Sindicatos pelos que participem das categorias econômicas ou profissionais ou das profissões liberais representadas pelas referidas entidades, sob a denominação de contribuição sindical, pagas e arrecadadas na forma do Capítulo III deste Título;
b) as contribuições dos associados, na forma estabelecida nos estatutos ou pelas Assembléias Gerais;
c) os bens e valores adquiridos e as rendas produzidas pelos mesmos;
d) as doações e legados;
e) as multas e outras rendas eventuais.

Assim, na forma prevista pelas alíneas *c, d,* e *e* do artigo 548 da CLT, quaisquer rendas, como, por exemplo, doações, legados, multas, sorteios, rifas, etc., podem ser receitas das entidades sindicais.

---

[180] Ao tratar da natureza jurídica dos sindicatos, NASCIMENTO, 2000, p. 216, ensina: "Os sindicatos, nesta perspectiva, são considerados entes de direito privado, representam particulares, são criados exclusivamente por iniciativa destes, para representação e defesa dos seus interesses".

[181] MARTINS, 1996, p. 119.

2.4.6. Conflitos coletivos de trabalho

2.4.6.1. Origens

Segundo Nascimento, "se uma reivindicação do trabalhador é resistida pelo empregador perante o qual é apresentada, dá-se um conflito de trabalho".[182] O conflito não é apenas a insatisfação com as condições de trabalho, mas, também, a exteriorização desta insatisfação.[183]

Refere, ainda, Nascimento, que "os conflitos são coletivos quando, em razão dos seus sujeitos, os grupos de trabalhadores, abstratamente considerados de um lado, e o grupo de empregadores, de outro lado, objetivarem matéria de ordem geral".[184]

Os conflitos coletivos de trabalho podem ser jurídicos, ao tratarem de aplicação ou interpretação de regra vigente ou de greve, e econômicos ou de interesse, quando tratarem da buscar por melhores salários e condições de trabalho.[185]

2.4.6.2. Formas de solução

As formas de solução dos conflitos coletivos de trabalho são a autocomposição (negociação coletiva), a heterocomposição (mediação, arbitragem e jurisdição) e autodefesa (greve e *lock-out*).[186]

2.4.6.3. Autocomposição – negociação coletiva de trabalho

Na autocomposição, o conflito é solucionado pelos próprios interessados, sem a interferência de terceiros. Pode se dar por renúncia de um dos sujeitos (unilateral) ou por transação (bilateral).[187] É manifestada através da negociação coletiva de trabalho, já referida, e expressa na Constituição Federal de 1988, nos artigos 7º, inciso XXVI; 8º, inciso VI; e 114, § 2º. Na CLT, está expressa no artigo 611, *caput* e § 1º, e 616.

Havendo sucesso na negociação coletiva de trabalho, ter-se-á uma convenção coletiva de trabalho (art. 611, *caput*, da CLT) ou um acordo coletivo de trabalho (art. 611, § 1º, da CLT).

2.4.6.4. Heterocomposição – mediação, arbitragem e jurisdição

Ao contrário da autocomposição, havendo insucesso na negociação coletiva, partir-se-á para a solução do conflito através da decisão de

---

[182] NASCIMENTO, 2000, p. 251.

[183] Idem, ibidem, p. 252.

[184] Idem, ibidem, p. 253.

[185] MARTINS, 2004, p. 777.

[186] Idem, ibidem, p. 777-778.

[187] Idem, ibidem, p. 778.

terceiros. A Constituição Federal de 1988 refere, no artigo 114, § 2°, que "recusando-se qualquer das partes à negociação coletiva ou à arbitragem, é facultado às mesmas, de comum acordo, ajuizar dissídio coletivo de natureza econômica, podendo a Justiça do Trabalho decidir o conflito, respeitadas as disposições mínimas legais de proteção ao trabalho, bem como as convencionadas anteriormente."

Assim, o próprio texto constitucional privilegia a negociação coletiva e, depois dela e antes da jurisdição, a arbitragem.

Antes, porém, é possível que os sujeitos nomeiem um mediador, que procura ouvi-los e aconselhá-los, mas não tem poder de coação. Este mediador pode ser um particular nomeado pelos interessados ou o Delegado Regional do Trabalho e Emprego, conforme dispõe o artigo 616, § 1°, da CLT.

A arbitragem está regulada pela Lei n. 9.307/96, para direitos disponíveis. Havendo previsão constitucional de arbitragem para conflitos coletivos de trabalho, tem-se que os mesmos tratam de direitos disponíveis. É nomeado um árbitro ou uma junta arbitral, e o laudo não está sujeito a recurso ou homologação pelo Poder Judiciário, conforme o artigo 18, da Lei 9.307/96.

Por fim, ultrapassadas as tentativas de solucionar o conflito coletivo de trabalho pela via autocompositiva, pela mediação ou pela arbitragem, resta a via jurisdicional, através de um dissídio coletivo. O procedimento está previsto na CLT, dos artigos 856 a 875. A sentença proferida é denominada sentença normativa e faz lei entre as partes (poder normativo).

2.4.6.5. A Greve

Sendo o direito de greve (autodefesa) um dos aspectos que compõem um sistema de liberdade sindical, examina-se mais amiudemente o instituto.

Em uma rápida visão da evolução histórica da greve no Brasil, verifica-se que:[188]

• A Constituição Imperial de 25 de março de 1824 silenciou sobre a matéria;

• O Código Penal de 1890 proibiu a greve;

• A primeira Constituição Republicana, de 24 de fevereiro de 1891, também silenciou sobre a greve;

• O Decreto n° 1.162, de 12 de dezembro de 1890 derrogou a orientação do Código Penal sobre a greve;

• A Lei n° 38, de 04 de abril de 1932, que tratava da segurança nacional, conceituou a greve como um delito;

---

[188] MARTINS, 2004, p. 850-851.

- A Constituição da República dos Estados Unidos do Brasil de 16 de julho de 1934, em que pese, como já referido, ser a primeira Constituição brasileira a tratar de matéria trabalhista, não abordou o tema da greve;
- A Carta de 10 de novembro de 1937 considerou a greve e o *lockout* recursos anti-sociais, nocivos ao trabalho e ao capital e incompatíveis com os superiores interesses da produção nacional (art. 139);
- O Decreto-Lei n° 431, de 18 de maio de 1938, que tratava de segurança nacional, também tipificou a greve como crime quanto ao incitamento dos funcionários públicos à paralisação coletiva dos serviços, induzimento dos empregados à cessação ou suspensão do trabalho e à paralisação coletiva por parte dos funcionários públicos;
- O Decreto-Lei n° 1.237, de 02 de maio de 1939, ao instituir a Justiça do Trabalho, esclareceu que a greve seria passível de punições;
- O Código Penal, de 07 de dezembro de 1940, considerou crime a paralisação do trabalho se houvesse perturbação da ordem pública ou se fosse contrária aos interesses públicos;
- O Decreto-Lei n° 5.452, de 01 de maio de 1943, que instituiu a Consolidação das Leis do Trabalho, estabeleceu pena de suspensão ou dispensa do emprego, perda do cargo do representante profissional que estivesse em gozo de mandato sindical, suspensão pelo prazo de dois a cinco anos do direito de ser eleito como representante sindical, nos casos de suspensão coletiva do trabalho sem prévia autorização do tribunal trabalhista (art. 723). Foi prevista multa e cancelamento do registro dos sindicatos que ordenassem a suspensão do trabalho (art. 724);
- O Decreto-Lei n° 9.070, de 15 de março de 1946, admitiu a greve nas atividades acessórias, apesar da vigência da Constituição Federal de 1937, vedando-a nas atividades fundamentais;
- A Constituição democrática dos Estados Unidos do Brasil, de 18 de setembro de 1946, foi a primeira Constituição brasileira a reconhecer a greve como um direito dos trabalhadores (art. 158);
- A regulamentação determinada pela Constituição Federal de 1946 somente veio através da Lei n° 4.330, de 01 de junho de 1964, com os limites definidos pelos militares após 31 de março do mesmo ano;
- A Constituição Federal de 24 de janeiro de 1967, outorgou o direito de greve aos trabalhadores, proibindo-o, contudo, nos serviços públicos e nas atividades essenciais;
- A Emenda Constitucional número 1, de 17 de outubro de 1969, manteve a mesma orientação da Constituição Federal de 1967;
- A proibição da greve em serviços públicos e em atividades essenciais foi regulada pelo Decreto-Lei n° 1.632, de 04 de agosto de 1978;

• A Lei nº 6.620, de 17 de dezembro de 1978, que definiu os crimes contra a segurança nacional, estabeleceu punição ao incitamento à paralisação de serviços públicos e à cessação coletiva do trabalho pelos funcionários públicos;

• A Constituição da República Federativa do Brasil, de 05 de outubro de 1988, tratou do direito de greve em três momentos: em relação aos trabalhadores da iniciativa privada e empregados públicos regidos pela Consolidação das Leis do Trabalho, em relação aos servidores públicos estatutários, e em relação aos servidores públicos militares.

Com relação ao direito de greve dos trabalhadores celetistas, assim dispôs a Constituição Federal de 1988:

Art. 9º. É assegurado o direito de greve, competindo aos trabalhadores decidir sobre a oportunidade de exercê-lo e sobre os interesses que devam por meio dele defender.

§ 1º A lei definirá os serviços ou atividades essenciais e disporá sobre o atendimento das necessidades inadiáveis da comunidade.

§ 2º Os abusos cometidos sujeitam os responsáveis às penas da lei.

A Constituição Federal de 1988 também reconheceu o direito de greve dos servidores públicos estatutários[189] e proibiu a greve aos servidores públicos militares.[190]

O direito de greve dos trabalhadores celetistas foi regulado pela Lei nº 7.783, de 28 de junho de 1989. O direito de greve dos servidores públicos estatutários ainda não foi regulamentado, mas a qualquer momento deve ser julgado o Mandado de Injunção número 670 no Supremo Tribunal Federal.[191]

---

[189] "Art. 37. A administração pública direta e indireta de qualquer dos Poderes da União, dos Estados, do Distrito Federal e dos Municípios obedecerá aos princípios de legalidade, impessoalidade, moralidade, publicidade e eficiência e, também, ao seguinte:
[...]
VII – o direito de greve será exercido nos termos e nos limites definidos em lei específica;"
* Inciso VII com redação dada pela Emenda Constitucional nº. 19, de 04 de junho de 1998. A redação anterior do inciso VII, do art. 37, da Constituição Federal de 1988 era: "o direito de greve será exercido nos termos e nos limites definidos em lei complementar".

[190] "Art. 142. As Forças Armadas, constituídas pela Marinha, pelo Exército e pela Aeronáutica, são instituições nacionais permanentes e regulares, organizadas com base na hierarquia e na disciplina, sob a autoridade suprema do Presidente da República, e destinam-se à defesa da Pátria, à garantia dos poderes constitucionais e, por iniciativa de qualquer destes, da lei e da ordem.
[...]
§ 3º. Os membros das Forças Armadas são denominados militares, aplicando-se-lhes, além das que vierem a ser fixadas em lei, as seguintes disposições:
[...]
IV – ao militar são proibidas a sindicalização e a greve;"
* Inciso IV acrescentado pela Emenda Constitucional nº 18, de 05 de fevereiro de 1998.

[191] Embora a própria Lei nº 7.783, de 28 de junho de 1989, refira, no artigo 16, que não se aplica aos servidores públicos estatutários, é possível que, no julgamento do Mandado de Injunção nº 670, o Supremo Tribunal Federal determine a sua aplicação até que o Congresso Nacional produza lei específica àqueles.

O direito de greve dos trabalhadores celetistas que, de fato, é o que interessa a este trabalho, é assim definido pela Lei nº 7.783, de 28 de junho de 1989:

Art. 2º Para os fins desta Lei, considera-se legítimo exercício do direito de greve a suspensão coletiva, temporária e pacífica, total ou parcial, de prestação pessoal de serviços a empregador.

Como já referido, os conflitos coletivos de trabalho podem ser resolvidos pela autocomposição (pelo procedimento da negociação coletiva de trabalho, chega-se à convenção coletiva de trabalho ou ao acordo coletivo de trabalho) e pela heterocomposição (através da arbitragem, busca-se o laudo arbitral e através do procedimento jurisdicional denominado dissídio coletivo, chega-se à sentença normativa).

Também há a mediação na tentativa de compor o conflito. Ocorre que o mediador apenas aconselha, não impondo solução às partes em conflito.

A denominada *autodefesa*, contudo, faz parte do procedimento de maior pressão nos conflitos coletivos de trabalho: pela categoria profissional, na busca por melhores condições de trabalho e melhores salários, sendo a greve o instrumento mais "radical"; pela categoria econômica, através de procedimentos que visem frustrar a negociação ou dificultar o atendimento das reivindicações dos empregados – *lockout* –, o que é vedado pelo ordenamento jurídico interno.[192]

Assim é que se entende correto e perfeitamente adequado, a um sistema de liberdade sindical, o conceito previsto no artigo 2º, da Lei nº 7.783/89. O exercício do direito de greve só existe de forma coletiva, temporária e pacífica contra empregador. Do ponto de vista jurídico, não há greve que não tenha limites de ordem formal e material, bem como não há greve que não seja instrumento de pressão na busca de melhores condições de trabalho e de melhores salários contra empregador. Qualquer paralisação que tenha outro objetivo, que não seja de ordem trabalhista e não seja contra empregador, não é greve à luz de um sistema de liberdade sindical inserido em um Estado Democrático de Direito.[193]

---

[192] Ver art. 17 da Lei nº 7.783, de 28 de junho de 1989: "Fica vedada a paralisação das atividades, por iniciativa do empregador, com o objetivo de frustrar negociação ou dificultar o atendimento de reivindicações dos empregados (*lockout*).
Parágrafo único. A prática referida no *caput* assegura aos trabalhadores o direito à percepção dos salários durante o período de paralisação."

[193] Neste sentido, o Preâmbulo e o artigo 1º da Constituição Federal da República Federativa do Brasil de 1988:
Nós, representantes do povo brasileiro, reunidos em Assembléia Nacional Constituinte para instituir um Estado Democrático, destinado a assegurar o exercício dos direitos sociais e individuais, a liberdade, a segurança, o bem-estar, o desenvolvimento, a igualdade, e a justiça como valores supremos de uma sociedade fraterna, pluralista e sem preconceitos, fundada na harmonia social e comprometida, na ordem interna e internacional, com a solução pacífica das controvérsias, promulgamos, sob a proteção de Deus, a seguinte CONSTITUIÇÃO DA REPÚBLICA FEDERATIVA DO BRASIL.

A Liberdade Sindical

De qualquer forma, o exercício do direito de greve, por envolver principalmente a terceiros, deve observar limites. A legislação impõe estes limites.

Não é permitida a greve na vigência de norma coletiva, já que este é um instrumento de pressão ante o insucesso da negociação (art. 3º da Lei 7.783/89). A greve no curso da norma coletiva encontra guarida em duas condições excepcionais: a exigência de cumprimento de cláusula ou condição e a superveniência de fato novo ou acontecimento imprevisto que modifique substancialmente a relação de trabalho (art. 14, incisos I e II, da Lei 7.783/89). A greve na vigência de norma coletiva, feita com a inobservância das normas legais e mantida após a celebração de acordo, convenção ou decisão da Justiça do Trabalho, é considerada abusiva (art. 14 da Lei 7.783/89).

A notificação para comunicar a deflagração da greve deve ser feita à entidade patronal correspondente ou aos empregadores no prazo de 48 (quarenta e oito) horas (art. 3º, parágrafo único, da Lei 7.783/89). No caso de atividades essenciais (art. 10 da Lei 7.783/89), esta notificação deve ser feita aos empregadores e aos usuários com antecedência mínima de 72 (setenta e duas) horas (art. 13 da Lei 7.783/89).

A entidade sindical tem a prerrogativa e a obrigação de convocar a categoria para deliberar sobre a deflagração e a cessação da greve (art. 4º da Lei 7.783/89), bem como a de representar os interesses desta mesma categoria nas negociações ou na Justiça do Trabalho (art. 5º da Lei 7.783/89).

Entende-se ser inconstitucional o § 2º do artigo 4º da Lei nº 7.783/89, que dispõe:

[...] § 2º. Na falta de entidade sindical, a assembléia geral dos trabalhadores interessados deliberará para os fins previstos no *caput*, constituindo comissão de negociação.

Da mesma forma, no artigo 5º, a parte que fala em *comissão especialmente eleita* é inconstitucional.

É que o artigo 8º, inciso VI, da Constituição Federal de 1988, determina ser obrigatória a participação dos sindicatos[194][195] nas negociações coletivas de trabalho.

Título I
DOS PRINCÍPIOS DUNDAMENTAIS
Art. 1º. A República Federativa do Brasil, formada pela união indissolúvel dos Estados e Municípios e do Distrito Federal, constitui-se em Estado Democrático de Direito e tem como fundamentos:
I – a soberania;
II – a cidadania;
III – a dignidade da pessoa humana;
IV – os valores sociais do trabalho e da livre iniciativa;
V – o pluralismo político.

[194] Art. 8º. É livre a associação profissional ou sindical, observado o seguinte:
[...]
VI – é obrigatória a participação dos sindicatos nas negociações coletivas de trabalho.

[195] Embora não refira expressamente, o dispositivo constitucional citado está a se referir aos sindicatos da categoria profissional. A categoria econômica pode ser representada diretamente

Na medida em que a greve deve ser pacífica e que é um instrumento legítimo de pressão dos empregados na busca por melhores condições de trabalho e de salário, a lei define direitos, obrigações e responsabilidades para empregados, empregadores e até terceiros (art. 6º da Lei 7.783/89). As responsabilidades podem ser trabalhistas, civis ou penais (art. 15 da Lei 7.783/89).

Como regra geral, a greve suspende o contrato de trabalho dos grevistas, isto é, não há trabalho e não há salário. Contudo, o pagamento dos "dias parados" pode ser objeto de negociação coletiva, arbitragem ou dissídio coletivo (art. 7º da Lei 7.783/89). De qualquer forma, é vedada a rescisão dos contratos dos trabalhadores grevistas e a contratação de substitutos (art. 7º, parágrafo único, da Lei 7.783/89), salvo no caso de não serem mantidas em atividade equipes de empregados que assegurem serviços cuja paralisação resulte em prejuízo irreparável (art. 9º da Lei 7.783/89), um mínimo de empregados em atividades essenciais (art. 11 da Lei 7.783/89), ou, ainda, na manutenção da greve considerada abusiva (art. 14 da Lei 7.783/89). Nestes casos, além da possibilidade de contratação pelos empregadores (art. 9º, parágrafo único, da Lei 7.783/89), o Poder Público deverá assegurar a prestação de serviços indispensáveis (art. 12 da Lei 7.783/89).

Estas são as breves considerações a respeito do exercício do direito de greve, concluindo-se que o atual sistema vigente para os trabalhadores celetistas está inserido no princípio da liberdade sindical.

2.4.7. A representação dos trabalhadores nos locais de trabalho

A Constituição Federal de 1988 dispõe, no artigo 11, que "nas empresas de mais de duzentos empregados, é assegurada a eleição de um representante destes com a finalidade exclusiva de promover-lhes o entendimento direto com os empregadores."

Os sindicatos não têm manifestado, na prática, interesse em relação ao dispositivo. É que, à luz do artigo 8º, inciso VI, também da Constituição Federal de 1988, sendo obrigatória a participação dos sindicatos da categoria profissional nas negociações coletivas de trabalho, o artigo 11 fica esvaziado, já que, mesmo havendo o referido entendimento, deve haver a chancela sindical.

pela empresa (uma ou um grupo). É que a própria Constituição Federal de 1988, reconhece, no artigo 7º, inciso XXVI, as convenções e os acordos coletivos de trabalho. Considerando que convenção coletiva de trabalho encerra o resultado da negociação coletiva entre os sindicatos da categoria profissional e da categoria econômica (art. 611, *caput*, da CLT), e o acordo coletivo de trabalho encerra a negociação coletiva entre sindicato da categoria profissional e uma ou mais empresas do correspondente grupo (art. 611, § 1º, da CLT), a interpretação sistemática leva a concluir que o inciso VI do artigo 8º da Constituição Federal de 1988, obriga a participação apenas dos sindicatos da categoria profissional nas negociações coletivas de trabalho.

A Liberdade Sindical

Há que se referir que o instituto não se confunde com as Comissões Internas de Prevenção de Acidentes (CIPAS), previstas nos artigos 163 a 165 da CLT, nem com as Comissões de Conciliação Prévia (CCPs), previstas nos artigos 625-A a 625-H, da CLT.

Por fim, registre-se que o Brasil é signatário da Convenção 135 da Organização Internacional do Trabalho, que assegura, aos representantes dos trabalhadores, a proteção contra atos que possam prejudicá-los.

Examinado o sistema sindical atual, passar-se-á, no próximo capítulo, a analisar os aspectos previstos pelo texto de Reforma Sindical que dizem respeito à liberdade sindical.

3. A Reforma Sindical no Brasil[196]

O terceiro capítulo examina o texto da Reforma Sindical entregue ao Congresso Nacional em março de 2005.

Referido texto, composto de uma Proposta de Emenda Constitucional e um Anteprojeto de Lei de Reforma Sindical, foi assim sistematizado depois da conclusão dos trabalhos do Fórum Nacional do Trabalho, que reuniu empregados, empregadores e governo, durante um ano e meio, para debater a reforma sindical.

O texto final do Fórum Nacional do Trabalho foi encaminhado ao Poder Executivo, aos cuidados do Ministro de Estado do Trabalho e do Emprego, Ricardo Berzoini. Isto ocorreu em meados de 2004.

O Ministério do Trabalho e do Emprego sistematizou o texto e remeteu-o ao Presidente da República, dividido em Proposta de Emenda Constitucional[197] e Anteprojeto de Lei de Relações Sindicais, acompanhados das respectivas exposições de motivos.

---

[196] Todo o texto da Reforma Sindical - Exposição de Motivos da Proposta de Emenda Constitucional, Proposta de Emenda Constitucional, Exposição de Motivos do Anteprojeto de Lei de Relações Sindicais e Anteprojeto de Lei de Relações Sindicais – foi extraído da página da Câmara dos Deputados – http://www.camara.gov.br – onde foi entregue pelo Ministro de Estado do Trabalho e do Emprego, em 02 de março de 2005.

[197] Proposta de Emenda à Constituição
Excelentíssimo Senhor Presidente da República,
Honra-me elevar à sua apreciação anteprojeto de emenda constitucional que permitirá viabilizar uma ampla reforma sindical, dentro dos princípios da liberdade e autonomia sindical. A Reforma da Legislação Sindical é um dos mais caros compromissos de mudança desta gestão, em função do atraso estrutural das normas vigentes. Permitir uma organização sindical realmente livre e autônoma em relação ao Estado, além de fomentar a negociação coletiva como instrumento fundamental para solução de conflitos, são objetivos essenciais para o fortalecimento da democracia e estímulo à representatividade autêntica.
A proposta altera os arts. 8° e 11 do vigente texto constitucional, exatamente no que tange aos comandos fundamentais para que se aprove posteriormente uma legislação ordinária que atenda aos objetivos supracitados. Além disso, com o objetivo de viabilizar a negociação coletiva no serviço público por meio de lei específica, adaptando-a aos postulados de liberdade sindical no âmbito da Administração, se faz necessário o acréscimo ao inciso VII do art. 37 da Constituição Federal, conforme proposto.
As alterações no art. 114 da Constituição Federal devem-se à necessidade de adaptações formais decorrentes da promulgação pelo Congresso Nacional da emenda constitucional destinada à reforma do Poder Judiciário. A superação dos obstáculos constitucionais à modernização do sistema de relações sindicais é a base para a constituição de uma atmosfera de ampla liberdade e autonomia sindicais, sem a qual persistiremos prisioneiros de um sistema sindical estigmatizado pelo artificialismo em seus mecanismos representativos.

A Liberdade Sindical

Como referido, as propostas foram encaminhadas ao Congresso Nacional em março de 2005, e a previsão é de que, entre debates, discussões, eventuais modificações e aprovação, a promulgação dos textos ocorra apenas em 2006 ou 2007:

Reforma para a Modernização da Legislação Sindical Brasileira

EXPOSIÇÃO DE MOTIVOS

Excelentíssimo Senhor Presidente da República Federativa do Brasil

É com grande satisfação que encaminho a Vossa Excelência o anteprojeto de lei que trata da reforma da legislação sindical brasileira. Ele atende ao anseio de amplos setores interessados em fortalecer e dinamizar as relações coletivas de trabalho por meio do diálogo e da negociação com os principais atores do mundo do trabalho, uma das metas prioritárias do Governo Federal. Esse compromisso, expresso em seu programa de ação governamental, traduziu-se na instalação do Fórum Nacional do Trabalho - FNT, coordenado pelo Ministério do Trabalho e Emprego - MTE, por meio da Secretaria de Relações do Trabalho, e que conta com o apoio institucional da Organização Internacional do Trabalho - OIT.

Concebido como um órgão tripartite e paritário, o Fórum conduziu até agora a mais rica experiência nacional de negociação sobre questões sindicais e trabalhistas, cujo resultado está consolidado no Relatório Final da Reforma Sindical, entregue a Vossa Excelência em abril de 2004 e que serviu de base para a elaboração deste anteprojeto de lei. Trabalhadores e empregadores escolheram livremente suas representações, em consonância com as normas da OIT e com base em critérios que valorizaram a participação de entidades de abrangência nacional, com notório reconhecimento, presença nos principais setores de atividade econômica e histórico de participação em fóruns e conselhos públicos.

Por dezesseis meses, essas representações reuniram-se com os representantes do governo para discutir todos os aspectos concernentes à redefinição das normas jurídicas relativas à organização sindical, à negociação coletiva e à solução de conflitos do trabalho. Mais de quinhentas pessoas participaram de quarenta e quatro reuniões oficiais em Brasília e de diversos encontros preparatórios. Durante esse período, foram realizadas Conferências Estaduais do Trabalho em todas as unidades da Federação. Elas contaram com a participação de mais de vinte mil pessoas ligadas à área sindical e trabalhista, em ciclos de debates, oficinas, seminários e plenárias. Coordenadas pelas Delegacias Regionais do Trabalho, as Conferências colheram subsídios para a Comissão de Sistematização do Fórum. Também foram realizadas consultas a juristas, operadores do direito e membros de associações da área trabalhista, reunidos na Comissão Nacional de Direito e Relações do Trabalho, bem como a autoridades de outras esferas do Poder Público, como o Tribunal Superior do Trabalho - TST, o Ministério Público do Trabalho - MPT, a Câmara dos Deputados e o Senado Federal.

Além disso, a coordenação do Fórum recebeu e examinou diversas contribuições, de caráter individual e institucional, e o governo empenhou-se em dialogar com os setores que reivindicavam maior participação no debate, como as confederações de trabalhadores, com as quais chegou a realizar cinco encontros oficiais.

Mesmo depois de concluídas as atividades oficiais do Fórum sobre a reforma sindical, foram realizados diversos encontros com os membros da Comissão de Sistematização, com o objetivo de aperfeiçoar o anteprojeto de lei que ora submeto à apreciação de Vossa Excelência para a devida

---

Para deixar absolutamente transparente o debate público e parlamentar, já foi elaborado, de acordo com os compromissos construídos pelo Fórum Nacional do Trabalho, o projeto de lei que dará conseqüência ao processo de reforma sindical, se o Congresso aprovar esta proposta de emenda constitucional, da forma como a propomos. Se ocorrerem alterações, pelo soberano Poder Legislativo, providenciaremos as adequações pertinentes.

Assim, Exmo. Senhor Presidente da República, damos mais um passo inequívoco ao processo de modernização institucional liderado por Vossa Excelência.

Com meus respeitos, segue à consideração de Vossa Excelência.

Brasília, de fevereiro de 2005

Ricardo José Ribeiro Berzoini

Ministro de Estado do Trabalho e do Emprego

avaliação e eventual encaminhamento ao Congresso Nacional. Sem ignorar as divergências que se explicitaram nas sucessivas rodadas de negociação, é inegável que os consensos obtidos superaram as expectativas. É preciso, portanto, saudar o esforço dos representantes de trabalhadores e de empregadores que negociaram até o limite da exaustão em busca de um novo padrão jurídico-institucional para as relações coletivas de trabalho no Brasil. Foi precisamente a valorização do diálogo e da negociação que pautou a atuação do governo. Isso implicou abdicar de uma proposta preliminar do Poder Executivo, que servisse de guia para o debate, em nome do consenso possível entre os principais interessados na reforma sindical - os próprios atores do mundo do trabalho.

A ênfase no diálogo social não significou, porém, ausência de orientação por parte deste Ministério quanto aos objetivos da pretendida reforma da legislação sindical, que foi pautada por um claro diagnóstico dos problemas que derivam do atual modelo de organização sindical, de negociação coletiva e de solução de conflitos do trabalho.

Como se sabe, o atual sistema de relações de trabalho é herdeiro de uma tradição corporativista que remonta à década de 1930 e cujos fundamentos persistem até hoje, apesar dos inúmeros questionamentos à sua atualidade e funcionalidade. As mudanças introduzidas ao longo dos anos desfiguraram os propósitos originais desse sistema, mas não conduziram à plena democratização das relações de trabalho.

A Constituição de 1988 pôs fim à interferência e à intervenção do Poder Público na organização sindical, restabeleceu o direito de greve e consagrou o princípio da livre associação sindical e profissional. Ao mesmo tempo manteve a unicidade, o sistema confederativo, a contribuição sindical obrigatória, o poder normativo da Justiça do Trabalho e ainda criou a contribuição confederativa, que possibilitou o acesso a mais uma fonte de custeio para as entidades sindicais sem garantia de contrapartidas aos seus representados. O fim do controle político e administrativo das entidades sindicais representou inegável avanço e tornou nulas as normas de enquadramento sindical e a exigência de autorização prévia para a criação de entidade sindical. Mas, diante da determinação constitucional de registro no órgão competente sem a devida regulamentação, o Ministério do Trabalho e Emprego, por decisão do Poder Judiciário, continuou a desempenhar esse papel.

Desde então, este Ministério enfrenta a difícil tarefa de disciplinar o registro sindical, por meio de instrumentos normativos de caráter administrativo, tendo que observar o princípio da unicidade sem afrontar a liberdade sindical. Isso tem sido motivo de grande insatisfação e de inúmeras decisões judiciais com entendimentos contraditórios.

A Constituição da República também assegurou aos servidores públicos o direito a livre associação sindical e o direito de greve, nos termos e nos limites definidos em lei específica. Contudo, os servidores não foram contemplados com o direito à negociação coletiva e continua pendente a regulamentação do exercício do direito de greve, assuntos que estão sendo apreciados pelo Fórum por meio da Câmara Setorial do Serviço Público. Outro avanço inscrito na Constituição de 1988 foi o estabelecimento da garantia de eleição de um representante dos trabalhadores em empresas com mais de duzentos empregados, com a finalidade exclusiva de promover-lhes o entendimento direto com os empregadores. Na prática, porém, esse direito não se efetivou por falta de regulamentação legal. Descompasso semelhante ocorreu em relação às centrais sindicais. Organizadas à margem das imposições legais, algumas delas se firmaram como as principais entidades nacionais de representação dos trabalhadores. Mas se as centrais conquistaram reconhecimento político-institucional, como indica a sua crescente participação em conselhos e fóruns públicos, não tiveram assegurada em lei a personalidade sindical.

Enfim, o texto constitucional refletiu o estágio das lutas sindicais e a dinâmica das relações de trabalho característicos do período de redemocratização nacional. Contudo, a tentativa de conciliação da liberdade sindical com a unicidade sindical revelou-se contraditória e abriu brechas para a pulverização de entidades sindicais e para o surgimento de "sindicatos de carimbo". O aumento significativo do número de entidades sindicais nos últimos anos, que já ultrapassa dezoito mil, resultou menos do avanço na organização sindical e bem mais da fragmentação de entidades preexistentes, em um processo que está enfraquecendo tanto a representação de trabalhadores como a de empregadores, tendência que a vigência da unicidade não tem sido capaz de impedir.

É certo que não são poucas as entidades sindicais que possuem ampla representatividade e capacidade de atuação, mas isso contrasta com a proliferação de sindicatos cada vez menores e menos representativos, o que só reitera a necessidade de superação do atual sistema, há anos criticado por sua baixa representatividade e reduzida sujeição ao controle social. Quanto à negociação coletiva, houve nos últimos anos um aumento do número de acordos coletivos e uma queda no número de julgamentos de dissídios coletivos, segundo dados oficiais do Tribunal Superior do Trabalho. Mas esse crescimento deve ser ponderado, pois a possibilidade de recolhimento da contribuição confederativa estimulou o aumento artificial do número de acordos coletivos. Também ocorreu uma dispersão da negociação coletiva, traduzida em sua progressiva descentralização para as empresas e que reflete, em certa medida, a tendência à pulverização sindical. Ademais, o processo de negociação coletiva continuou restrito ao momento da data-base e limitado em sua abrangência e níveis de articulação.

A Justiça do Trabalho, por sua vez, continuou a desempenhar relevante papel. Contudo, o próprio Tribunal Superior do Trabalho admite que o país se tornou recordista em volume de reclamações trabalhistas. Além disso, a prevalência de soluções judiciais para conflitos de interesses tem representado, muitas vezes, a persistência de impasses que poderiam ser resolvidos por meio de composição voluntária, com segurança jurídica e sem prejuízo do acesso ao Poder Judiciário.

Essas e outras questões suscitam há décadas o debate público e indicam a necessidade de aprimorar o atual sistema de relações de trabalho, tarefa que exigirá operações complexas e que trará conseqüências tanto para os atores sociais como para as diferentes esferas do Poder Público ligadas à regulação do trabalho.

Não se trata, porém, de mera alteração legislativa, mas de um amplo reordenamento jurídico-institucional de caráter sistêmico que, do ponto de vista normativo, deverá envolver o Direito Sindical, a Legislação do Trabalho, o Direito Processual do Trabalho, os órgãos de Administração Pública do Trabalho e a Justiça do Trabalho.

A reforma sindical é o primeiro passo. A prioridade conferida a ela não decorre de motivações estritamente políticas, mas do entendimento de que a redefinição do sistema de relações coletivas de trabalho deve ser o centro dinâmico de qualquer esforço de democratização das relações de trabalho, precedendo, assim, a revisão dos demais institutos que regulam o trabalho no Brasil.

Ao contrário de se inspirar em um modelo doutrinário preconcebido, o presente anteprojeto de lei considerou a realidade atual do sindicalismo brasileiro, a dinâmica das relações coletivas de trabalho e o desejo de mudança dos próprios atores sociais, sem perder de vista a necessidade de incorporar princípios consagrados pelo direito internacional e supranacional.

Nos limites desta exposição de motivos, cabe destacar os principais objetivos da reforma sindical:

a) o fortalecimento da representação sindical, de trabalhadores e de empregadores, em todos os níveis e âmbitos de representação;

b) o estabelecimento de critérios de representatividade, organização sindical e democracia interna;

c) a definição de garantias eficazes de proteção à liberdade sindical e de prevenção de condutas anti-sindicais;

d) a promoção da negociação coletiva como procedimento fundamental do diálogo entre trabalhadores e empregadores;

e) a extinção de qualquer recurso de natureza para-fiscal para custeio de entidades sindicais e a criação da contribuição de negociação coletiva;

f) o estímulo à adoção de meios de composição voluntária de conflitos do trabalho, sem prejuízo do acesso ao Poder Judiciário;

g) o reconhecimento da boa-fé como fundamento do diálogo social e da negociação coletiva;

h) a democratização da gestão das políticas públicas na área de relações de trabalho por meio do estímulo ao diálogo social;

i) a disciplina do exercício do direito de greve no contexto de uma ampla legislação sindical indutora da negociação coletiva;

j) a disposição de mecanismos processuais voltados à eficácia dos direitos materiais, da ação coletiva e da vocação jurisdicional da Justiça do Trabalho; e,

k) a definição de regras claras de transição para que as entidades sindicais preexistentes possam se adaptar às novas regras.

Essa reforma, exaustivamente submetida à apreciação dos atores sociais, irá ao mesmo tempo valorizar a nossa cultura sindical e incorporar o princípio da autonomia privada coletiva, elevando a negociação coletiva à condição de meio preferencial para o reconhecimento e plena eficácia da liberdade sindical, em sintonia com o cenário jurídico predominante nas democracias contemporâneas. Mas, como indica a experiência internacional, até mesmo em um contexto de ampla liberdade sindical não se pode prescindir de algum critério para identificar as entidades sindicais com um mínimo de representatividade. Se há o propósito de atribuir maior importância à negociação coletiva do trabalho, é indispensável identificar os atores da negociação habilitados ao exercício legítimo desse direito. Qualquer entidade, independentemente de seu número de associados, poderá vir a se constituir em sindicato. Contudo, o exercício das prerrogativas asseguradas em lei, entre as quais a de instaurar o processo de negociação coletiva, exigirá um mínimo de representatividade do proponente, legitimando-o a exigir da contraparte a atenção e a qualificação necessárias ao pleno exercício da negociação coletiva.

Sem dúvida, a nova dimensão conferida à negociação coletiva deverá contribuir para a revitalização de confederações, federações e sindicatos. As confederações e federações, que hoje só negociam facultativamente, terão a prerrogativa de negociar em seus respectivos âmbitos de atuação. Os sindicatos não apenas irão preservar as suas prerrogativas de negociação como a celebração de qualquer contrato coletivo de trabalho estará sujeita ao crivo de seus representados. A mesma orientação deverá nortear o novo modelo de organização sindical. O reconhecimento da personalidade sindical das centrais e o fortalecimento das confederações e federações dependerão da representatividade dos sindicatos, que serão a fonte legitimadora das entidades de nível superior e a unidade fundamental de representação e negociação coletiva, de trabalhadores e de empregadores. O reconhecimento da personalidade sindical das centrais irá conferir estatuto jurídico à realidade de fato. Não se justifica o receio de que elas possam concorrer com os sindicatos ou comprometer suas prerrogativas de negociação. Para além de sua atuação de caráter político-institucional, o papel das centrais no processo de negociação coletiva será o de articular os interesses do conjunto de seus representados, cabendo às suas confederações, federações e sindicatos a tarefa efetiva de negociar em seus respectivos níveis e âmbitos de representação.

Ainda no campo da organização sindical, será possível que continuem a ser únicos os sindicatos que já são reconhecidos pelo Ministério do Trabalho e Emprego. A chamada exclusividade de representação constitui, na verdade, uma garantia àqueles que defendem a manutenção da unicidade sindical. A exclusividade dependerá, no entanto, do aval dos próprios representados, da comprovação de representatividade e da adesão a normas estatutárias que garantam os princípios democráticos que assegurem ampla participação dos representados, além de perder o seu caráter vitalício.

No que se refere à sustentação financeira, prevê-se a extinção imediata das contribuições confederativa e assistencial e a extinção gradual da contribuição sindical obrigatória, que deverão ser substituídas pela contribuição de negociação coletiva. Essa contribuição, que terá um teto, estará condicionada ao exercício da negociação coletiva e à prestação de serviços por parte das entidades sindicais aos seus representados, corrigindo uma das distorções do sistema atual.

Se este anteprojeto for acolhido pelo Congresso Nacional, também serão incorporados ao nosso ordenamento jurídico diversos institutos em vigor no direito estrangeiro, como a já mencionada tipificação das condutas anti-sindicais, a caracterização do que se compreende por boa-fé, o delineamento da proteção à liberdade sindical, a promoção efetiva da negociação coletiva e o refinamento dos mecanismos de tutela jurisdicional. Nesse último caso, procurou-se consolidar os mecanismos de tutela consagrados no direito processual civil, mas de aplicação ainda discutida na esfera do processo do trabalho. A base do processo coletivo comum, formada pelo Código de Defesa do Consumidor e pela Lei da Ação Civil Pública, foi incorporada de maneira a conferir maior atualidade aos mecanismos de tutela jurisdicional coletiva.

A proposta acordada pelos representantes do governo, dos trabalhadores e dos empregadores visa facilitar o acesso à Justiça e a universalização da tutela jurisdicional assegurada pela Constituição da República, sem ferir as garantias do devido processo legal, notadamente do direito ao contraditório e de ampla defesa do trabalhador e do empregador.

Outra alteração sugerida diz respeito ao exercício do poder normativo da Justiça do Trabalho, que ao longo do tempo se revelou um mecanismo de desestímulo à negociação coletiva. Para

A Liberdade Sindical

resolver conflitos coletivos de interesses, trabalhadores e empregadores poderão recorrer, de comum acordo, à arbitragem privada ou a um procedimento de jurisdição voluntária no Tribunal do Trabalho. Também se deseja rever a ação judicial em matéria de greve, ajustando-a ao regime de liberdade sindical. A possibilidade jurídica de emissão de ordem para o retorno dos trabalhadores ao serviço ficará restrita às graves situações em que estejam em jogo os interesses maiores da comunidade ou quando houver risco de prejuízos irreversíveis a pessoas ou ao patrimônio do empregador ou de terceiros. Ressalte-se, ainda, a criação do Conselho Nacional de Relações do Trabalho - CNRT, concebido como um órgão tripartite e paritário, em consonância com as normas da Organização Internacional do Trabalho. Mais do que institucionalizar a prática já em curso do diálogo social, o CNRT terá a missão de democratizar a gestão pública no trato de questões pertinentes às relações coletivas de trabalho, de maneira a induzir a atuação do Poder Público em direção aos legítimos interesses dos atores sociais.

Por fim, este anteprojeto de lei quer dar um passo decisivo para que, de fato, seja assegurado o direito de representação dos trabalhadores nos locais de trabalho. Nesse ponto houve consenso quanto à relevância deste direito, mas não quanto à sua materialização. Todavia, o governo considerou que tal garantia é imprescindível para dinamizar o relacionamento entre trabalhadores e empregadores, sobretudo para estimular o diálogo social e prevenir conflitos a partir dos locais de trabalho.

Além da divergência já mencionada, que levou o governo a impulsionar unilateralmente o processo legislativo, há outros dispositivos que não foram objeto de consenso com as representações de empregadores[198] e de trabalhadores.[199] Há, ainda, outros dispositivos que incorporam os consensos registrados no Relatório Final da Reforma Sindical, mas sobre os quais houve divergências de interpretação com os representantes de empregadores.[200]

Alguns aspectos do anteprojeto não tiveram origem nos consensos, mas se justificam pela necessidade de ajuste sistêmico e não são contraditórios com eles. Como não se tratava de uma reforma meramente pontual da legislação sindical, foi necessário articular, agregar e dispor coerentemente em um único diploma normativo os institutos afins dispersos no ordenamento jurídico nacional, em nome da clareza e da segurança jurídica.

Tenho a convicção de que essas divergências poderão ser superadas na nova etapa de diálogo e negociação que terá início com o envio deste anteprojeto de lei ao Congresso Nacional, a quem caberá soberanamente decidir sobre o formato final da nova legislação sindical brasileira, considerando, porém, as relevantes contribuições que tiveram origem no Fórum e que estão traduzidas nesta iniciativa do Poder Executivo.

A reforma da legislação sindical dependerá, ainda, de mudanças na Carta de 1988. Com a revogação e alteração de alguns dispositivos constitucionais, conforme a Proposta de Emenda Constitucional também sugerida por este Ministério a Vossa Excelência, estará aberto o caminho para que o Poder Legislativo dê prosseguimento ao debate e à avaliação das proposições aqui detalhadas.

Pelos motivos que acabo de expor, Excelentíssimo Senhor Presidente da República, passo às mãos de Vossa Excelência o presente anteprojeto de lei, confiante de que com a sua acolhida e as contribuições provenientes do debate parlamentar estará cumprida mais uma etapa para dotar o país de instituições verdadeiramente democráticas e sintonizadas com as novas exigências do desenvolvimento nacional e do mundo do trabalho.

Brasília, de fevereiro de 2005.

Ricardo José Ribeiro Berzoini
Ministro de Estado do Trabalho e do Emprego.

---

[198] Artigos sem consenso com os empregadores: 27, Título III (arts. 59 a 92), 175, 176, 189, 223, 224, 232 e 237, 205, 210, 212, 213.

[199] Artigos sem consenso com os trabalhadores: 27, Título III (arts. 59 a 92), capítulo IV (arts. 178 a 187).

[200] Artigos com divergência de interpretação com os empregadores: 94.

3.1. Constituição de sindicatos – investidura sindical

No que diz respeito à constituição de sindicatos, a Proposta de Emenda Constitucional apresenta um retrocesso. Eis a redação proposta do artigo 8º, no aspecto:

> É assegurada a liberdade sindical, observado o seguinte:
> I-A – o Estado não poderá exigir autorização para fundação de entidade sindical, ressalvado o registro no órgão competente, vedadas ao Poder Público a interferência e a intervenção nas entidades sindicais;
> I-B – o Estado atribuirá personalidade sindical às entidades que, na forma da lei, atenderem requisitos de representatividade, de participação democrática dos representados e de agregação que assegurem a compatibilidade de representação em todos os níveis e âmbitos da negociação coletiva;

O texto acima transcrito apresenta clara antinomia interna, já que, no *caput*, diz ser assegurada a liberdade sindical e, no inciso I-B, condiciona esta liberdade ao controle do Estado.

No anteprojeto, a limitação à constituição de entidades sindicais está expressa nos artigos 4º;[201] 8º, *caput*; 8º, §§ 2º e 3º;[202] 10, inciso I e II;[203] 11, *caput*; 11, § 1º;[204] 12, *caput*; e 12, §§ 1º e 2º.[205]

O sistema vigente não prevê hipóteses em que o Estado atribui personalidade sindical às novas entidades. Este modelo intervencionis-

---

[201] "Art. 4º. Os trabalhadores e os empregadores têm direito de constituir entidades para fins sindicais, sem autorização prévia, cumprindo ao Ministério do Trabalho e Emprego o reconhecimento de representatividade."

[202] "Art. 8º. A aquisição da personalidade sindical, que habilita ao exercício das atribuições e das prerrogativas sindicais, depende do prévio registro dos atos constitutivos da entidade e do reconhecimento de representatividade.
[...] § 2º. O reconhecimento da representatividade será requerido pela entidade sindical e será acompanhado de cópias autenticadas do estatuto, bem como das atas da assembléia de fundação e da última eleição de diretoria.
§ 3º. A personalidade sindical será atribuída por ato do Ministro do Trabalho e Emprego sempre que forem preenchidos os requisitos de representatividade estabelecidos nesta Lei, ressalvada a hipótese de exclusividade de representação, disciplinada no Capítulo V deste Título."

[203] "Art. 10. A representatividade da entidade sindical será:
I – comprovada, quando satisfeitos os requisitos de representatividade em cada âmbito de representação;
II – derivada, quando transferida da central sindical, confederação ou federação possuidora de representatividade comprovada."

[204] "Art. 11. A obtenção de personalidade sindical por representatividade derivada pressupõe índice de representatividade comprovada acima do exigido para a preservação da personalidade sindical da entidade transferidora e suficiente para a aquisição ou preservação da personalidade sindical pela entidade beneficiada.
§ 1º. A aquisição ou a preservação da personalidade sindical por representatividade derivada vinculará a entidade beneficiada à estrutura organizativa da entidade transferidora, na forma do estatuto desta última."

[205] "Art. 12. Os índices de representatividade deverão ser confirmados sempre que houver contestação por qualquer outra entidade com ou sem personalidade sindical no mesmo âmbito de representação, desde que seja observado o intervalo mínimo de 3 (três) anos a partir da data da aquisição da personalidade sindical ou da última confirmação de representatividade.
§ 1º. Os procedimentos e prazos relativos à contestação e à confirmação de representatividade serão definidos pelo CNRT e publicados por ato do Ministro do Trabalho e Emprego.
§ 2º. Quando não for confirmada a representatividade, a entidade perderá a personalidade sindical."

A Liberdade Sindical

ta foi abolido com a promulgação da atual Constituição Federal. Se aprovada a reforma conforme os textos propostos, configurar-se-á claro retrocesso no sistema sindical brasileiro, além de ferir de morte o sentido de liberdade sindical propugnado pela Organização Internacional do Trabalho.

3.2. INGRESSO E SAÍDA INDIVIDUAL DO SINDICATO

No particular, não há alteração na Proposta de Emenda Constitucional e no Anteprojeto de Lei. A liberdade de ingresso e saída do sindicato, conforme previsto nos artigos 5º, inciso XX e 8º, inciso V, da Constituição Federal de 1988, não sofre alterações.

O anteprojeto de lei faz referência à manutenção da liberdade de ingresso e saída no artigo 5º, que refere que "os trabalhadores e empregadores têm o direito de livre filiação, participação, permanência e desligamento das entidades sindicais que escolherem."

3.3. ENQUADRAMENTO SINDICAL

A Proposta de Emenda Constitucional aboliu do texto a expressão *categoria*. No seu lugar, são utilizadas as expressões *representatividade* (art. 8º, inciso I-B), *representados* (art. 8º, inciso I-B), *representação* (art. 8º, inciso III) e *abrangidos pela negociação* (art. 8º, inciso IV). De qualquer modo, não há referência ao enquadramento na PEC.

O Anteprojeto de Lei utiliza as expressões *setor econômico* ou *ramo de atividade* no lugar da expressão *categoria*.

O artigo 9º, inserido no Capítulo que trata da *Personalidade Sindical*, expressa:

Art. 9º. A agregação de trabalhadores e de empregadores nas respectivas entidades sindicais será definida por setor econômico, por ramo de atividade ou, quando se tratar de central sindical, pela coordenação entre setores econômicos e ramos de atividades.

§ 1º Os setores econômicos e os ramos de atividades serão definidos por ato do Ministro do Trabalho e do Emprego, mediante proposta de iniciativa do Conselho Nacional de Relações de Trabalho – CNRT.

§ 2º A proposta de que trata o parágrafo anterior deverá respeitar as diferenças de organização entre as entidades sindicais de trabalhadores e de empregadores e assegurar a compatibilidade de representação dos atores coletivos para todos os níveis e âmbitos da negociação coletiva.

Assim, verifica-se, no texto apresentado no Congresso Nacional, que há proposta de modificação das chamadas atualmente *categoria profissional* e *categoria econômica* para *setor econômico* e/ou *ramo de atividade*.

A Consolidação das Leis do Trabalho, se aprovado o Anteprojeto como foi apresentado, terá revogados os artigos 511 a 625, 625-A a 625-H e 856 a 875.[206]

O ataque à liberdade sindical, contudo, fica claro no aspecto de o Anteprojeto não definir os conceitos de *setor econômico* e *ramo de atividade*, delegando tal definição a ato do Ministro do Trabalho e do Emprego. O artigo 18 do Anteprojeto refere que os sindicatos de trabalhadores constituir-se-ão a partir da atividade preponderante dos empregadores, e o artigo 32 do Anteprojeto refere que os sindicatos de empregadores serão constituídos pelo (ainda inexistente) critério do setor econômico ou ramo de atividade preponderante das empresas ou das unidades econômicas.

Caracteriza-se, assim, evidente retrocesso ao período anterior à promulgação da atual Constituição Federal, quando o então denomina-do *enquadramento sindical*[207] era definido também por ato do Ministro do Trabalho.

3.4. ADMINISTRAÇÃO INTERNA

A Proposta de Emenda Constitucional mantém o texto atual no artigo 8º, inciso I-A:

> Art. 8º. [...]
> I-A – o Estado não poderá exigir autorização para fundação de entidade sindical, ressalvado o registro no órgão competente, vedadas ao Poder Público a interferência e a intervenção nas entidades sindicais;

É importante ressaltar, contudo, que, tecnicamente, o texto atual é melhor,[208] pois quem não pode exigir autorização é a lei e quem não deve ter a prerrogativa de dar esta autorização é o Estado. Há evidente erro de redação na construção do novo texto.

O Anteprojeto de Lei, por outro lado, faz referência à matéria no artigo 6º:

> As entidades sindicais de trabalhadores e de empregadores podem eleger livremente seus representantes, organizar sua estrutura representativa e sua administração, formular seu programa de ação, filiar-se às respectivas organizações internacionais e elaborar seus estatutos, observando princípios democráticos que assegurem ampla participação dos representados.

No aspecto da organização interna, as regras ficarão, portanto, mais claras se aprovado no novo texto.

---

[206] Cf. art. 237 do Anteprojeto de Lei.

[207] Ver Consolidação das Leis do Trabalho nos artigos 570 a 577.

[208] "Art. 8º. É livre a associação profissional ou sindical, observado o seguinte:
I – a lei não poderá exigir autorização do Estado para a fundação de sindicato, ressalvado o registro no órgão competente, vedadas ao Poder Público a interferência e a intervenção na organização sindical;"

A Liberdade Sindical

3.5. Constituição de órgãos superiores

Na medida em que a Proposta de Emenda Constitucional não faz referência a sindicatos, mas a entidades sindicais, entende-se que o texto leva em consideração todo o sistema – sindicatos, federações e confederações. Assim, também aqui há retrocesso, na medida em que o já referido inciso I-B, do artigo 8°, na redação dada pela PEC, impõe limites à liberdade de aquisição de personalidade jurídica sindical.

O Anteprojeto de Lei apresenta a novidade de incluir as Centrais Sindicais como entidades de direito no sistema.

Todavia, assim como em relação aos sindicatos (entidades de base), o Anteprojeto limita a criação de todos os órgãos superiores – de empregados (artigos 19 a 23) e de empregadores (artigos 33 a 35) – ao impor requisitos para o reconhecimento da representatividade.

3.6. Filiação a organizações internacionais

A Proposta de Emenda Constitucional silencia no aspecto.

O Anteprojeto de Lei, como referido no item anterior, também deixa mais clara a possibilidade de filiação das entidades sindicais a organizações sindicais, no artigo 6°: "as entidades sindicais de trabalhadores e de empregadores podem eleger livremente seus representantes, organizar sua estrutura representativa e sua administração, formular seu programa de ação, filiar-se às respectivas organizações internacionais e elaborar seus estatutos, observando princípios democráticos que assegurem ampla participação dos representados."

3.7. Unicidade ou pluralidade sindical

O inciso II do artigo 8° que na redação atual,[209] é o dispositivo que impõe a unicidade sindical, aparece revogado na Proposta de Emenda Constitucional.

O Anteprojeto de Lei, por sua vez, apresenta a proposição de que, tanto entidades sindicais de empregados[210] quanto entidades sindicais

---

[209] "Art. 8°. [...]
II – é vedada a criação de mais de uma organização sindical, em qualquer grau, representativa de categoria profissional ou econômica, na mesma base territorial, que será definida pelos trabalhadores ou empregadores interessados, não podendo ser inferior à área de um município."

[210] Ver artigos 22 e 23 do Anteprojeto de Lei:
"Art. 22. O sindicato obtém representatividade mediante vinculação a central sindical, ou a confederação, ou à federação ou mediante filiação de número igual ou superior a 20% (vinte por cento) dos trabalhadores no âmbito de representação".
"Art. 23. Para aferição da representatividade será considerada a relação entre o número de

de empregadores,[211] deverão comprovar número igual ou superior a 20% (vinte por cento) dos trabalhadores e das empresas do seu âmbito de representação. Os sindicatos de empregados têm a prerrogativa de obter representatividade mediante vinculação à Central Sindical, ou à Confederação, ou à Federação, e os sindicatos de empregadores têm a prerrogativa de obter representatividade mediante vinculação à Confederação ou à Federação, o que torna obscura a real e verdadeira representatividade na base em ambos os casos.

O sistema de intervenção estatal no sistema sindical não mudará de forma substancial se aprovado o Anteprojeto de Lei com o texto conforme apresentado. Não se trata de discutir se há unicidade sindical (um sindicato representativo de categoria econômica e um sindicato representativo de categoria profissional na mesma base territorial não inferior a um município) ou não há unicidade sindical. Trata-se, sim, de inserir qualquer regra acerca da existência ou não de limitações ao princípio constitucional da liberdade e à regra de liberdade sindical prevista na Convenção 87 da Organização Internacional do Trabalho. Desta forma, a ausência de liberdade sindical permanece, pois está prevista a limitação de, no máximo, cinco sindicatos – e, por razões matemáticas, nunca se chegará a cinco – de empregados e de empregadores na mesma base territorial.

Além do limite acima referido, o Anteprojeto prevê, ainda, a manutenção da unicidade sindical por um período de até sete anos.[212]

---

filiados e o número de trabalhadores que estejam efetivamente empregados no âmbito de representação do sindicato".

[211] Ver artigo 35 do Anteprojeto de Lei: "O sindicato obtém representatividade mediante vinculação a confederação ou a federação ou com a observância de 2 (dois) dos seguintes requisitos:
I – filiação de número igual ou superior a 20% (vinte por cento) das empresas ou unidades econômicas em seu âmbito de representação;
II – filiação de empresas ou unidades econômicas, cuja soma de capital social seja igual ou superior a 20% (vinte por cento) da soma do capital social das empresas ou unidades econômicas no respectivo âmbito de representação;"

[212] Ver artigos 215 e 216 do Anteprojeto de Lei:
"Art. 215. O período de transição para a aplicação das normas de que trata o Título I desta Lei será de:
I – 36 (trinta e seis) meses para as entidades de trabalhadores, prorrogáveis por 24 (vinte e quatro) meses, por solicitação da entidade sindical ao Ministério do Trabalho e Emprego, conforme a análise de desempenho dos índices de sindicalização pela Câmara Bipartite, contados da data de início de vigência desta Lei;
II – 60 (sessenta) meses para as entidades de empregadores, prorrogáveis por 24 (vinte e quatro) meses, por solicitação da entidade sindical ao Ministério do Trabalho e Emprego, conforme a análise de desempenho dos índices de sindicalização pela Câmara Bipartite, contados da data de início da vigência desta Lei."
"Art. 216. Durante o período de transição, a entidade sindical com registro concedido anteriormente ao início da vigência desta Lei preservará a personalidade sindical.
Parágrafo único. A representatividade sindical será cancelada se, até 3 (três) meses após o término do período de transição, a entidade não comprovar a representatividade perante o Ministério do Trabalho e Emprego."

A Liberdade Sindical

O Capítulo V, do Título II, sob a denominação de *Da Exclusividade de Representação*, assim dispõe:

Art. 38. Para os fins desta Lei, considera-se exclusividade de representação a concessão de personalidade sindical a um único sindicato no respectivo âmbito de representação.

Art. 39. O sindicato que obteve registro antes da vigência desta Lei poderá obter a exclusividade de representação mediante deliberação de assembléia de filiados e não-filiados e a inclusão em seu estatuto de normas destinadas a garantir princípios democráticos que assegurem ampla participação dos representados.

Parágrafo único. As condições para a obtenção da exclusividade de representação deverão ser comprovadas no prazo de 12 (doze) meses, contados da data da aprovação, pelo Ministro do Trabalho e Emprego, dos requisitos estatutários propostos pelo CNRT, período durante o qual o sindicato conservará a exclusividade no respectivo âmbito de representação.

A Agência Câmara de Notícias[213] chegou a informar que a reforma manterá a unicidade sindical e a ausência de liberdade sindical, o que é verdade:

Reforma mantém a unicidade sindical

A proposta de emenda à Constituição (PEC) da Reforma Sindical, entregue hoje à Câmara pelo ministro do Trabalho, Ricardo Berzoini, tem como principal objetivo modernizar o modelo sindical em vigor no Brasil há mais de 70 anos. Apesar de incluir avanços, como a ampliação do raio de ação dos sindicatos em favor de seus representados e a democratização dos estatutos dessas entidades, a Reforma mantém a unicidade sindical – pela qual cada setor só pode ter um sindicato em cada base territorial – para os atuais sindicatos, o que impedirá o País de ratificar a Convenção 87 da Organização Internacional do Trabalho (OIT).

Representantes sindicais no Fórum Nacional do Trabalho (FNT), entidade que elaborou o anteprojeto, fizeram pressão para manter as atuais posições. O argumento é de que os sindicatos representativos e atuantes precisam ser preservados. Quem vai determinar se um sindicato cumpre esses requisitos é o Ministério do Trabalho e Emprego.

Pela proposta, os sindicatos deixam de se organizar por categorias para representar setores econômicos e ramos de atividade. Por esse modelo, categorias diversas dentro de uma mesma empresa, por exemplo, poderão ser representadas pelo mesmo sindicato. No entanto, o texto não define o que é setor econômico e ramo de atividade.

O Secretário de Relações de Trabalho do Ministério do Trabalho e Emprego, Osvaldo Bargas, que também coordena o Fórum Nacional do Trabalho, admitiu que, inicialmente, o objetivo era ajustar o direito sindical brasileiro aos princípios estipulados na Convenção 87 da OIT. De acordo com Bargas, o Governo acabou cedendo e a proposta ficou menos democrática do que o ideal. "É uma aberração", disse sobre a manutenção da unicidade para os atuais sindicatos. "Eu sou contra. Poucos países hoje mantém o monopólio da representação", disse.

Liberdade Sindical

A reforma proposta pode atrelar ainda mais os sindicatos ao Estado. O artigo 8 da Constituição Federal poderá ganhar mais um inciso com restrições à liberdade sindical. De acordo com o novo dispositivo, o Estado atribuirá personalidade sindical apenas às entidades representativas. Em países avançados nessa matéria, como a Itália e os Estados Unidos, esse tipo de juízo não cabe ao Estado, mas aos próprios trabalhadores. Pela proposta do Governo, apenas os sindicatos que representarem 20% de todos os trabalhadores envolvidos na negociação terão legitimidade para fechar acordos.

O triste argumento de que sindicatos representativos e atuantes precisam ser preservados chega a ser infantil. Os sindicatos verdadeiramente representativos e atuantes são os únicos que sobreviveriam em

---

[213] Texto publicado na página http://www.camara.gov.br, no dia 2 de março de 2005.

um sistema de real liberdade sindical. A ausência de qualquer intervenção estatal (limite de sindicatos por base territorial, personalidade sindical, contribuições de qualquer natureza e outros) manteria vigentes as entidades efetivamente representativas. As demais entidades sindicais – "sindicatos pelegos" que representam única e exclusivamente interesses pessoais que se perpetuam no poder sob o manto estatal da unicidade e da contribuição compulsória, que serão mantidos se aprovado o texto original do Anteprojeto de Lei – seriam condenadas à merecida extinção.

3.8. CONTRIBUIÇÃO SINDICAL COMPULSÓRIA

A contribuição permanece compulsória. Apenas teve o seu nome alterado de *contribuição sindical* para *contribuição de negociação coletiva.*

A nova *contribuição de negociação coletiva*, prevista no Capítulo VI do Anteprojeto, nos artigos 45 a 58, "é o valor devido em favor das entidades sindicais, com periodicidade anual, fundada na participação na negociação coletiva ou no efeito geral do seu resultado, ainda que por meio de sentença proferida na forma do Capítulo V, do Título VII, desta Lei." (art. 45, *caput).*

A real afronta ao princípio da liberdade sindical é o § 2º do referido artigo 45: "Observadas as exigências desta Lei, a cobrança da contribuição de negociação coletiva aprovada em assembléia geral não comportará oposição."

Para os empregados, a contribuição será de até 1% (um por cento) do valor da remuneração recebida no ano anterior ao do desconto (art. 48 do Anteprojeto de Lei), ou seja, além da manutenção da contribuição compulsória, ela ficará muito mais cara para os empregados (hoje é de um dia de salário mensal, por ano).

A contribuição dos empregadores será de 0,8% (oito décimos percentuais) do valor do capital social (art. 52 do Anteprojeto de Lei).

Da arrecadação dos empregados, 10% (dez por cento) irá para as centrais sindicais; 5% (cinco por cento), para as confederações; 10% (dez por cento), para as federações; 70% (setenta por cento), para os sindicatos; e, 5% (cinco por cento), para o Fundo Solidário de Promoção Sindical (FSPS) (art. 50 do Anteprojeto de Lei).

De tudo o que for arrecadado pelos empregadores, 10% (dez por cento) irá para as confederações; 20% (vinte por cento), para as federações; 65% (sessenta e cinco por cento), para os sindicatos; e 5% (cinco por cento), para o Fundo Solidário de Promoção Sindical (FSPS) (art. 55 do Anteprojeto de Lei).

O FSPS está regulado nos artigos 131 e 132 do Anteprojeto de Lei.

Por outro lado, a atual contribuição sindical permanece vigente durante o período previsto nos artigos 220 e 221 do Anteprojeto de Lei.

Em um sistema de verdadeira liberdade sindical, deveria existir apenas a *contribuição associativa*, como fonte natural de arrecadação e de receita das entidades sindicais representativas de empregados e de empregadores.

3.9. NEGOCIAÇÃO COLETIVA

A Proposta de Emenda Constitucional fala em negociação coletiva no novo inciso I-B do artigo 8°, que, contraditoriamente, é o dispositivo que restringe e traz retrocesso à idéia de liberdade sindical.

No Anteprojeto de Lei, a negociação coletiva é referida em dois momentos: no Título III, que trata da representação dos trabalhadores nos locais de trabalho, e no Título IV, denominado *Do Diálogo Social, da Negociação Coletiva e do Contrato Coletivo de Trabalho.*

Na medida em que o Anteprojeto de Lei institui a representação dos trabalhadores nas empresas, há referência de que a negociação coletiva pode ser conduzida diretamente pela representação dos trabalhadores.[214]

O Anteprojeto institui o *Diálogo Social*, a ser promovido pelo Estado e conduzido pelas Centrais Sindicais e pelas entidades sindicais de empregadores (art. 93, *caput* e parágrafo único).

No mesmo Título, há referência à negociação coletiva e ao contrato coletivo de trabalho.[215] [216]

---

[214] "Art. 88. A negociação coletiva na empresa poderá ser conduzida diretamente pela representação dos trabalhadores.
§ 1°. No prazo de até 5 (cinco) dias antes do início da negociação coletiva, o sindicato deverá ser notificado sobre o objeto da negociação e poderá avocar sua direção.
§ 2°. Em caso de omissão do sindicato, presume-se que a representação dos trabalhadores está autorizada a prosseguir na negociação coletiva.
§ 3°. Até a aprovação da proposta por assembléia de trabalhadores, o sindicato poderá avocar a direção da negociação coletiva.
§ 4°. Após a aprovação da proposta, a representação dos trabalhadores comunicará ao sindicato o acordo para a celebração do contrato coletivo.
§ 5°. Em caso de recusa do sindicato em celebrar o contrato coletivo, aplicar-se-á o disposto no art. 103 desta Lei."

[215] Ver artigos 93 a 105 do Anteprojeto de Lei.

[216] O Anteprojeto de Lei substitui as atuais *Convenção Coletiva de Trabalho* (art. 611, *caput*, da CLT e *Acordo Coletivo de Trabalho* (art. 611, 1, da CLT) pelos *Contratos Coletivos de Trabalho*. As definições dos novos termos a serem utilizados estão previstas no artigo 96 do Anteprojeto de Lei:
"Art. 96. Para os fins desta Lei, consideram-se:
I – atores coletivos, as entidades sindicais, os empregadores e as representações dos trabalhadores nos locais de trabalho;
II – negociação coletiva, o procedimento adotado pelos atores coletivos visando a celebração de contrato coletivo ou a resolução de conflitos coletivos de trabalho;
III – contrato coletivo, o negócio jurídico por meio do qual se estabelecem condições de trabalho e relações obrigacionais entre os atores coletivos;
IV – nível de negociação e de contrato coletivo, a empresa ou grupo de empresas, o ramo de atividade e o setor econômico."

Na medida em que o Anteprojeto de Lei revoga, entre outros, o artigo 611 e parágrafos da Consolidação das Leis do Trabalho, e que substitui os atuais instrumentos autocompositivos de solução dos conflitos coletivos de trabalho (convenção coletiva de trabalho e acordo coletivo de trabalho) por um novo instrumento (contrato coletivo de trabalho), deveria, também, a Proposta de Emenda Constitucional prever a alteração do inciso XXVI do artigo 7º da Constituição Federal de 1988, o que não ocorre.

3.10. PODER NORMATIVO DA JUSTIÇA DO TRABALHO

A Proposta de Emenda Constitucional nada refere a respeito. O texto decorrente da Emenda Constitucional nº 45 mantém um esdrúxulo poder normativo, ao criar um dissídio de comum acordo (art. 114, § 2º, da Constituição Federal de 1988).

O Anteprojeto de Lei abriu o Título VII – artigos 137 a 214 – para tratar *Da Tutela Jurisdicional.*

Assim, o Capítulo V, do referido Título VII, do Anteprojeto de Lei, denominado *Do Conflito Coletivo de Interesses*, prevê, nos artigos 188[217] e seguintes, a manutenção do poder normativo da Justiça do Trabalho.

3.11. EXERCÍCIO DO DIREITO DE GREVE

Não há modificação no texto da Proposta de Emenda Constitucional em relação ao direito de greve.

O Anteprojeto de Lei, contudo, revoga a vigente Lei de Greve (Lei número 7.783, de 28 de junho de 1989) [218] e passa a tratar do direito de greve no Título V – artigos 106 a 119.

Na maioria dos dispositivos, o Anteprojeto de Lei repete a Lei nº. 7.783/89, o que, como já referido, apenas disciplina o exercício do direito de greve pelos empregados, o que, indiscutivelmente se insere no âmbito da liberdade sindical.

É que, no caso da greve, existem terceiros envolvidos e interessados e, portanto, a liberdade para o seu exercício deve encontrar limites formais e materiais na legislação infraconstitucional.

---

[217] "Art. 188. No fracasso da negociação coletiva destinada à celebração ou à renovação de norma coletiva, os atores coletivos em conflito poderão, de comum acordo, provocar a atuação do tribunal do trabalho, de árbitro ou de órgão arbitral para o fim de criar, modificar ou extinguir condições de trabalho.
Parágrafo único. Consideram-se normas coletivas o contrato coletivo e a sentença proferida pelo tribunal do trabalho, por árbitro ou por órgão arbitral para a solução de conflito coletivo de interesses."

[218] Art. 237 do Anteprojeto de Lei.

A Liberdade Sindical

Apenas um aspecto da lei chama a atenção: diferentemente do atual artigo 2º, da Lei nº 7.783/89, o conceito de greve proposto no artigo 107.[219]

3.12. AS PRÁTICAS ANTI-SINDICAIS

As práticas anti-sindicais se configuram "sempre que o empregador comportar-se de maneira a impedir ou limitar a liberdade e a atividade sindical, bem como o exercício do direito de greve..."(art. 173 do Anteprojeto de Lei).

Nesses casos, através da ação de prevenção e repressão à conduta anti-sindical, os sindicatos de empregados buscarão a decisão com caráter executivo imediato, no sentido de cessar o comportamento ilegítimo (art. 173).

A lei configura, como práticas anti-sindicais, "subordinar a admissão ou a preservação do emprego à filiação ou não a uma entidade sindical" (art. 175, inciso I do Anteprojeto de Lei); subordinar a admissão ou a preservação do emprego ao desligamento de uma entidade sindical" (art. 175, inciso II); despedir ou discriminar trabalhador em razão de sua filiação a sindicato, participação em greve, atuação em entidade sindical ou em Representação dos Trabalhadores nos Locais de Trabalho (art. 175, inciso III); conceder tratamento econômico de favorecimento com caráter discriminatório em virtude de filiação ou atividade sindical (art. 175, inciso IV); interferir nas organizações sindicais de trabalhadores (art. 175, inciso V); induzir o trabalhador a requerer sua exclusão de processo instaurado por entidade sindical em defesa de direito individual (art. 175, inciso VI); contratar, fora dos limites desta Lei, mão-de-obra com o objetivo de substituir trabalhadores em greve (art. 175, inciso VII); contratar trabalhadores em quantidade ou por período superior ao que for razoável para garantir, durante a greve, a continuidade dos serviços mínimos nas atividades essenciais à comunidade ou destinados a evitar danos a pessoas ou prejuízo irreparável ao próprio patrimônio ou de terceiros (art. 175, inciso VIII); constranger o trabalhador a comparecer ao trabalho com o objetivo de frustrar ou dificultar o exercício do direito de greve (art. 175, inciso IX); e violar o dever de boa-fé na negociação coletiva (art. 175, inciso X).

---

[219] Anteprojeto de Lei:
"Art. 107. Entende-se por greve a suspensão coletiva e temporária, total ou parcial, da prestação pessoal de serviços. do Anteprojeto de Lei suprime que a suspensão da prestação pessoal de serviços deve ser pacífica e ocorre apenas em face do empregador, o que, de todo modo, parece temerário, já que abre a possibilidade de desvios ao verdadeiro objetivo do instituto que, afinal, é apenas um meio de pressão pacífico de empregados na busca de melhores condições de trabalho e de melhores salários em face dos seus empregadores."

O artigo 177 do Anteprojeto de Lei fixa as práticas anti-sindicais dos sindicatos de empregados: induzir o empregador a admitir ou dispensar alguém em razão de filiação ou não a uma entidade sindical (inciso I); interferir nas organizações sindicais de empregadores (inciso II); violar o dever de boa-fé na negociação coletiva; e deflagrar greve sem a prévia comunicação de que trata o art. 109 desta Lei (inciso IV).

A fixação objetiva de práticas anti-sindicais, por parte de empregados e de empregadores, é um dos poucos avanços do Anteprojeto de Reforma Sindical. As entidades sindicais devem alcançar os objetivos a que se destinam, sob pena de perderem a razão de sua existência.

3.13. A REPRESENTAÇÃO DOS TRABALHADORES NOS LOCAIS DE TRABALHO

A efetividade da representação dos trabalhadores nos locais de trabalho é um avanço. Seria melhor e mais efetiva se com ela fosse implantada a negociação coletiva por empresas, o que, embora previsto no artigo 88 do Anteprojeto de Lei, não está previsto na PEC, o que torna o dispositivo inconstitucional (art. 8º, inciso VI, da Constituição Federal de 1988 – texto atual e PEC). De qualquer modo, objetiva promover o entendimento entre empregados e empregadores (art. 59 do Anteprojeto de Lei).

Os objetivos da representação dos trabalhadores nos locais de trabalho estão previstos no artigo 62 do Anteprojeto: representar os trabalhadores perante a administração da empresa; aprimorar o relacionamento entre a empresa e seus trabalhadores com base nos princípios da boa-fé e do respeito mútuo; promover o diálogo e o entendimento no ambiente de trabalho com o fim de prevenir conflitos; buscar soluções para os conflitos decorrentes da relação de trabalho, de forma rápida e eficaz, visando à efetiva aplicação das normas legais e contratuais; mediar e conciliar conflitos individuais de trabalho; assegurar tratamento justo e imparcial aos trabalhadores, impedindo qualquer forma de discriminação por motivo de sexo, idade, raça, cor, religião, opinião política, atuação sindical, nacionalidade ou origem social; encaminhar reivindicações específicas dos trabalhadores de seu âmbito de representação; e acompanhar o cumprimento das leis trabalhistas, previdenciárias e dos contratos coletivos.

Outros aspectos de natureza operacional estão previstos no Anteprojeto, como instalação (arts. 63 e 64); eleição, posse e mandato (arts. 65 a 79); proteção aos representantes e à representação (arts. 80 a 84); direito de informação e reunião (arts. 85 a 87); e, substituindo as atuais comissões de conciliação prévia, a conciliação do conflito individual (arts. 89 a 92)

A Liberdade Sindical

119

3.14. O Conselho Nacional de Relações de Trabalho

Previsto nos artigos 120 a 136 do Anteprojeto de Lei, o CNRT é tripartite (composto por governo, empregados e empregadores), conforme prevê o artigo 120.

As atribuições do CNRT estão arroladas no artigo 133 do Anteprojeto de Lei.

3.15. Tutela Jurisdicional

Todo o sistema processual do Direito Coletivo do Trabalho está previsto no Título VII do Anteprojeto de Lei.

Estão previstas ações coletivas em geral (arts. 141 a 172); ação de prevenção e repressão à conduta anti-sindical (arts. 173 a 177); ação em matéria de greve (arts. 178 a 187); conflito coletivo de interesses (arts. 188 a 204); e ações de anulação, declaração e revisão de norma coletiva (arts. 205 a 214).

Aqui é feita apenas a referência à matéria, já que os aspectos processuais não fazem parte do objeto do presente estudo.

Após o exame do sistema sindical brasileiro vigente e proposto, proceder-se-á, no próximo capítulo, à abordagem do sindicalismo no plano internacional, especialmente no que diz respeito à Organização Internacional do Trabalho.

3.16. As medidas Provisórias de maio de 2006

No momento em que os originais do presente livro são finalizados, tramitam, no Congresso Nacional, as Medidas Provisórias n° 293 e n° 294, de 08 de maio de 2006.

Era sabido que o texto da reforma sindical (Proposta de Emenda Constitucional n° 369/2005 e Anteprojeto de Lei que a acompanhou), remetido ao Congresso Nacional em 2005, não avançaria, quer por questões políticas (crise ética em 2005), quer por ser ano de eleição (2006).

De qualquer forma, algumas discussões foram realizadas ainda em 2005. Dentre elas, o Projeto de Lei n° 5.275,[220] de 2005, que, condensando outros projetos, discutiu de forma mais aprofundada a idéia da reforma sindical. Ainda assim não houve avanço.

Em manobra claramente eleitoreira e de flagrante inconstitucionalidade, foram editadas as Medidas Provisórias n°s 293 e 294, de 08 de maio de 2006.

---

[220] Relatoria do Deputado Federal Tarcísio Zimmermann (PT/RS).

A manobra é eleitoreira, porque a prometida reforma sindical, cantada em prosa e verso pelo atual Presidente da República, tanto na campanha de 2002 quanto no seu discurso de posse, não veio no seu governo. Sendo candidato à reeleição, lançou as referidas Medidas Provisórias como uma tentativa de dizer que algo foi feito.

Por outro lado, a inconstitucionalidade é clara, já que a matéria não se enquadra na relevância e urgência referidas pelo artigo 62, *caput*, da Constituição Federal. Ademais, a representatividade categorial e a negociação coletiva são prerrogativas das entidades sindicais (artigo 8º, incisos III e VI, da Constituição Federal).

A Medida Provisória nº 293 dispõe sobre o reconhecimento das centrais sindicais. Abaixo o texto:

Art. 1º A central sindical, entidade de representação geral dos trabalhadores, constituída em âmbito nacional, terá as seguintes atribuições e prerrogativas:I - exercer a representação dos trabalhadores, por meio das organizações sindicais a ela filiadas; e

II - participar de negociações em fóruns, colegiados de órgãos públicos e demais espaços de diálogo social que possuam composição tripartite, nos quais estejam em discussão assuntos de interesse geral dos trabalhadores.

Parágrafo único. Considera-se central sindical, para os efeitos do disposto nesta Medida Provisória, a entidade associativa de direito privado composta por organizações sindicais de trabalhadores.

Art. 2º Para o exercício das atribuições e prerrogativas a que se refere o inciso II do art. 1º, a central sindical deverá cumprir os seguintes requisitos:

I - filiação de, no mínimo, cem sindicatos distribuídos nas cinco regiões do País;

II - filiação em pelo menos três regiões do País de, no mínimo, vinte sindicatos em cada uma;

III - filiação de sindicatos em, no mínimo, cinco setores de atividade econômica; e

IV - filiação de trabalhadores aos sindicatos integrantes de sua estrutura organizativa de, no mínimo, dez por cento do total de empregados sindicalizados em âmbito nacional.

Parágrafo único. As centrais sindicais que atenderem apenas aos requisitos dos incisos I, II e III poderão somar os índices de sindicalização dos sindicatos a elas filiados, de modo a cumprir o requisito do inciso IV.

Art. 3º A indicação pela central sindical de representantes nos fóruns tripartites, conselhos e colegiados de órgãos públicos a que se refere o inciso II do art. 1º será em número proporcional ao índice de representatividade previsto no inciso IV do art. 2º, salvo acordo entre centrais sindicais.

Art. 4º A aferição dos requisitos de representatividade de que trata o art. 2º será realizada pelo Ministério do Trabalho e Emprego.

§ 1º O Ministro de Estado do Trabalho e Emprego, mediante consulta às centrais sindicais, poderá baixar instruções para disciplinar os procedimentos necessários à aferição dos requisitos de representatividade, bem como para alterá-los com base na análise dos índices de sindicalização dos sindicatos filiados às centrais sindicais.

§ 2º Ato do Ministro de Estado do Trabalho e Emprego divulgará, anualmente, relação das centrais sindicais que atendem aos requisitos de que trata o art. 2º, indicando seus índices de representatividade.

Art. 5º Esta Medida Provisória entra em vigor na data de sua publicação.

Brasília, 8 de maio de 2006; 185º da Independência e 118º da República.

LUIZ INÁCIO LULA DA SILVA
Luiz Marinho

Verifica-se que nada de novo foi trazido. Além da manutenção da prerrogativa de investidura sindical ao sistema piramidal (sindicatos, federações e confederações), a participação em negociações de interesse geral de trabalhadores empregados de todas as categorias e em qualquer base territorial já existia.

Quanto à Medida Provisória nº 294, que cria o Conselho Nacional de Relações do Trabalho (previsto no anteprojeto de lei de reforma sindical), entende-se desnecessária a criação de um órgão que não poderá fazer mais do que fazem as entidades sindicais atualmente.

Abaixo o texto na íntegra:

O Presidente da República, no uso da atribuição que lhe confere o art. 62 da Constituição, adota a seguinte Medida Provisória, com força de lei.

CAPÍTULO I
DA INSTITUIÇÃO
Art. 1º Fica instituído, no âmbito do Ministério do Trabalho e Emprego, o Conselho Nacional de Relações do Trabalho - CNRT, órgão colegiado de natureza consultiva e deliberativa, de composição tripartite e paritária.

CAPÍTULO II
DAS FINALIDADES
Art. 2º O CNRT tem por finalidade:
I - promover o entendimento entre trabalhadores, empregadores e Governo Federal, buscando soluções acordadas sobre temas relativos às relações do trabalho e à organização sindical;
II - promover a democratização das relações de trabalho, o tripartismo e o primado da justiça social no âmbito das leis do trabalho e das garantias sindicais; e
III - fomentar a negociação coletiva e o diálogo social.

CAPÍTULO III
DA ESTRUTURA
Art. 3º O CNRT compõe-se de quinze membros titulares e igual número de suplentes, sendo cinco representantes governamentais, cinco representantes dos trabalhadores e cinco representantes dos empregadores.
§ 1º Os representantes governamentais serão indicados pelos titulares dos órgãos e entidades do Poder Público que vierem a integrar o CNRT, conforme dispuser o regulamento.
§ 2º Os representantes dos empregadores serão indicados pelas confederações de empregadores com registro no Ministério do Trabalho e Emprego.
§ 3º Havendo mais de uma confederação de empregadores reivindicando a representação de um mesmo setor de atividade econômica, a participação na indicação dos representantes no CNRT será garantida à confederação mais representativa, conforme dispuser o regulamento.
§ 4º Os representantes dos trabalhadores serão indicados pelas centrais sindicais, de acordo com critérios de representatividade estabelecidos em lei.
Art. 4º Compete ao Ministro de Estado do Trabalho e Emprego designar os membros do CNRT, mediante indicação das representações do Poder Público e de trabalhadores e empregadores a que se refere o art. 3o.
Art. 5º O CNRT contará em sua estrutura com duas Câmaras Bipartites, sendo uma de representação dos trabalhadores e outra de representação dos empregadores.
Art. 6º A Câmara Bipartite da representação dos empregadores será composta de dez membros e igual número de suplentes, sendo cinco representantes governamentais e cinco representantes dos empregadores.
Art. 7º A Câmara Bipartite da representação dos trabalhadores será composta de dez membros e igual número de suplentes, sendo cinco representantes governamentais e cinco representantes dos trabalhadores.

Art. 8º A indicação e a designação dos membros das Câmaras Bipartites, bem como suas regras de funcionamento, obedecerão às normas estabelecidas nos arts. 3o e 4o.

Art. 9º A função de membro do CNRT e das Câmaras Bipartites não será remunerada, sendo seu exercício considerado de relevante interesse público.

CAPÍTULO IV
AS ATRIBUIÇÕES DOS ÓRGÃOS

Art. 10. Compete ao CNRT:

I - apresentar proposta de regimento interno para homologação pelo Ministro de Estado do Trabalho e Emprego;

II - propor e subsidiar a elaboração de propostas legislativas sobre relações de trabalho e organização sindical;

III - propor e subsidiar a elaboração de atos que tenham por finalidade a normatização administrativa sobre assuntos afetos às relações de trabalho e à organização sindical;

IV - avaliar o conteúdo das proposições relativas a relações de trabalho e organização sindical em discussão no Congresso Nacional, manifestando posicionamento sobre elas por meio de parecer, a ser encaminhado ao Ministro de Estado do Trabalho e Emprego;

V - propor diretrizes de políticas públicas e opinar sobre programas e ações governamentais, no âmbito das relações de trabalho e organização sindical;

VI - subsidiar o Ministério do Trabalho e Emprego na elaboração de pareceres sobre as matérias relacionadas às normas internacionais do trabalho;

VII - constituir grupos de trabalho com funções específicas e estabelecer sua composição e regras de funcionamento;

VIII - propor o estabelecimento de critérios para a coleta, organização e divulgação de dados referentes às relações de trabalho e a organização sindical;

IX - apresentar ao Ministro de Estado do Trabalho e Emprego propostas de alteração da Relação Anual de Informações Sociais - RAIS; e

X - pronunciar-se sobre outros assuntos que lhe sejam submetidos pelo Ministro de Estado do Trabalho e Emprego, no âmbito das relações de trabalho e da organização sindical.

Art. 11. Compete às Câmaras Bipartites, nas respectivas esferas de representação:

I - mediar e conciliar conflitos de representação sindical, a pedido comum das partes interessadas;

II - assessorar a respectiva representação no CNRT;

III - analisar a evolução dos índices de sindicalização para, dentre outras, subsidiar a elaboração de políticas de incentivo ao associativismo;

IV - elaborar proposta de revisão da tabela progressiva de contribuição compulsória, devida pelos empregadores, agentes autônomos e profissionais liberais; e

V - sugerir às entidades sindicais a observância de princípios, critérios e procedimentos gerais que assegurem, em seus estatutos:

a) a possibilidade efetiva de participação dos associados na gestão da entidade sindical; e

b) a instituição de mecanismos que permitam a todos os interessados acesso a informações sobre a organização e o funcionamento da entidade sindical, de forma a assegurar transparência em sua gestão.

CAPÍTULO V
DO FUNCIONAMENTO

Art. 12. O mandato dos representantes dos trabalhadores e dos empregadores tem caráter institucional, facultando-se às respectivas entidades substituir seus representantes, na forma do regimento interno.

§ 1º Os representantes dos trabalhadores e dos empregadores terão mandato de três anos, permitida uma única recondução.

§ 2º A cada mandato, deverá haver a renovação de, pelo menos, dois quintos dos representantes dos trabalhadores e dos empregadores.

§ 3º A convocação dos suplentes será assegurada mediante justificativa da ausência do respectivo titular, na forma do regimento interno.

Art. 13. O CNRT terá um presidente e um coordenador de cada representação.

A Liberdade Sindical

§ 1º O presidente e os coordenadores terão mandato de um ano.

§ 2º A presidência será alternada entre as representações, na forma do regimento interno.

Art. 14. As Câmaras Bipartites terão, cada uma, um coordenador, com mandato de um ano, alternado entre as representações, na forma do regimento interno.

Art. 15. As manifestações no CNRT serão colhidas por representação.

Parágrafo único. As deliberações do CNRT serão por consenso.

Art. 16. O CNRT reunir-se-á e decidirá com a presença de, no mínimo, treze de seus membros.

Art. 17. A Câmara Bipartite reunir-se-á e decidirá com a presença de, no mínimo, oito de seus membros.

Art. 18. O regimento interno definirá a periodicidade das reuniões, a forma de convocação do CNRT e das Câmaras Bipartites, assim como outras regras de funcionamento.

Art. 19. O CNRT ou qualquer de suas representações poderá requerer que o Ministro de Estado do Trabalho e Emprego fundamente decisão tomada em matéria de competência do CNRT.

Art. 20. A Secretaria de Relações do Trabalho do Ministério do Trabalho e Emprego desempenhará a função de secretaria-executiva do CNRT, provendo os meios técnicos e administrativos necessários ao funcionamento do colegiado.

Art. 21. O CNRT submeterá ao Ministro de Estado do Trabalho e Emprego proposta de regimento interno no prazo de até quarenta e cinco dias após a sua instalação.

CAPÍTULO VI

DAS DISPOSIÇÕES FINAIS

Art. 22. O inciso XXI do art. 29 da Lei nº 10.683, de 28 de maio de 2003, passa a vigorar com a seguinte redação:

"XXI - do Ministério do Trabalho e Emprego o Conselho Nacional de Relações do Trabalho, o Conselho Nacional de Imigração, o Conselho Curador do Fundo de Garantia do Tempo de Serviço, o Conselho Deliberativo do Fundo de Amparo ao Trabalhador, o Conselho Nacional de Economia Solidária e até quatro Secretarias".

Art. 23. Esta Medida Provisória entra em vigor na data de sua publicação.

Brasília, 8 de maio de 2006; 185º da Independência e 118º da República.

LUIZ INÁCIO LULA DA SILVA

Luiz Marinho

O CNRT, da forma como concebido, parece mais um cabide de empregos absolutamente desnecessário e inconveniente no atual momento.

O que o País necessita é de liberdade sindical e, quando ela vier, se vier, a negociação coletiva encarregar-se-á da resolução dos problemas trabalhistas sem qualquer necessidade da presença do Estado.

4. O direito coletivo do trabalho no plano internacional

O último capítulo do presente trabalho trata da Organização Internacional do Trabalho, sua história, sua estrutura e seus objetivos estratégicos.

Aborda-se, ainda, as convenções e recomendações em matéria sindical, especialmente a Convenção 87 na sua íntegra e em sua relação com o sistema sindical brasileiro atual. É feita uma rápida abordagem sobre os países que adotaram a Convenção 87.

Por fim, faz-se o registro sobre a Convenção de Viena sobre o Direito dos Tratados e, a título de encerramento, apresenta-se uma proposta para a inserção da liberdade sindical no Brasil.

4.1. A Organização Internacional do Trabalho[221]

A Organização Internacional do Trabalho é um organismo especializado das Nações Unidas que procura fomentar a justiça social e os direitos humanos e trabalhistas internacionalmente reconhecidos. Foi criada em 1919 e é o único resultado importante que ainda perdura do Tratado de Versailles, o qual deu origem à Sociedade das Nações e, em 1946, se converteu no primeiro organismo especializado das Nações Unidas.

A OIT formula normas internacionais de trabalho, que são revestidas na forma de convenções e recomendações,[222] pelas quais se fixam condições mínimas em matéria de direitos trabalhistas fundamentais: liberdade sindical, direito de sindicalização, direito de negociação

---

221 Para retratar com maior e melhor atualidade o que é a Organização Internacional do Trabalho, o presente estudo optou por extrair cinco aspectos que a fundamentam – introdução, aspectos históricos, estrutura, objetivos estratégicos e convenções sobre sindicalismo – diretamente dos documentos existentes na sua página oficial na internet, "http://www.oit.org", no idioma espanhol, com tradução livre do autor.

222 SÜSSEKIND, 2002, p. 70: "as *convenções* constituem tratados multilaterais abertos à ratificação dos Estados-membros da OIT. Já as *recomendações* destinam-se a sugerir normas que podem ser adotadas por qualquer das fontes autônomas do Direito do Trabalho, embora, visem, basicamente, ao legislador de cada País".

A Liberdade Sindical

coletiva, abolição do trabalho forçado, igualdade de oportunidades e de tratamento, assim como outras normas pelas quais se regulam condições que abrangem todo o espectro de questões relacionadas com o trabalho. Presta assistência técnica principalmente nos seguintes campos: formação e reabilitação profissionais, política de emprego, administração do trabalho, legislação do trabalho e relações trabalhistas, condições de trabalho, desenvolvimento gerencial, cooperativas, seguridade social, estatísticas trabalhistas e de seguridade e saúde do trabalho.

Fomenta o desenvolvimento de organizações independentes de empregadores e de trabalhadores e lhes facilita formação e assessoramento técnico. Dentro do sistema das Nações Unidas, a OIT é a única organização que conta com uma estrutura tripartite, onde os trabalhadores e os empregadores participam em pé de igualdade com os governos nos trabalhos de seus órgãos de administração.

4.1.1. Aspectos históricos

A Organização Internacional do Trabalho foi criada em 1919, ao término da Primeira Guerra Mundial, quando se reuniu a Conferência da Paz, primeiro em Paris e após em Versailles. Já no século XIX, dois industriais, o inglês Robert Owen (1771 – 1853) e o francês Daniel Legrand (1783 – 1859), haviam advogado pela criação de uma organização deste tipo.

As idéias que eles formularam, depois de terem sido postas à prova na Associação Internacional para a Proteção Legal dos Trabalhadores, fundada na Basiléia em 1901, se incorporaram e foram adotadas pela Conferência da Paz de abril de 1919.

Sua fundação respondia, em primeiro lugar, a uma preocupação humanitária. A situação dos trabalhadores, a quem se explorava sem consideração alguma por sua saúde, sua vida familiar e ser progresso profissional e social, era cada vez menos aceitável. Esta preocupação fica claramente refletida no Preâmbulo da Constituição da OIT, onde se afirma que "existem condições de trabalho que emanam ... injustiça, miséria e privações para grande número de seres humanos."

Também se baseou em motivações de caráter político. Por não melhorar a situação dos trabalhadores, cujo número crescia constantemente em função do processo de industrialização, isto acabaria por originar conflitos sociais, que poderiam desembocar; inclusive, em uma revolução. O Preâmbulo destaca que o descontentamento causado pela injustiça "constitui ameaça para a paz e a harmonia universais".

O terceiro motivo foi econômico. Qualquer indústria ou país que adotasse medidas de reforma social se encontraria em situação de desvantagem perante seus competidores, devido às inevitáveis conseqüências de tais medidas sobre os custos de produção. O Preâmbulo destaca que "se qualquer nação não adotar um regime de trabalho realmente humano, esta omissão constituirá um obstáculo para outras nações que desejarem melhorar a sorte dos trabalhadores em seus próprios países".

Os participantes da Conferência da Paz aportaram um motivo adicional para a criação da Organização Internacional do Trabalho; motivo relacionado com o final da guerra, a que tanto haviam contribuído os trabalhadores no campo de batalha e na indústria. Esta idéia está refletida na própria frase inicial da Constituição: "a paz universal e permanente somente pode basear-se em justiça social".

A Comissão de Legislação do Trabalho, instituída pela Conferência da Paz, redigiu a Constituição da OIT entre os meses de janeiro e abril de 1919. Integravam esta Comissão os representantes de nove países (Bélgica, Cuba, Tchecoeslováquia, Estados Unidos, França, Itália, Japão, Polônia e Reino Unido), presididos por Samuel Gompers, presidente da Federação Norte-americana do Trabalho (AFL). Como resultado disso, se criava uma organização tripartite, única em seu gênero, que reúne, em seus órgãos executivos, os representantes dos governos, dos empregadores e dos trabalhadores. A Constituição da OIT se converteu na Parte XIII do Tratado de Versailles.

A primeira reunião da Conferência Internacional do Trabalho, que, em seguida, teria uma periodicidade anual, foi celebrada a partir de 29 de outubro de 1919, em Washington, e cada um dos Estados membros enviou representantes governamentais, um das organizações dos empregadores e outro das organizações dos trabalhadores. Foram aprovadas, durante a referida reunião, as primeiras convenções internacionais de trabalho, que se referiam às horas de trabalho na indústria, ao desemprego, à proteção da maternidade, ao trabalho noturno das mulheres e à idade mínima para o trabalho noturno dos menores nas indústrias.

O Conselho de Administração, órgão executivo da OIT eleito pela Conferência – a metade dos seus membros são representantes governamentais, uma quarta parte são representantes dos trabalhadores e outra quarta parte de representantes dos empregadores –, elegeu Albert Thomas como primeiro Diretor da Repartição Internacional do Trabalho, que é a secretaria permanente da Organização. Albert Thomas era um político francês que demonstrava um profundo interesse pelos problemas sociais e que foi membro do Governo durante a guerra como responsável em matéria de munições. Deu um forte impulso à Organização desde o primeiro momento. Em menos de dois anos, foram aprovadas dezesseis convenções internacionais de trabalho e dezoito recomendações.

A Liberdade Sindical

A OIT se estabeleceu em Genebra no verão de 1920. Logo, o norte que guiou a Organização, em seus primeiros anos, foi atenuando-se. Alguns governos entendiam que o número de convenções era excessivo, que as publicações eram por demais críticas e que o orçamento era muito elevado. Em conseqüência, era necessário proceder a uma redução global. Sem embargo, a Corte Internacional de Justiça declarou, às instâncias do Governo da França, que a regulamentação internacional das condições de trabalho do setor agrícola se encontrava no âmbito de ação da OIT.

Em 1926 se introduziu uma inovação importante: a Conferência Internacional de Trabalho criou um mecanismo para supervisionar a aplicação de suas normas, mecanismo que ainda existe nos nossos dias. A Conferência criou uma Comissão de *Experts*, composta por juristas independentes e cuja missão consistia em examinar as memórias submetidas pelos governos e apresentar, cada ano, seu próprio informativo à Conferência.

Albert Thomas faleceu repentinamente em 1932, após haver conseguido, durante treze anos, que a OIT mantivesse forte presença no mundo. Seu sucessor, o inglês Harold Butler, adjunto de Albert Thomas desde a criação da Organização, teve que enfrentar a Grande Depressão e o conseqüente desemprego em massa. Neste período, os representantes dos trabalhadores e os dos empregadores debateram sobre o tema da redução do número de horas de trabalho sem conseguir resultados apreciáveis. Em 1934, durante a presidência de Franklin D. Roosevelt, os Estados Unidos, que não pertenciam à Sociedade das Nações, aderiram à OIT na qualidade de Membro.

Em 1939, o norte-americano John Winant, antigo Governador de New Hampshire e primeiro diretor do sistema de seguridade social de seu país, que ocupava, na ocasião, o posto de Diretor Adjunto da OIT, sucedeu a Harold Butler, que havia pedido demissão. Sua principal tarefa consistiu em preparar a Organização para a guerra que já era iminente. Em maio de 1940, a situação reinante na Suíça, país que se encontrava ameaçado no centro de uma Europa em guerra, induziu o novo Diretor a transferir temporariamente a sede da Organização para Montreal, no Canadá. Em 1941, o Presidente Roosvelt nomeou a John Winant como Embaixador dos Estados Unidos em Londres, posto em que substituiu a Joseph Kennedy.

Em 1941, foi nomeado Diretor o irlandês Edward Phelan, que conhecia perfeitamente a OIT, já que havia participado da redação de sua Constituição. Havia desempenhado, portanto, importante papel durante a reunião, em meio à Segunda Guerra Mundial, da Conferência Internacional do Trabalho, em Filadélfia, quando representantes de governos, de trabalhadores e de empregadores de quarenta e um países compareceram. Os delegados aprovaram um documento que, como anexo à Constituição, segue sendo, ainda, a carta em que se fixam os fins e objetivos da OIT. Em 1948, ainda durante o mandato de Phelan, a Conferência Internacional do Trabalho adotou a Convenção sobre liberdade sindical e a proteção do direito de sindicalização.

Em 1948, foi nomeado, à frente da OIT, o norte-americano David Morse, que desempenhava importantes funções, ainda que de pouca notoriedade, na administração do Presidente Harry Truman. David Morse ocupou o cargo até 1970. Durante este prolongado período de vinte e dois anos, o número de Estados Membros se duplicou, a Organização adquiriu seu caráter universal, os países industrializados ficaram em minoria frente aos países em desenvolvimento, o orçamento se quintuplicou e o número de funcionários se multiplicou por quatro. Em 1960, a OIT criou, em sua sede de Genebra, o Instituto Internacional de Estudos Trabalhistas e, mais tarde, em 1965, o Centro Internacional de Aperfeiçoamento Profissional e Técnico, com sede em Turim. Por último, em 1969, a OIT recebeu o Prêmio Nobel da Paz, ao comemorar o seu cinqüentenário.

O britânico Wilfred Jenks, Diretor Geral de 1969 até o seu falecimento em 1973, teve de fazer frente a uma política de problemas trabalhistas decorrentes do enfrentamento Leste-Oeste. Para este trabalho, foi de grande importância o seu profundo conhecimento da Organização. Além do mais, havia sido co-autor, juntamente com Edward Phelan, da Declaração de Filadélfia. Jurista de renome, se constituiu em firme defensor dos direitos humanos, do império da lei, da organização tripartite e da autoridade moral da OIT com relação aos problemas internacionais. Deu uma contribuição muito importante ao desenvolvimento das normas internacionais do trabalho e do mecanismo de supervisão e de aplicação destas e, de maneira muito especial, à promoção da liberdade sindical e do direito de sindicalização.

Foi sucedido no cargo por Francis Blanchard, que havia sido alto funcionário do governo da França e havia dedicado a maior parte de sua carreira profissional à OIT, participando ativamente no desenvolvimento da cooperação técnica em grande escala. Diplomático e homem de princípios, desempenhou o cargo durante quinze anos, de 1974 a 1989. Quando se produziu a crise causada pela retirada dos Estados Unidos da Organização (entre 1977 e 1980), que deu motivo a uma redução de vinte e cinco por cento do orçamento da Organização, conseguiu evitar que os danos fossem maiores. Os Estados Unidos se reincorporaram à Organização no início da administração do Presidente Reagan. Durante este período, a OIT continuou com seu trabalho em defesa dos direitos humanos. Deste modo, a OIT desempenhou um papel fundamental na luta para livrar a Polônia da ditadura, ao apoiar, com todas as suas

A Liberdade Sindical

forças a legalização do Sindicato Solidariedade, segundo o disposto na Convenção sobre liberdade sindical e a proteção do direito de sindicalização, 1948 (número 87), ratificada pela Polônia em 1957.

Em 1989, Michel Hansenne, antigo Ministro do Trabalho e da Função Pública da Bélgica, converteu-se no primeiro Diretor Geral depois do período da Guerra Fria. Reeleito em 1993, tem dado sinais de que o seu objetivo primordial é o de conseguir que a OIT entre no século XXI com toda autoridade moral, competência profissional e eficácia administrativa que a Organização havia sido capaz de demonstrar ao longo de setenta e cinco anos. Frente aos novos problemas que se apresentam, tem intenção de dotar a OIT dos meios necessários para garantir sua plena participação nas principais reuniões internacionais em matéria de desenvolvimento econômico e social, com o fim de situar a justiça social no centro dos debates. Através da política de associação ativa, colocou em marcha, na OIT, um processo de maior descentralização das atividades e dos recursos que, até então, se localizavam em Genebra.

Em 04 de março de 1999, Juan Somavia, advogado de profissão, assumiu a função de Diretor Geral. O Senhor Somavia, o nono Diretor Geral da OIT, tem desenvolvido uma extensa e destacada carreira no serviço público e nas relações internacionais, tendo assumido, entre outras, as funções de presidente do Conselho Preparatório do Congresso Mundial sobre Desenvolvimento Social (celebrada em Copenhagen em 1995) e Presidente do Conselho Econômico e Social das Nações Unidas (de 1993 a 1994). Também desempenhou a função de Embaixador do Chile e Conselheiro sobre questões econômicas e sociais do Ministério de Relações Exteriores do Chile.

4.1.2. Estrutura

A OIT realiza seu trabalho através de três órgãos principais, os quais se atêm à característica singular da Organização: sua estrutura tripartite (já que nela participam governos, empregadores e empregados).

São os seguintes os órgãos da Organização Internacional do Trabalho:

4.1.2.1. Conferência Internacional do Trabalho

Os Estados Membros da OIT participam da reunião anual da Conferência Internacional, celebrada em Genebra no mês de junho. Cada Estado Membro é representado por dois delegados do governo, um delegado dos empregadores e um delegado dos trabalhadores. Os delegados estão acompanhados de conselheiros técnicos. Em geral, o Ministro do Trabalho, ou outro ministro encarregado das questões trabalhistas, encabeça a delegação de cada país, faz uso da palavra e apresenta as opiniões de seu governo.

Os delegados dos empregadores e dos trabalhadores podem opinar e votar de acordo com as instruções recebidas de suas organizações. Em algumas ocasiões, seu voto difere e, inclusive, pode opor-se ao dos representantes dos governos.

A Conferência tem uma função muito importante. Estabelece e adota o texto das normas internacionais do trabalho. Serve de foro onde se debatem questões sociais e trabalhistas de importância mundial. A Conferência aprova, também, o orçamento da Organização e elege o Conselho de Administração da OIT.

4.1.2.2. Conselho de Administração

O Conselho de Administração é o órgão executivo da OIT e se reúne três vezes por ano em Genebra. Adota decisões sobre a política da OIT e estabelece o programa e o orçamento que, a seguir, apresenta à Conferência para sua aprovação. Também elege o Diretor Geral da Repartição Internacional do Trabalho.

É integrado por vinte e oito membros de governos, quatorze membros representantes de empregadores e quatorze membros representantes de trabalhadores. Os dez Estados de maior importância industrial estão representados em caráter permanente, enquanto que os outros membros são eleitos pela Conferência a cada três anos, entre os representantes dos demais países membros, conforme a distribuição geográfica. Os empregadores e os trabalhadores elegem seus próprios representantes independentes uns dos outros.

4.1.2.3. Repartição Internacional do Trabalho

A Repartição Internacional do Trabalho é a secretaria permanente da Organização Internacional do Trabalho e tem a responsabilidade primordial das atividades que prepara com a supervisão do Conselho de Administração e a direção do Diretor Geral, eleito por um período renovável de cinco anos. A Repartição conta com aproximadamente mil e novecentos funcionários de mais de cem nacionalidades em sua sede, em Genebra, e quarenta escritórios distribuídos pelo mundo. Além disso, em virtude do programa de cooperação técnica, aproximadamente seiscentos *experts* levam a cabo missões em todas as regiões do mundo. A Repartição também atua como centro de investigação e documentação. Como editora, publica uma ampla gama de estudos especializados, informativos e periódicos.

4.1.3. Objetivos estratégicos

Em um mundo que vacila, a Organização deve ter uma visão clara dos seus objetivos e estratégias. Pode ser necessário adequar rapidamente a tática e determinadas atividades às novas circunstâncias, mas

A Liberdade Sindical

depois de ter sido fixada uma meta clara. O elemento fundamental, em 2002-2005, é a aplicação do Programa sobre o Trabalho Decente. Os objetivos estratégicos da OIT são os seguintes:

1º - Promover e cumprir as normas e os princípios e direitos fundamentais no trabalho:

Normas e princípios e direitos fundamentais no trabalho

O trabalho infantil

Ação normativa

2º - Criar maiores oportunidades para as mulheres e os homens, com o objetivo de que disponham de ingresso em empregos decentes:

Apoio à política de emprego

Conhecimentos teóricos e práticos e empregabilidade

Criação de empregos

3º - Realçar o alcance e a eficácia da proteção social para todos:

Seguridade social

Condições de trabalho

4º - Fortalecer o sistema tripartite e fomentar o diálogo social:

Interlocutores sociais

Governos e instituições de diálogo social

5º - Atividades paralelas:

Configuração do que fazer da OIT: Apoio operacional intersetorial ao trabalho decente

Configuração do que fazer da OIT: Igualdade entre os sexos

Ampliação de conhecimentos: Estatísticas

Ampliação de conhecimentos: Instituto Internacional de Estudos Trabalhistas

Ampliação de conhecimentos: Centro Internacional de Formação da OIT, em Turim

Melhor percepção das perspectivas da OIT: Relações e associações exteriores

Melhor percepção das perspectivas da OIT: Comunicações

4.1.4. Convenções e recomendações sobre sindicalismo

Além da Convenção 87, de 1948, as outras Convenções da Organização Internacional do Trabalho que tratam de sindicalismo são:[223]

Convenção 11, de 11 de maio de 1923, que trata do Direito de Associação nas atividades de Agricultura, ratificada pelo Brasil em 25 de abril de 1957;

Convenção 84, de 11 de julho de 1947, que trata do Direito de Associação em territórios não metropolitanos (fora do âmbito urbano), não ratificada pelo Brasil;

Convenção 98, de 01 de julho de 1949, que trata do direito de sindicalização e de negociação coletiva, ratificada pelo Brasil em 18 de novembro de 1952;

Convenção 135, de 23 de junho de 1971, que trata da representação dos trabalhadores, ratificada pelo Brasil em 18 de maio de 1990;

Convenção 141, de 24 de novembro de 1977, que trata da organização dos trabalhadores rurais, ratificada pelo Brasil em 27 de setembro de 1994;

[223] Material extraído da página da Organização Internacional do Trabalho: http://www.oit.org.

Convenção 144, de 16 de maio de 1978, que trata da consulta tripartite (empregados, empregadores e Estado), acerca das normas internacionais do trabalho, ratificada pelo Brasil em 27 de setembro de 1994;

Convenção 151, de 27 de junho de 1978, que trata das relações de trabalho na administração pública, não ratificada pelo Brasil;

Convenção 154, de 19 de junho de 1981, que trata da negociação coletiva, ratificada pelo Brasil em 10 de julho de 1992.

Além das Convenções acima referidas, as Recomendações da OIT em matéria de direito coletivo do trabalho, são as seguintes:

Recomendação 91, de 29 de junho de 1951, que trata de contratos coletivos;

Recomendação 143, de 23 de junho de 1971, que trata da representação de trabalhadores;

Recomendação 149, de 23 de junho de 1975, que trata da organização dos trabalhadores rurais;

Recomendação 152, de 21 de junho de 1976, que trata da consulta tripartite (empregados, empregadores e Estado), sobre a Organização Internacional do Trabalho;

Recomendação 159, de 27 de junho de 1978, que trata das relações de trabalho na administração pública;

Recomendação 163, de 19 de junho de 1981, que trata da negociação coletiva.

4.2. A CONVENÇÃO 87 DA ORGANIZAÇÃO INTERNACIONAL DO TRABALHO

Na trigésima reunião da Conferência Internacional do Trabalho (Genebra, 1947), que precedeu à reunião anual que adotou a Convenção n° 87, foi aprovada importante resolução definindo os elementos que configuram a liberdade sindical: [224]

1 – liberdade de se unirem os trabalhadores para organizar a entidade representativa de sua profissão ou classe;
2 – liberdade de elaborar seus estatutos de acordo com as leis gerais do País sem que entre elas exista qualquer uma com caráter de exceção restritiva para os sindicatos;
3 – liberdade de escolher seus dirigentes e de estabelecer as normas de administração, de acordo com seus estatutos e sem ingerência do poder executivo governamental;
4 – liberdade de filiação e desfiliação para o trabalhador;
5 – liberdade de constituir-se em federações e confederações;
6 – necessidade de se estipular que tais organizações não possam ser dissolvidas por via administrativa.
Art. 2 – Os trabalhadores e empregadores, sem distinção de qualquer espécie, têm o direito de, sem autorização prévia, constituir organizações de sua escolha, assim como o de filiar-se a essas organizações, sob a única condição de observarem os estatutos das mesmas.
Art. 3 – As organizações de trabalhadores e de empregadores terão o direito de elaborar seus estatutos e regulamentos administrativos, de eleger livremente seus representantes, de organizar sua gestão e sua atividade e de formular seu programa de ação.

Indiscutivelmente, a mais importante Convenção da Organização Internacional do Trabalho, a de número 87, de 09 de julho de 1948

---

[224] SÜSSEKIND, 2002, p. 527-528.

(entrou em vigor em 04 de julho de 1950), e que trata da liberdade sindical, jamais foi ratificada pelo Brasil.[225]

Eis o texto da Convenção 87, extraído do *site* oficial da Organização Internacional do Trabalho:

A Conferência Geral da Organização Internacional do Trabalho:

Convocada em San Francisco pelo Conselho de Administração da Repartição Internacional do Trabalho, e reunida na referida cidade em 17 de junho de 1948, em sua trigésima primeira reunião;

Depois de haver decidido adotar, em forma de convenção, diversas proposições relativas à liberdade sindical e à proteção do direito de sindicalização, questão que constitui o sétimo ponto da ordem do dia da reunião;

Considerando que o preâmbulo da Constituição da Organização Internacional do Trabalho enuncia, entre os meios suscetíveis de melhorar as condições de trabalho e de garantir a paz, "a afirmação do princípio da liberdade de associação sindical";

Considerando que a Declaração de Filadélfia proclamou novamente que "a liberdade de expressão e de associação é essencial para o progresso constante";

Considerando que a Conferência Internacional do Trabalho, em sua trigésima reunião, adotou por unanimidade os princípios que devem servir de base à regulamentação internacional, e

Considerando que a Assembléia Geral das Nações Unidas, sem seu segundo período de sessões, fez seus estes princípios e solicitou da Organização Internacional do Trabalho a continuação de todos seus esforços a fim de fazer possível a adoção de uma ou várias convenções internacionais,

Adota, com data de 09 de julho de mil novecentos e quarenta e oito, a seguinte Convenção, que poderá ser citada como Convenção sobre a liberdade sindical e a proteção do direito de sindicalização, 1948:

Parte I. Liberdade Sindical

Artigo 1

Todos os Membros da Organização Internacional do Trabalho para o qual esteja em vigor a presente Convenção, se obriga a pôr em prática as seguintes disposições.

Artigo 2

Os trabalhadores e os empregadores, sem nenhuma distinção e sem autorização prévia, têm o direito de constituir as organizações que estimem convenientes, bem como o de filiar-se a estas organizações, com a única condição de observar os estatutos das mesmas.

Artigo 3

1. As organizações de trabalhadores e de empregadores têm o direito de redigir seus estatutos e regulamentos administrativos, o de eleger livremente seus representantes, o de organizar sua administração e suas atividades, e o de formular seu programa de ação.

2. As autoridades públicas deverão abster-se de toda intervenção que tenda a limitar este direito, ou a enfraquecer seu exercício legal.

---

[225] NASCIMENTO, 2000, p. 98, refere: "no governo Eurico Gaspar Dutra, o Poder Executivo encaminhou ao Congresso Nacional projeto de ratificação da Convenção 87 da OIT. A Câmara dos Deputados o aprovou. O Senado Federal não. Outras iniciativas, no mesmo sentido, foram dificultadas, inclusive por parcelas, do próprio movimento sindical, contrárias à extinção da contribuição sindical e favoráveis à preservação do princípio do sindicato único; supõem que, sem essa garantia legal, haveria o fracionamento do movimento sindical brasileiro; não percebem, no entanto, que, apesar dessa proibição, o sistema sindical brasileiro está bastante dividido. Existem diversas centrais sindicais (em 2000, 5) e milhares de sindicatos (no mesmo ano, cerca de 16.500). Logo, o sistema legal não evita a divisão do sindicalismo. Há mais unidade sindical em países de pluralidade sindical do que no Brasil, com o sistema da unicidade sindical. Naqueles, os sindicatos se unem, livremente. Em nosso país, a mesma lei que os une, os condena a viver separados".

Artigo 4
As organizações de trabalhadores e de empregadores não estão sujeitas à dissolução ou suspensão por via administrativa.

Artigo 5
As organizações de trabalhadores e de empregadores têm o direito de constituir federações e confederações, bem como o de filiar-se às mesmas; e toda organização, federação ou confederação, tem o direito de filiar-se a organizações internacionais de trabalhadores e de empregadores.

Artigo 6
As disposições dos artigos 2, 3 e 4 desta Convenção, se aplicam às federações e confederações de organizações de trabalhadores e de empregadores.

Artigo 7
A aquisição da personalidade jurídica pelas organizações de trabalhadores e de empregadores, suas federações e confederações, não pode estar sujeita a condições cuja natureza limite a aplicação das disposições dos artigos 2, 3 e 4 desta Convenção.

Artigo 8
1. Ao exercer os direitos que se lhes reconhecem a presente Convenção, os trabalhadores, os empregadores e suas respectivas organizações, estão obrigados, da mesma forma que as demais pessoas ou as coletividades organizadas, a respeitar a legalidade.
2. A legislação nacional não menosprezará nem será aplicada de forma que menospreze as garantias previstas pela presente Convenção.

Artigo 9
1. A legislação nacional deverá determinar até que ponto se aplicarão às forças armadas e à polícia, as garantias previstas por esta Convenção.
2. Em conformidade com os princípios estabelecidos no parágrafo 8 do artigo 19 da Constituição da Organização Internacional do Trabalho, não deverá considerar-se que a ratificação desta Convenção por um membro, menospreze de modo algum às leis, sentenças, costumes e acordos já existentes que concedam aos membros das forças armadas e da polícia, as garantias previstas por esta Convenção.

Artigo 10
Na presente Convenção, o termo *organização* significa toda organização de trabalhadores ou de empregadores que tenha por objeto fomentar e defender os interesses dos trabalhadores e dos empregadores.

Parte II. Proteção do Direito de Sindicalização
Artigo 11
Todo Membro da Organização Internacional do Trabalho para o qual esteja em vigor a presente Convenção, se obriga a adotar todas as medidas necessárias e apropriadas para garantir aos trabalhadores e aos empregadores o livre exercício do direito de sindicalização.

Parte III. Disposições Diversas
Artigo 12
1. A respeito dos territórios mencionados no artigo 35 da Constituição da Organização Internacional do Trabalho, emendada pelo instrumento de emenda à Constituição da Organização Internacional do Trabalho, 1946, exceção feita aos territórios a que se referem os parágrafos 4 e 5 do referido artigo, tal como ficou emendado, todo Membro da Organização que ratifique a presente Convenção, deverá comunicar ao Diretor Geral da Repartição Internacional do Trabalho, no prazo mais breve possível depois de sua ratificação, uma declaração onde manifeste:
- os territórios onde as disposições do Convenção, sejam aplicadas sem modificações;
- os territórios onde as disposições da Convenção sejam aplicadas com modificações, juntamente com os detalhes das referidas modificações;
- os territórios onde a Convenção é inaplicável e os motivos pelos quais é inaplicável;
- os territórios que reservam a sua decisão.

A Liberdade Sindical

2. As obrigações a que se referem as alíneas *a* e *b* do parágrafo 1 deste artigo são consideradas parte integrante da ratificação e produzirão seus efeitos.

3. Todo Membro poderá renunciar, total ou parcialmente, por meio de uma nova declaração, sem qualquer reserva formulada em sua primeira declaração em virtude das alíneas *b*, *c* ou *d* do parágrafo 1 deste artigo.

4. Durante os períodos em que esta Convenção possa ser denunciada, em conformidade com as disposições do artigo 16, todo Membro poderá fazer ao Diretor Geral uma declaração pela qual modifique, em qualquer outro aspecto, o término de qualquer declaração anterior e que indique a situação em determinados territórios.

Artigo 13

1. Quando as questões tratadas pela presente Convenção forem da competência das autoridades de um território não metropolitano, o Membro responsável das relações internacionais deste território, de acordo com o governo do território, poderá formular ao Diretor Geral da Repartição Internacional do Trabalho uma declaração pela qual aceite, em nome do território, as obrigações da presente Convenção.

2. Poderão formular ao Diretor Geral da Repartição Internacional do Trabalho uma declaração pela qual aceitam as obrigações desta Convenção:

dois ou mais Membros da Organização, a respeito de qualquer território que esteja sob sua autoridade comum; ou

toda autoridade internacional responsável pela administração de qualquer território, em virtude das disposições da Carta das Nações Unidas ou de qualquer outra disposição em vigor, a respeito do referido território.

3. As declarações feitas ao Diretor Geral da Repartição Internacional do Trabalho, em conformidade com os parágrafos precedentes deste artigo, deverão indicar se as disposições desta Convenção serão aplicadas no território interessado com modificações ou não; quando a declaração indicar que as disposições da Convenção serão aplicadas com modificações, deverá especificar quais são as referidas modificações.

4. O Membro, os Membros ou a autoridade internacional interessados, poderão renunciar, total ou parcialmente, por meio de uma declaração ulterior, ao direito de invocar ima modificação indicada em qualquer outra declaração anterior.

5. Durante os períodos em que esta Convenção possa ser denunciada, em conformidade com as disposições do artigo 156, o Membro, os Membros ou a autoridade internacional interessados, poderão fazer ao Diretor Geral, uma declaração pela qual modificam, de qualquer forma, o término de qualquer declaração anterior e onde indiquem a situação a que se refere a aplicação da Convenção.

Parte IV. Disposições Finais

Artigo 14

As ratificações formais da presente Convenção serão comunicadas, para seu registro, ao Diretor Geral da Repartição Internacional do Trabalho.

Artigo 15

1. Esta Convenção obrigará unicamente àqueles Membros da Organização Internacional do Trabalho cujas ratificações tenham sido registradas pelo Diretor Geral.

2. Entrará em vigor doze meses depois da data em que as ratificações e dois Membros tenham sido registradas pelo Diretor Geral.

3. A partir deste momento, esta Convenção entrará em vigor, para cada Membro, doze meses depois da data em que haja sido registrada sua ratificação.

Artigo 16

1. Todo Membro que houver ratificado esta Convenção, poderá denunciá-la a terminar em um período de dez anos, a partir da data em que haja posto inicialmente em vigor, mediante uma ata comunicada, para seu registro, ao Diretor Geral da Repartição Internacional do Trabalho. A denúncia não surtirá efeito até um ano depois da data em que se haja registrado.

2. Todo Membro que houver ratificado esta Convenção e que, no prazo de um ano depois do

término do período de dez anos mencionado no parágrafo precedente, não fizer uso do direito de denúncia previsto neste artigo, ficará obrigado a um novo período de dez anos, e no sucessivo poderá denunciar esta Convenção a finalizar em cada período de dez anos, nas condições previstas neste artigo.

Artigo 17
1. O Diretor Geral da Repartição Internacional do Trabalho notificará a todos os Membros da Organização Internacional do Trabalho, do registro de quantas ratificações, declarações e denúncias, lhe comuniquem os Membros da Organização.
2. Ao notificar aos Membros da Organização do registro na segunda ratificação que lhe haja sido comunicada, o Diretor Geral chamará a atenção dos Membros da Organização sobre a data em que entrará em vigor a presente Convenção.

Artigo 18
O Diretor Geral da Repartição Internacional do Trabalho comunicará ao secretário Geral das Nações Unidas, dos efeitos do registro e de conformidade com o artigo 102 da Carta das Nações Unidas, uma informação completa sobre todas as ratificações, declarações e atas de denúncia que houverem sido registradas de acordo com os artigos precedentes.

Artigo 19
Ao final de cada período de dez anos, a partir da data em que esta Convenção houver entrado em vigor, o Conselho de Administração da Repartição Internacional do Trabalho deverá apresentar à Conferência Geral um memorial sobre a aplicação desta Convenção e deverá considerar a conveniência de incluir na ordem do dia da Conferência a questão da revisão total ou parcial da mesma.

Artigo 20
1. No caso da Conferência adotar uma nova convenção que implique uma revisão total ou parcial da presente, e a menos que a nova convenção contenha disposições em contrário:
a ratificação, por um Membro, da nova convenção revisada implicará, *ipso jure*, a denúncia imediata desta Convenção, não obstante as disposições contidas no artigo 16, sempre que a nova convenção revisada houver entrado em vigor;
a partir da data em que entrar em vigor a nova convenção revisada, a presente Convenção cessará de estar aberta à ratificação pelos Membros.
2. Esta Convenção continuará em vigor em todo caso, em sua forma e conteúdo atuais, para os Membros que não houverem ratificado e não ratificarem a convenção revisada.

Artigo 21
As versões inglesa e francesa do texto desta Convenção são igualmente autênticas.
(tradução livre do autor) [226]

Os comentários ao texto da Convenção 87 da OIT, seguem, na forma de tópicos, no sub-capítulo 4.3.

4.3. A REGRA DA CONVENÇÃO 87 DA ORGANIZAÇÃO INTERNACIONAL DO TRABALHO E O PRINCÍPIO DOS DIREITOS FUNDAMENTAIS DE LIBERDADE

4.3.1. Considerações iniciais

À luz da regra prevista na Convenção 87 da Organização Internacional do Trabalho, examina-se, a partir de agora, a inserção dos

---

[226] Texto original, extraído do *site* oficial da Organização Internacional do Trabalho.

aspectos, já referidos, que, em conjunto, compõem um sistema de liberdade sindical. A partir do conjunto, faz-se o cotejo das regras com o princípio de direito fundamental da liberdade.

São os seguintes os aspectos:

4.3.2. Constituição de sindicatos

A Convenção 87 da OIT refere, no artigo 2, que trabalhadores e empregadores, sem nenhuma distinção e sem autorização prévia, têm o direito de constituir as organizações que julgarem convenientes, com a única condição de observar os estatutos das mesmas.

No artigo 7, a Convenção refere que a personalidade jurídica das organizações sindicais de empregados e de empregadores não pode estar sujeita a condições cuja natureza limite a liberdade de constituição.

Assim, verifica-se que, no aspecto que trata da constituição de sindicatos, as regras internas atuais (art. 8°, *caput* e inciso I, da Constituição Federal de 1988) se coadunam com a regra internacional. Nesse contexto, de forma harmônica, a regra interna e a regra internacional, conjuntas, se enquadram no princípio do direito fundamental da liberdade (art. 5°, *caput,* da Constituição Federal de 1988).

O texto da Proposta de Emenda Constitucional (art. 8°, Inciso I-B, da Constituição Federal de 1988), se aprovado, chocar-se-á com a Convenção 87, na medida em que restringe a constituição de sindicatos a regras e à discricionariedade do Ministro do Trabalho e Emprego para obtenção da personalidade jurídica.

4.3.3. Ingresso e saída individual dos sindicatos

No mesmo artigo 2, a Convenção 87 da OIT expressa que empregados e empregadores têm o direito de filiação às entidades sindicais. A mesma regra está expressa na Constituição Federal de 1988 (arts. 5°, inciso XX, e 8°, inciso V, da Constituição Federal de 1988) e nenhuma mudança, no aspecto, está prevista na PEC.

Assim, regra internacional e regra nacional se enquadram ao princípio do direito fundamental de liberdade (art. 5°, *caput,* da Constituição Federal de 1988).

4.3.4. Enquadramento sindical

Em uma interpretação extensiva do artigo 2 da Convenção 87 da OIT, pode-se dizer que não há a limitação de enquadramento sindical.

No direito interno, contudo, o enquadramento está vigente no sistema atual – Constituição Federal e legislação infraconstitucional – e um tanto quanto obscuro no Anteprojeto de Lei de Reforma Sindical, já que o mesmo não conceitua setor econômico e ramo de atividade (art. 9º).

Aqui há, portanto, colisão entre a Convenção, que se adapta ao princípio do direito fundamental à liberdade (art. 5º, *caput*, da Constituição Federal de 1988), e as regras internas, que não se enquadram.

4.3.5. Administração interna

A Convenção 87 da OIT expressa, no artigo 3, parágrafo 1, que as entidades sindicais de empregados e empregadores têm o direito de redigir seus estatutos e regulamentos administrativos, bem como o direito de eleger livremente os seus representantes, organizar a sua administração e suas atividades e, ainda, formular os seus programas de ação.

A Constituição Federal de 1988 proíbe a intervenção do Poder Público nas atividades de administração das entidades sindicais (art. 8º, *caput*, e inciso I, da Constituição Federal de 1988).

O texto da PEC também proíbe a interferência e a intervenção estatal nas entidades sindicais (art. 8º, inciso I-A). O Anteprojeto de Lei expressa esta liberdade de administração no artigo 6º.

No aspecto, há harmonia entre a regra internacional e as regras internas. Assim, tanto Convenção da OIT quanto Constituição Federal – vigente e PEC – e legislação infraconstitucional se enquadram ao princípio de direito fundamental à liberdade.

4.3.6. Constituição de órgãos superiores

O artigo 5 da Convenção 87 trata do direito de constituição de órgãos superiores. A Constituição Federal – atual e PEC – silenciam sobre a matéria. A legislação infraconstitucional vigente prevê a possibilidade de criação de federações e confederações (arts. 533 a 535, da Consolidação das Leis do Trabalho). O Anteprojeto de Lei também prevê a possibilidade de criação de órgãos superiores (Arts. 19 a 23 e 33 a 35).

No particular, há harmonia entre o regramento interno e o externo e entre ambos e o princípio do direito fundamental à liberdade (art. 5º, *caput*, da Constituição Federal de 1988).

4.3.7. Filiação a organizações internacionais

No regramento da OIT, o mesmo artigo 5 da Convenção 87 prevê o direito de filiação a organizações internacionais.

No âmbito interno, a Constituição Federal – atual e PEC – e a legislação atual silenciam.

O Anteprojeto de Lei prevê a possibilidade no seu artigo 6º.

Aqui, portanto, há harmonia entre o direito interno o direito externo e entre ambos e o princípio de direito fundamental à liberdade (art. 5º, *caput,* da Constituição Federal de 1988).

4.3.8. Unicidade ou pluralidade sindical

A Convenção 87 da Organização Internacional do Trabalho se notabilizou, desde a sua adoção em 1948, por preconizar a liberdade de constituição de sindicatos sem qualquer interferência ou intervenção do Estado (arts. 2, 3 e 7).

Assim, a pluralidade sindical é e sempre foi um objetivo da Organização Internacional do Trabalho. Na medida em que, no ordenamento jurídico interno, seja pela Constituição Federal vigente, seja pela legislação infraconstitucional, sempre foi adotado o sistema de unicidade sindical, jamais o Brasil pôde ratificar a Convenção 87 da OIT.

É exatamente por esta razão que se diz que, no Brasil, não há liberdade sindical. O ordenamento interno prevê a unicidade sindical na Consolidação das Leis do Trabalho (art. 516 da Consolidação das Leis do Trabalho) e na Constituição Federal de 1988 (art. 8º, inciso II).

A proposta de Emenda Constitucional que trata da Reforma Sindical suprime o inciso II do artigo 8º da Constituição Federal.

A tão pretendida ratificação da Convenção 87 da OIT pelo Brasil, contudo, continuará esbarrando no ordenamento interno se for aprovado o Anteprojeto de Lei de reforma Sindical sem alteração no seu texto. Os aspectos que efetivamente travam a liberdade sindical decorrem dos dispositivos que determinam um mínimo de filiação na base, ou uma obscura vinculação a entidades de grau superior, para obtenção da representatividade (arts. 22, 23 e 35 do Anteprojeto de Lei de Reforma Sindical). Mais grave, contudo, são as regras que permitem a manutenção da exclusividade de representação de uma entidade sindical em determinada base territorial, o que, na prática, é a manutenção da unicidade sindical (arts. 38 e 39 do Anteprojeto de Lei de Reforma Sindical).

Assim, embora a regra internacional se enquadre ao princípio de direito fundamental à liberdade, as regras internas – atuais e insertas na Proposta de Reforma – não se enquadram.

4.3.9. Contribuição sindical compulsória

Considerando que a Convenção 87 da OIT refere, no seu artigo 2, que a única condição que empregados e empregadores devem observar, na constituição de entidades sindicais, é a de observarem os estatutos da entidade.

Conclui-se, portanto, que, à luz da Convenção 87 da OIT, a única contribuição que deve haver é a associativa.

As Convenções 98[227] e 154,[228] ambas da Organização Internacional do Trabalho e que tratam da negociação coletiva, não prevêem qualquer tipo de contribuição decorrente do ato. Assim, não faz parte dos princípios de liberdade sindical e de negociação coletiva de trabalho, adotados pela OIT, a obrigatoriedade de pagar qualquer tipo de contribuição às entidades sindicais.

No ordenamento jurídico interno atual, como já visto no ítem 3.7, existe a contribuição sindical obrigatória a empregados, empregadores, autônomos e profissionais liberais, além da contribuição assistencial, da contribuição confederativa e da contribuição associativa.

Na Proposta de Emenda Constitucional e no Anteprojeto de Lei de Reforma Sindical, a contribuição compulsória é mantida, tendo apenas a sua denominação alterada para *contribuição negocial*.[229] Não bastasse este grave ataque ao princípio da liberdade, a atual contribuição sindical fica mantida por um período de até cinco anos (arts. 220 e 221 do Anteprojeto de Lei de Reforma Sindical).

Assim, mais uma vez, embora a Convenção 87 da OIT esteja plenamente adaptada ao princípio de direito fundamental de liberdade, o direito interno não o faz.

4.3.10. Negociação coletiva

A Convenção 87 da OIT propugna a liberdade sindical. No aspecto, portanto, *lato sensu*, a idéia é o fomento à negociação coletiva entre empregados e empregadores.

Além da idéia geral, como já referido, a Organização Internacional do Trabalho adotou duas outras convenções que tratam especificamente da negociação coletiva: a Convenção 98, de 1º de julho de 1949, e a Convenção 154, de 19 de junho de 1981. Em ambas as convenções, o ponto nuclear é a *liberdade* de negociação sem a interferência estatal[230 231].

---

[227] Adoção em 01 de julho de 1949.

[228] Adoção em 19 de junho de 1981.

[229] Art. 8º, inciso IV, da Constituição Federal de 1988, com a redação apresentada pela Proposta de Emenda Constitucional, e artigos 45 a 58, do Anteprojeto de Lei.

[230] Ver artigo 4, da Convenção 98 da Organização Internacional do Trabalho: "Deverão ser adotadas medidas adequadas às condições nacionais, quando isto for necessário, para estimular e fomentar entre os empregadores e as organizações de empregadores, por uma parte, e as organizações de empregados, por outra, o pleno desenvolvimento e uso de procedimentos de negociação voluntária, com objeto de regulamentar, por meio de contratos coletivos, as condições de emprego". (extraído da página oficial da Organização Internacional do Trabalho, http://www.oit.org, com texto original em espanhol, e tradução livre do autor).

[231] Ver artigo 2, da Convenção 154 da Organização Internacional do Trabalho: "Para os efeitos da presente Convenção, a expressão *negociação coletiva* compreende todas as negociações que têm lugar entre um empregador, um grupo de empregadores ou uma organização ou várias organizações de empregadores, por uma parte, e uma organização ou várias organizações de empregados, por outra, com o fim de:
a) fixar as condições de trabalho e de emprego, ou

A Liberdade Sindical

O direito interno vigente prevê e estimula a negociação coletiva[232] apenas com a limitação imposta pelo Poder Normativo da Justiça do Trabalho.

No Anteprojeto de lei que trata da Reforma Sindical está reservado um título para tratar da negociação coletiva.[233]

As regras internacionais se adaptam ao princípio de direito fundamental à liberdade. Registre-se, inclusive, que o Brasil ratificou as Convenções 98[234] e 154[235] da OIT. No ordenamento interno há, portanto, a idéia geral de adaptação das regras que tratam de negociação coletiva ao princípio de direito fundamental à liberdade. O único entrave continua sendo o Poder Normativo da Justiça do Trabalho.

4.3.11. Poder normativo da Justiça do Trabalho

Como referido no tópico anterior e também nos capítulos anteriores, o Poder Normativo da Justiça do Trabalho se choca frontalmente com o princípio de direito fundamental à liberdade.

Todas as regras da Organização Internacional do Trabalho que tratam de liberdade sindical e de negociação coletiva vedam a interferência estatal nestas atividades.

No âmbito interno, a recente Emenda Constitucional n° 45, de 2004, manteve o Poder Normativo.

Assim, o regramento internacional se adapta ao princípio do direito fundamental à liberdade, o que não ocorre com o ordenamento jurídico interno.

4.3.12. Exercício do direito de greve

O direito de greve está inserido nas regras nacionais e internacionais que tratam da atividade e da dinâmica sindicais.

Como já foi referido no sub-capítulo 3.8, deve haver limites formais e materiais para o exercício do direito de greve. Estes limites existem hoje[236] e estão previstos no Anteprojeto de lei de Reforma Sindical.[237]

---

b) regular as relações entre empregadores e empregados, ou
c) regular as relações entre empregadores ou suas organizações e uma organização ou várias organizações de empregados, ou buscar todos estes fins de uma só vez". (Extraído da página oficial da Organização Internacional do Trabalho, http://www.oit.org, com texto original em espanhol, e tradução livre do autor).

[232] Artigos 7°, inciso XXVI; 8°, inciso VI e 114, § 2°, todos da Constituição Federal de 1988, e artigos 611 e 616, da Consolidação das Leis do Trabalho.

[233] Título IV, artigos 93 a 105, do Anteprojeto de lei.

[234] Ratificada em 18 de novembro de 1952.

[235] Ratificada em 10 de julho de 1992.

[236] Lei n° 7.783, de 28 de junho de 1989.

[237] Título V, artigos 106 a 119.

Assim, no aspecto, há inserção das regras nacionais e internacionais ao princípio do direito fundamental à liberdade.

4.4. Notícias de outros países

O objetivo, aqui, é apenas destacar os países que ratificaram a Convenção 87 da Organização Internacional do Trabalho, onde, portanto, há liberdade sindical. Não haveria como ratificar a referida Convenção em caso de incompatibilidade com o ordenamento interno – caso do Brasil. São os seguintes países que ratificaram a Convenção 87 da OIT e que, portanto, têm liberdade sindical:[238] [239]

Albânia, 03 de junho de 1957;
Alemanha, 20 de março de 1957;
Angola, 13 de junho de 2001;
Antígua e Barbuda, 02 de fevereiro de 1983;
Argélia, 19 de outubro de 1962;
Argentina, 18 de janeiro de 1960;
Austrália, 28 de fevereiro de 1973;
Áustria, 18 de outubro de 1950;
Azerbaijão, 19 de maio de 1992;
Bahamas, 14 de junho de 2001;
Bangladesch, 22 de junho de 1972;
Barbados, 08 de maio de 1967;
Belarus, 06 de novembro de 1956;
Bélgica, 23 de outubro de 1951;
Belize, 15 de dezembro de 1983;
Benin, 12 de dezembro de 1960;
Bolívia, 04 de janeiro de 1965;
Bósnia e Herzegovina, 02 de junho de 1993;
Botswana, 22 de dezembro de 1997;
Bulgária, 08 de junho de 1959;
Burkina Fasso, 21 de novembro de 1960;
Burundi, 25 de junho de 1993;
Cabo Verde, 01 de fevereiro de 1999;
Camboja, 23 de agosto de 1999;
Camarões, 07 de junho de 1960;
Canadá, 23 de março de 1972;
Chad, 10 de novembro de 1960;
Chile, 01 de fevereiro de 1999;
Chipre, 24 de maio de 1966;
Colômbia, 16 de novembro de 1976;
Comoras, 23 de outubro de 1978;
Congo, 10 de novembro de 1960;

Costa Rica, 02 de junho de 1960;
Côte d'Ivoire, 21 de novembro de 1960;
Croácia, 08 de outubro de 1991;
Cuba, 25 de junho de 1952;
Dinamarca, 13 de junho de 1951;
Dijibouti, 03 de agosto de 1978;
Domínica, 28 de fevereiro de 1983;
Equador, 29 de maio de 1967;
Egito, 06 de novembro de 1957;
Eritrea, 22 de fevereiro de 2000;
Eslováquia, 01 de janeiro de 1993;
Eslovênia, 29 de maio de 1992;
Espanha, 20 de abril de 1977;
Estônia, 22 de março de 1994;
Etiópia, 04 de junho de 1963;
Federação da Rússia, 10 de agosto de 1956;
Fiji, 17 de abril de 2002;
Filipinas, 29 de dezembro de 1953;
Finlândia, 20 de janeiro de 1950;
 França, 28 de junho de 1951;
Gabão, 14 de outubro de 1960;
Gâmbia, 04 de setembro de 2000;
Geórgia, 03 de agosto de 1999;
Gana, 02 de junho de 1965;
Granada, 25 de outubro de 1994;
Grécia, 30 de março de 1962;
Guatemala, 13 de fevereiro de 1952;
Guiné Equatorial, 13 de agosto de 2001;
Guiné, 21 de janeiro de 1959;
Guiana, 25 de setembro de 1967;
Haiti, 05 de junho de 1979;
Honduras, 27 de junho de 1956;

---

238 Listagem extraída da página oficial da Organização Internacional do Trabalho: http://www.oit.org.

239 Registre-se que há países que não ratificaram a Convenção 87 da OIT, mas nem por isso deixam de ter liberdade sindical.

A Liberdade Sindical

Hungria, 06 de junho de 1957;
Indonésia, 09 de junho de 1998;
Irlanda, 04 de junho de 1955;
Islândia, 19 de agosto de 1950;
Israel, 28 de janeiro de 1957;
Itália, 13 de maio de 1958;
Jamairia Áreba Líbia, 04 de outubro de 2000;
Jamaica, 26 de dezembro de 1962;
Japão, 14 de junho de 1965;
Kazaquistão, 13 de dezembro de 2000;
Kirguistão, 31 de março de 1992;
Kiribati, 03 de fevereiro de 2000;
Kwait, 21 de setembro de 1961;
Lesotho, 31 de outubro de 1966;
Letônia, 27 de janeiro de 1992;
Libéria, 25 de maio de 1962;
Lituânia, 26 de setembro de 1994;
Luxemburgo, 03 de março de 1958;
Ex República Iugoslava da Macedônia, 17 de novembro de 1991;
Madagáscar, 01 de novembro de 1960;
Malawi, 19 de novembro de 1999;
Mali, 22 de setembro de 1960;
Malta, 04 de janeiro de 1965;
Mauritânia, 20 de junho de 1961;
México, 01 de abril de 1950;
República de Moldova, 12 de agosto de 1996;
Mongólia, 03 de junho de 1969;
Moçambique, 23 de dezembro de 1996;
Myamar, 04 de março de 1955;
Namíbia, 03 de janeiro de 1995;
Nicarágua, 31 de outubro de 1967;
Níger, 27 de fevereiro de 1961;
Nigéria, 17 de outubro de 1960
Noruéga, 04 de julho de 1949;
Países Baixos, 07 de março de 1950;
Paquistão, 14 de fevereiro de 1951;
Panamá, 03 de junho de 1958;
Papua Nova Guiné, 02 de junho de 2000;
Paraguai, 28 de junho de 162;
Peru, 02 de março de 1960;

Polônia, 25 de fevereiro de 1957;
Portugal, 14 de outubro de 1977;
Reino Unido, 27 de junho de 1949;
República Centro-africana, 27 de outubro de 1960;
República Tcheca, 01 de janeiro de 1993;
República Democrática do Congo, 20 de junho de 2001;
República Dominicana, 05 de dezembro de 1956;
Romênia, 28 de maio de 1957;
Ruanda, 08 de novembro de 1988;
Saint Kitts e Nevis, 25 de agosto de 2000;
San Marino, 19 de dezembro de 1986;
São Vicente e Granadinas, 09 de novembro de 2001;
Santa Lúcia, 14 de maio de 1980;
Santo Tomé e Príncipe, 17 de junho de 1992;
Senegal, 04 de novembro de 1960;
Sérvia e Montenegro, 24 de novembro de 2000;
Seychelles, 06 de fevereiro de 1978;
Serra Leõa, 15 de junho de 1961;
República Árabe Síria, 26 de julho de 1960;
Sri Lanka, 15 de setembro de 1995;
África do Sul, 19 de fevereiro de 1996;
Suécia, 25 de novembro de 1949;
Suíça, 25 de março de 1975;
Suriname, 15 de junho de 1976;
Swazilândia, 26 de abril de 1978;
República Unida da Tanzânia, 18 de abril de 2000;
Taquistão, 26 de novembro de 1993;
Togo, 07 de junho de 1960;
Trinidad e Tobago, 24 de maio de 1963;
Tunísia, 18 de junho de 1957;
Turkmenistão, 15 de maio de 1957;
Turquia, 12 de julho de 1993;
Ucrânia, 14 de setembro de 1956;
Uruguai, 18 de março de 1954;
Venezuela, 20 de setembro de 1982;
Yemen, 29 de julho de 1976;
Zâmbia, 02 de setembro de 1996;
Zimbabwe, 09 de abril de 2003.

4.5. A Convenção de Viena sobre o Direito dos Tratados

A título de referência, já que a Convenção 87 da OIT ainda não foi adotada pelo Brasil, e que faz parte da proposta do presente trabalho a sua ratificação, traz-se a Convenção de Viena sobre o Direito dos Tratados, que refere, no seu artigo 46, que trata das disposições de direito interno sobre competência para concluir tratados, o seguinte:

> 1. Um Estado não pode invocar o fato de seu consentimento em obrigar-se por um tratado ter sido manifestado em violação de uma disposição de seu direito interno sobre competência, para concluir tratados, como causa de nulidade de seu consentimento, a não ser que essa violação seja manifesta e diga respeito a uma regra de seu direito interno de importância fundamental.
>
> 2. Uma violação é manifesta se for objetivamente evidente para qualquer Estado que proceda, na matéria, na conformidade da prática normal e de boa fé.

Referido dispositivo demonstra, na exata medida, o porquê da não ratificação da Convenção 87 pelo Brasil até hoje. Não há compatibilidade entre as regras lá previstas e o direito interno.

A Convenção de Viena sobre o Direito dos Tratados complementa a idéia acima referida, deixando claro, ainda, no seu artigo 53, que dispõe sobre tratado em conflito com uma norma imperativa de direito internacional geral, a impossibilidade de haver conflito entre um novo tratado e normas de direito externo geral de caráter imperativo:

> É nulo o tratado que, no momento de sua conclusão, conflita com uma norma imperativa de direito internacional geral. Para os fins da presente Convenção, uma norma imperativa de direito internacional geral é uma norma aceita e reconhecida pela comunidade internacional dos Estados no seu conjunto, como norma da qual nenhuma derrogação é permitida e que só pode ser modificada por nova norma de direito internacional geral de mesma natureza.

Feitos os registros de Direito Internacional sobre a possibilidade de ratificação da Convenção 87 da OIT pelo Brasil, apresentar-se-á, no último tópico, uma proposta que, no seu bojo, pretende o ingresso da referida Convenção no ordenamento jurídico interno brasileiro.

4.6. PROPOSTA PARA A INSERÇÃO DA LIBERDADE SINDICAL NO BRASIL

O tema central do presente trabalho é o seu próprio título: a liberdade sindical na Constituição da República Federativa do Brasil de 1988 e a sua relação com a Convenção 87 da Organização Internacional do Trabalho.

Importante ressaltar que a liberdade aqui preconizada decorre das regras vigentes nos ordenamentos jurídicos interno e externo (OIT). Mais importante, ainda, é a referência feita no capítulo I deste texto, que apresenta o marco teórico relativo à liberdade como princípio.

Sendo os princípios hierarquicamente superiores às regras, e considerando a liberdade como um princípio fundamental previsto no *caput* do artigo 5º da Constituição Federal de 1988, constata-se a total subsunção da Convenção 87 da Organização Internacional do Trabalho a este princípio fundamental.

A Liberdade Sindical

Infelizmente, contudo, não se pode ter a mesma conclusão em relação à maioria das regras internas – vigentes e previstas na reforma – que tratam da dinâmica sindical.

Há, portanto, o choque direto das regras internas com o princípio e, também, choque das regras internas com a Convenção 87 da OIT. É por esta razão que a referida Convenção jamais foi ratificada pelo Brasil e, pior, não poderá ser ratificada se a Reforma Sindical for aprovada na forma como foi apresentada ao Congresso Nacional.

A proposta que ora se apresenta é a ratificação da Convenção 87 da OIT que, à luz do artigo 5º, § 3º, da Constituição Federal de 1988, ao tratar de liberdade sindical, indiscutivelmente trata de direitos humanos.

Assim, basta a aprovação da Convenção 87 da OIT nos termos formais referidos no dispositivo citado (aprovação em dois turnos, por três quintos de cada uma das Casas do Congresso Nacional), para ingresso no ordenamento interno como Emenda Constitucional.

Uma vez insertas na Constituição Federal, as regras da Convenção 87 da OIT adaptar-se-ão ao princípio de direito fundamental à liberdade e, com isso, poderá entrar em vigor, no Brasil, a plena liberdade sindical, conforme o conceito proposto pelo autor e aqui repetido: "direito de trabalhadores, entendidos como tal empregados, empregadores, autônomos e profissionais liberais, de livremente constituírem e desconstituírem sindicatos; de individualmente ingressarem e saírem dos sindicatos conforme seus interesses e sem limites decorrentes da profissão à qual pertençam; de livremente administrarem as organizações sindicais, constituírem órgãos superiores e de associarem-se a órgãos internacionais; de livremente negociarem sem qualquer interferência do Poder Público (Executivo, Legislativo ou Judiciário); e de livremente exercerem o direito de greve, observadas as formalidades legais; tudo isso sem limitação de base territorial e num regime de pluralismo, sendo o sistema financiado única e exclusivamente pelas contribuições espontâneas por eles mesmos fixadas".

Esta é a proposta do presente trabalho.

Conclusão

1. O tema examinado no presente texto, "A liberdade sindical na Constituição da República Federativa do Brasil de 1988 e sua relação com a Convenção 87 da Organização Internacional do Trabalho", levou em consideração, como marco teórico, o princípio de direito fundamental da liberdade, previsto como balizador no Título II da Carta Magna, no âmbito dos Direitos e Garantias Fundamentais.

2. Utilizando como fundamento o princípio constitucional da liberdade, abordou-se as regras constitucionais que tratam do sistema sindical brasileiro, bem como a sua inserção na visão de liberdade sindical propugnada pela Organização Internacional do Trabalho.

3. O marco teórico, apresentado no Capítulo I, abordou os princípios constitucionais fundamentais do direito à vida, à liberdade, à igualdade, à segurança e à propriedade. Com efeito, a moderna teoria dos direitos constitucionais, como referido, apresenta-se no universo da teoria do direito, como conjunto de regras dotadas de elevada carga de valores morais, sociais e políticos. Com efeito, os princípios fundamentais, por apresentarem elevado grau de generalidade, distinguem-se das regras de cunho instrumental, que possuem baixa carga de especificação. Na Constituição Federal de 1988, há previsão de princípios (art. 5º) e regras (aqui, interessa o art. 8º). A Convenção 87 da OIT discorre sobre regras que, por incrível ironia, se adaptam aos princípios constitucionais (especialmente ao princípio do direito à liberdade), mas chocam-se com as regras constitucionais (especialmente a que prevê a unicidade sindical).

4. A discussão temática desenvolvida abordou o princípio do direito fundamental à liberdade e a regra que limita esta liberdade no que diz respeito ao sistema sindical brasileiro. Envolveu, ainda, a relação destes princípios e limites com o direito internacional (Convenção 87 da OIT, que trata de liberdade sindical).

5. Tendo os princípios uma função ordenadora, verdadeiro fundamento do direito, servindo de inspiração ao legislador e, sendo o princípio do direito à liberdade um princípio constitucional substantivo axiológico fundamental, não é juridicamente possível a existência de regras que se chocam com tal princípio. Os chamados "princípios

A Liberdade Sindical

147

estruturantes da Constituição" inserem os princípios de direito fundamental no enunciado da dignidade da pessoa humana. Ora, daí conclui-se que, em qualquer área ou segmento, inexistindo efetividade de algum princípio fundamental, automaticamente é desrespeitada a dignidade da pessoa humana.

6. A vinculação entre o princípio constitucional da liberdade e a liberdade sindical (regra) encontra amparo no próprio princípio de estado social. "Os princípios, uma vez constitucionalizados, se fazem a chave de todo o sistema normativo." Como, então, o sistema normativo pode gerar efeitos quando há choque de determinadas regras com os princípios constitucionalizados?

7. O princípio de direito fundamental abordado como ponto nuclear do presente trabalho é a liberdade. Por isso mesmo, examinou-se a liberdade do ponto de vista da filosofia do direito.

8. A liberdade do cidadão consiste no exercício de sua vontade (liberdade filosófica) e na idéia de segurança (liberdade política).

9. Existe a liberdade negativa quando um sujeito age ou deixa de agir sem ser impedido ou obrigado por outros sujeitos. A liberdade positiva, por sua vez, decorre da situação em que um sujeito orienta o seu próprio querer no sentido de tomar decisões. A liberdade, de qualquer forma, consiste na autonomia do indivíduo. Não existe liberdade sindical como princípio, não existe sem liberdade política.

10. A *liberdade natural* consiste no fato de o homem estar livre de qualquer poder superior e ter por regra apenas a natureza, não estando submetido à autoridade legislativa.

11. A liberdade consiste na vontade unida do povo, pois não haverá injustiça se o direito nascer desta vontade.

12. O ponto de partida do direito está na vontade livre e, ao tratar da relação do Estado com os indivíduos, refere que a liberdade concreta consiste na individualidade pessoal de modo a possuir o pleno desenvolvimento e o reconhecimento dos seus direitos perante os demais e o próprio Estado.

13. Por fim, a liberdade significa a ausência de oposição, entendendo por oposição os impedimentos externos do movimento.

14. Verificou-se, através da abordagem teórico filosófica da liberdade, que o ponto central deste direito fundamental, tratado por cada um dos autores referidos, está ausente das regras internas sobre liberdade sindical.

15. No contexto constitucional, a liberdade é dividida em liberdade da pessoa física (locomoção), liberdade de pensamento (opinião, religião e informação), liberdade de expressão coletiva (reunião e associação), liberdade de ação profissional (escolha do trabalho) e liberdade de conteúdo econômico e social (livre iniciativa e autonomia

contratual). Mais uma vez está configurada, nas regras internas, a ausência de liberdade (aqui a de expressão coletiva).

16. Os princípios são normas que ordenam que algo seja realizado na maior medida possível, dentre as possibilidades jurídicas e reais existentes; as regras são normas que apenas podem ou não serem cumpridas. As regras contêm determinações no âmbito do que é fática e juridicamente possível. Assim, a diferença entre princípios e regras é qualitativa. Toda norma é uma regra ou um princípio.

17. Os princípios e as regras diferenciam-se através de cinco critérios: grau de abstração, para os princípios, elevado, e, para as regras, reduzido; grau de determinabilidade na aplicação do caso concreto, onde os princípios, por serem vagos e indeterminados, carecem de mediações concretizadoras, enquanto as regras são suscetíveis de aplicação imediata; grau de fundamentalidade, onde os princípios são normas de natureza fundamental e estruturante; proximidade da idéia de direito, onde os princípios estão fundados na própria idéia de direito e justiça e as regras tem conteúdo meramente funcional; e, por fim, a natureza normogenética, determinando que os princípios são fundamentos de regras. Conclui-se, assim, que as regras não poderiam contrariar os princípios.

18. Os direitos constitucionais são classificados em primeira, segunda, terceira e quarta gerações. Os direitos de primeira geração são os direitos de liberdade; os direitos de segunda geração são os direitos sociais, culturais, econômicos e da coletividade; os de terceira geração são os que tratam da pessoa humana como gênero, ou seja, a paz e o meio-ambiente; por fim, os direitos de quarta geração abordam os direitos à democracia, à informação e ao pluralismo. Entende-se que o princípio do direito à liberdade é direito de primeira geração, e a liberdade sindical é direito de segunda geração.

19. Antinomia é "aquela situação que se verifica entre duas normas incompatíveis, pertencentes ao mesmo ordenamento e tendo o mesmo âmbito de validade". Verifica-se que há antinomia interna na Constituição Federal, entre o princípio do direito fundamental de liberdade (artigo 5º, *caput*) e as regras que tratam do sistema sindical, especialmente a unicidade sindical, o enquadramento por categoria, a contribuição sindical compulsória e o poder normativo da Justiça do Trabalho. Há, também, antinomia entre regras: As regras aqui referidas, que interferem no sistema de liberdade, são contrárias ao artigo 8º, no *caput* e no inciso I, que referem ser livre a associação profissional ou sindical e proíbem a interferência ou a intervenção do Estado nas entidades sindicais.

20. Depois do exame dos conceitos de liberdade sindical de diversos autores nacionais e estrangeiros, e de examinar os aspectos

que compõem um sistema de liberdade sindical, apresentou-se um conceito.

21. Os aspectos são: constituição de sindicatos, ingresso e saída individual do sindicato, enquadramento sindical, administração interna, constituição de órgãos superiores, filiação a organizações internacionais, limitação a uma organização da mesma categoria por base territorial (unicidade sindical), contribuição sindical compulsória, negociação coletiva, poder normativo da Justiça do Trabalho e exercício do direito de greve.

22. O conceito proposto refere que liberdade sindical é o direito de trabalhadores, entendidos como tal empregados, empregadores, autônomos e profissionais liberais, de livremente constituírem sindicatos; de individualmente ingressarem e saírem dos sindicatos conforme seus interesses, sem limites decorrentes da profissão à qual pertençam; de livremente administrarem as organizações sindicais, constituírem órgãos superiores e de associarem-se a órgãos internacionais; de livremente negociarem sem qualquer interferência do Poder Público (Executivo, Legislativo ou Judiciário); e de livremente exercerem o direito de greve, observadas as formalidades legais; tudo isso sem limitação de base territorial e num regime de pluralismo, sendo o sistema financiado única e exclusivamente pelas contribuições espontâneas por eles mesmos fixadas.

23. A liberdade sindical individual envolve a constituição de sindicatos, o ingresso e saída do sindicato e o exercício do direito de greve.

24. A liberdade sindical coletiva abrange a constituição de sindicatos, a constituição de órgãos superiores, a filiação a organizações internacionais, a negociação coletiva e o exercício do direito de greve.

25. Finalmente, a liberdade em face do Estado engloba a constituição de sindicatos, o enquadramento sindical, a administração interna, a constituição de órgãos superiores, a filiação a organizações internacionais, a unicidade/pluralidade sindical, a contribuição sindical compulsória e o poder normativo da Justiça do Trabalho.

26. No Brasil, não há liberdade sindical individual, não há liberdade sindical coletiva e não há liberdade sindical em face do Estado.

27. Entende-se liberdade sindical como um dos direitos humanos e, tratando a Convenção 87 da OIT sobre liberdade sindical, está a tratar de direitos humanos.

28. Ultrapassada a etapa propedêutica, estabelecida a temática e determinada de forma clara a abordagem entre o princípio de direito fundamental à liberdade e as regras constitucionais que conduzem o sistema sindical brasileiro, passou-se ao exame do sindicalismo no Brasil.

29. A divisão utilizada foi a seguinte: a primeira fase, das origens até a proclamação da República; a segunda fase foi da proclamação da República até a Revolução de 1930; a terceira fase, daí até a promulgação da Constituição Federal de 1988. Há, por fim, a fase posterior à Constituição Federal atual.

30. No exame do ponto de vista histórico, foi possível verificar e concluir que, em termos de regras, jamais houve liberdade sindical no Brasil, o que, como referido, contraria o princípio geral do direito à liberdade.

31. Na primeira fase, nada de importante aconteceu. Foi na segunda fase que os sindicatos passaram a existir no ordenamento jurídico interno. Foram criadas regras para regulação da atividade sindical, e o Brasil sofreu a influência de fatos como a primeira grande guerra, as Constituições sociais do México e da Alemanha, a criação da Organização Internacional do Trabalho e, às vésperas da revolução de 1930, da *Carta del Lavoro* italiana. A produção legislativa em matéria trabalhista e, conseqüentemente, sindical, aflorou no país após a revolução de 1930. Foi a partir daí que veio a primeira Constituição social (1934), sendo os direitos trabalhistas mantidos e até ampliados nas Constituições posteriores (1937, 1946 e, até, 1967/1969). Contraditoriamente, o sindicalismo foi conduzido com mão-de-ferro pelo Estado que, tanto nas Constituições, quanto na legislação infraconstitucional, tratou de interferir na criação, na administração e na atividade das entidades sindicais. Foi por esta razão, ou seja, pelas regras internas vigentes, que, tendo sido publicada, em 1948, a mais importante Convenção da OIT, a que trata de liberdade sindical, não houve ratificação da mesma pelo Brasil até os dias atuais.

32. A Constituição atual, promulgada em 05 de outubro de 1988, foi, do ponto de vista do sistema sindical, híbrida. No âmbito dos direitos e garantias fundamentais, como já referido, apontou o direito à liberdade como um princípio fundamental. Do ponto de vista das regras, por um lado referiu ser livre a associação profissional ou sindical, sendo vedadas ao Poder Público a interferência e a intervenção na organização sindical; por outro, manteve a unicidade sindical, a contribuição sindical compulsória, o sistema de enquadramento por categorias e o poder normativo da Justiça do Trabalho.

33. Estes quatro pontos abordados (unicidade, contribuição compulsória, enquadramento por categoria e poder normativo), absolutamente divorciados de um sistema de liberdade, não só foram e são contrários ao princípio de direito fundamental à liberdade, como fizeram com que o Brasil, mesmo depois da promulgação da atual Constituição, não pudesse ratificar a Convenção 87 da OIT.

34. Na unicidade sindical, não pode haver mais de uma entidade sindical da categoria profissional ou da categoria econômica na mesma

A Liberdade Sindical

base territorial. Esta regra contraria frontalmente o direito de criação de sindicatos. Já a contribuição sindical compulsória ofende a liberdade de associação e mantém "vivas" entidades sindicais que não representam a categoria que dizem representar. O enquadramento por categoria, que consiste na representatividade por identidade, similaridade ou conexidade, engessa o direito à liberdade de associação às entidades sindicais que o indivíduo entenda mais benéficas para si. Por fim, o poder normativo, além de sangrar o princípio da tripartição de poderes, sufoca a negociação coletiva.

35. Para uma melhor compreensão do sistema de liberdade sindical, foram feitas considerações sobre as receitas dos sindicatos e sobre o direito de greve. No primeiro caso, concluiu-se que, apesar de existirem quatro tipos de contribuições (sindical, assistencial, confederativa e associativa), a única obrigatória a todos os representados das categorias é a contribuição sindical e, mesmo sendo uma só, é contrária à liberdade sindical. Em relação ao direito constitucional do exercício da greve, concluiu-se que não há restrições a esta liberdade e que as regras impostas pela legislação infraconstitucional encerram formalidades absolutamente necessárias para o exercício do direito dentro dos limites impostos pelo Estado Democrático de Direito.

36. Examinou-se, ainda, os conflitos coletivos de trabalho e a representação dos trabalhadores nos locais de trabalho.

37. O Capítulo III aborda a Reforma Sindical de 2005. Com a conclusão das discussões realizadas no Fórum Nacional do Trabalho e a posterior sistematização destas conclusões, divididas em Proposta de Emenda Constitucional (PEC) e Anteprojeto de Lei de Relações Sindicais, o texto foi entregue na Câmara dos Deputados no dia 02 de março de 2005, tendo a PEC recebido o número 369/2005.

38. A conclusão é de que, infelizmente, se aprovada a Reforma Sindical nos termos propostos, não só continuará inexistindo liberdade sindical no Brasil, como haverá retrocesso em relação à atual situação.

39. O texto recriou a antiga "Carta Sindical", existente antes da promulgação da atual Constituição, ao referir que o Estado deverá atribuir personalidade sindical às entidades sindicais.

40. Embora não utilize a expressão *categoria*, o texto fala em *setor econômico* e *ramo de atividade*, sem, no entanto, definir o que sejam.

41. A unicidade sindical foi mantida pelo Anteprojeto de Lei ao admitir a exclusividade de representação. Ainda que assim não fosse, a comprovação de associação ou a vinculação a entidades de grau superior permanecem limitando a liberdade sindical.

42. A contribuição sindical compulsória é mantida no novo texto, com o novo nome de contribuição de negociação coletiva, o que também contraria a liberdade sindical.

43. A negociação coletiva não está clara, e o poder normativo da Justiça do Trabalho já havia sido mantido pela Emenda Constitucional número 45/2004.

44. Em relação ao exercício do direito de greve, não há muitas alterações, mas chama a atenção a inconveniente supressão de que greve diz respeito apenas ao empregador.

45. O último capítulo do trabalho trata do direito coletivo do trabalho no plano internacional, tendo como destaque, por óbvio, a Organização Internacional do Trabalho e a Convenção 87.

46. Após a conclusão de que, no ordenamento jurídico interno, existem antinomias no que diz respeito ao sistema sindical e, definitivamente, não há liberdade sindical, examinou-se detalhadamente a Convenção 87 da OIT.

47. A conclusão foi a mesma. Até hoje não foi, não poderia, e se aprovado o texto da reforma como apresentado, o Brasil não poderá ratificar a Convenção 87.

48. Para que exista liberdade sindical, segundo a Convenção 87 da OIT, empregados e empregadores podem, sem nenhuma distinção e sem autorização prévia, constituir as organizações sindicais que entenderem convenientes, bem como filiarem-se a estas organizações, com a única condição de observarem os seus estatutos. A organização interna e a administração das entidades sindicais, bem como os seus programas de ação, são prerrogativas internas, nas quais não pode haver interferência estatal. O Poder Público deve abster-se de qualquer intervenção que tenha tendência de limitar o exercício da liberdade plena. O sentido dado pela Convenção é tão amplo que com ele se chocam todas as limitações internas ao exercício da plena liberdade sindical.

49. A constituição de sindicatos deve ser livre e não encontrar limites como a unicidade sindical o enquadramento ou a concessão de personalidade jurídica pelo Estado; a atividade sindical é direito dos interessados, não podendo haver imposição de contribuições; a negociação coletiva (aspecto em que a Convenção 87, mais ampla, é complementada pelas Convenções 98 e 154) não pode sofrer interferências externas como ocorre com o poder normativo da Justiça do Trabalho.

50. A grande maioria dos países democráticos ratificou a Convenção 87 da OIT, e, mesmo em relação àqueles que não a ratificaram, poucos são os que não têm liberdade sindical.

51. Faz-se uma referência à Convenção de Viena sobre o Direito dos Tratados, com o intuito de identificar o efeito gerado pela possível ratificação da Convenção 87 da OIT pelo Brasil.

52. Por todas estas considerações, a conclusão final, extraída do título do presente trabalho, é de que não há liberdade sindical no

Brasil, e que o princípio do direito fundamental à liberdade é desrespeitado pelas regras atuais e futuras (se aprovado o texto da reforma sindical sem alterações) que tratam do sistema sindical. A relação da (ausência de) liberdade sindical na Constituição Federal de 1988 com a Convenção 87 da Organização Internacional do Trabalho é óbvia: nos termos atuais, não há como ratificar a referida convenção. Contrariamente, aprovando-se a Convenção nos termos do artigo 5º, parágrafo 3º, da Constituição Federal de 1988, as luzes da liberdade sindical finalmente ingressariam no Brasil.

53. Apresentou-se como proposta, no capítulo, uma tramitação mais simples para o efetivo ingresso da liberdade sindical no Brasil: aproveitando-se a Emenda Constitucional número 45, de 08 de dezembro de 2005, que acrescentou o parágrafo terceiro ao artigo quinto, referindo que tratados e convenções internacionais que tratam de direitos humanos, uma vez aprovados no Congresso Nacional, em cada Casa, em dois turnos, por três quintos dos votos dos respectivos membros, serão equivalentes às emendas constitucionais, e, arquivando-se a PEC 369/2005, poderia ser aprovada, nestes termos, a Convenção 87 da OIT. Registre-se que a referida convenção, ao tratar de liberdade sindical, está inserida no contexto de direitos humanos.

Referências bibliográficas

ALEXY, Robert. *Teoría de los derechos fundamentales*. 2ª ed. Madrid: Centro de Estudios Constitucionales, 2001.

ARISTÓTELES. *A Constituição de Atenas*. (trad. Francisco Murari Pires). São Paulo: Editora Hucitec, 1995.

————. *A Política*. (trad. Roberto Leal Ferreira). São Paulo: Martins Fontes, 1991.

————. *Ética a Nicômacos*. (trad. Mário da Gama Kury). 3ª ed. Brasília: Editora Universidade de Brasília, 1992.

ARNAUD, André-Jean e DULCE, María José Fariñas. *Introdução à Analise Sociológica dos Sistemas Jurídicos*. (tradução de Eduardo Pellew Wilson). Rio de Janeiro/São Paulo: Renovar, 2000.

ÁVILA, Humberto. *Teoria dos Princípios – da definição à aplicação dos princípios jurídicos*. 3ª ed. São Paulo: Malheiros, 2004.

AVILÉS, Antonio Ojeda. *Compendio de Derecho Sindical*. Madrid: Editorial Tecnos, 1998.

BASTOS, Celso Ribeiro. *Curso de Direito Constitucional*. 14ª ed. São Paulo: Saraiva, 1992.

BATALHA, Wilson de Souza Campos; BATALHA, Sílvia Marina Labate. *Sindicatos – Sindicalismo*. São Paulo: LTr, 1994.

BENITES FILHO, Flávio Antonello. *Direito Sindical Espanhol, a Transição do Franquismo à Democracia*. São Paulo: LTr, 1997.

BOBBIO, Norberto. *A era dos direitos*. Rio de Janeiro: Campus, 1992.

————. *As Ideologias do Poder em Crise* (trad. João Ferreira). 4 ed. Brasília: UNB, 1999.

————. *Igualdade e Liberdade*. (trad. Carlos Nelson Coutinho). Rio de Janeiro: Ediouro, 1996.

————. *Liberalismo e Democracia*. Brasília: Editora Brasiliense, 1995.

————. *O positivismo jurídico*. São Paulo: Ícone, 1995.

————. *Teoria do Ordenamento Jurídico*. 7ª ed. Brasília: UnB, 1996.

BONAVIDES, Paulo. *Curso de Direito Constitucional*. 6ª ed. São Paulo: Malheiros, 1996.

BRASIL. Câmara dos Deputados. *Sistema de informações legislativas*. Disponível em: "http://www.camara.gov.br/internet/ecamara/".

————. Câmara dos Deputados. *Reforma Sindical*. (*Proposta de Emenda Constitucional e Anteprojeto de Lei de Relações Sindicais*). Disponível em: "http://www.camara.gov.br".

BULOS, Uadi Lammêgo. *Constituição Federal Anotada*. São Paulo: Saraiva, 2000.

CAMPANHOLE, Hilton Lobo e CAMPANHOLE, Adriano. *Constituições do Brasil*. 13ª ed. São Paulo: Atlas, 1999.

CANARIS, Claus-Wilhelm. Tradução de A. Menezes Cordeiro. *Pensamento Sistemático e Conceito de Sistema na Ciência do Direito*. Lisboa: Fundação Calouste Gulbenkian, 1989.

CANOTILHO, José Joaquim Gomes. *Direito Constitucional.* 7ª ed. Coimbra: Almedina, 1997.

COUTINHO, Aldacy Rachid e DALLEGRAVE NETTO, José Affonso (coordenadores). *Transformações do Direito do Trabalho – Estudos em homenagem ao Professor Doutor João Régis Fassbender Teixeira.* Curitiba: Juruá, 2000.

CUEVA, Mário de la. *Panorama do Direito do Trabalho.* (tradução de Carlos Alberto Gomes Chiarelli). Porto Alegre: Sulina, 1965.

DINIZ, Maria Helena. *As lacunas no Direito.* 4ª ed. São Paulo: Saraiva, 1997.

DWORKIN, Ronald. *Los Derechos en serio.* (trad. de Marta Guastavino). 4ª ed. Barcelona: Ariel, 1999.

EHRLICH, Eugen. *Fundamentos da Sociologia do Direito.* (tradução de René Ernani Gertz). Brasília: UNB.

ENTERRÍA, Eduardo Garcia de. Hermenêutica e supremacia constitucional: el principio de la interpretación conforme la constitución de todo el ordenamiento. *Revista de Direito Público.* São Paulo: RT, nº 77, 1986.

FARIAS, Edilsom Pereira de. *Colisão de Direitos.* Porto Alegre: Sergio Antonio Fabris Editor, 1996.

FERREIRA, Aurélio Buarque de Holanda. *Novo Dicionário da Língua Portuguesa.* 2ª ed. Rio de Janeiro: Nova Fronteira, 1986.

FERREIRA FILHO, Manoel Gonçalves. *Curso de Direito Constitucional.* 22ª ed. São Paulo: Saraiva, 1995.

FREITAS, Juarez. *A interpretação sistemática do direito.* São Paulo: Malheiros, 1995.

GIUGNI, Gino. *Direito Sindical.* (tradução de Eiko Lúcia Itioka). São Paulo: LTr, 1991.

GOMES, Orlando. *A Convenção Coletiva de Trabalho.* São Paulo: LTR, 1995.

GUERRA FILHO, Willis Santiago. *Processo Constitucional e direitos fundamentais.* São Paulo: Celso Bastos Editor, 1999.

GUERRERO, Euquerio. *Manual de Derecho Del Trabajo.* 13ª ed. México: Porrúa, 1983.

HEGEL, Georg Wilhelm Friedrich. *Princípios da Filosofia do Direito.* (tradução de Orlando Vitorino). São Paulo: Martins Fontes, 2003.

HESSE, Konrad. *A força normativa da Constituição.* (tradução de Gilmar Ferreira Mendes). Porto Alegre: Sergio Antonio Fabris Editor, 1991.

————. *Elementos de Direito Constitucional da República Federal da Alemanha (Grundzüge des Verfassungsrechts der Bundesrepublik Deutschland)* (tradução de Luís Afonso Heck). Porto Alegre: Sergio Antonio Fabris Editor, 1998.

HOBBES, Thomas. *Leviatã – Ou matéria, forma e poder de um Estado eclesiástico e civil.* (tradução de Alex Marins). São Paulo: Editora Martin Claret, 2002.

HORTA, Raul Machado. *Direito Constitucional.* 2ª ed. Belo Horizonte: Del Rey, 1999.

KANT, Immanuel. *A Metafísica dos Costumes (contendo A Doutrina do Direito e a Doutrina da Virtude).* (tradução de Edson Bini). São Paulo: EDIPRO, 2003.

KELSEN, Hans. *Teoria Geral das Normas.* (tradução de José Florentino Duarte). Porto Alegre, Sergio Antonio Fabris Editor, 1986.

————. *Teoria Geral do Direito e do Estado.* (tradução de Luís Carlos Borges). 3ª ed. São Paulo: Martins Fontes, 1998.

————. *Teoria Pura do Direito.* (tradução de João Baptista Machado). São Paulo: Martins Fontes, 1995.

LAIMER, Adriano Guedes. *O Novo Papel dos Sindicatos.* São Paulo: LTr, 2003.

LASKI, Harold J. *O manifesto comunista de 1848* (tradução de Regina Lúcia F. de Moraes). Rio de Janeiro: Zahar Editores, 1967.

LASSALLE, Ferdinand. *Que é uma Constituição?* São Paulo: Edições e Publicações Brasil, 1933.

LEBRE, Eduardo Antonio Temponi. *Direito Coletivo do Trabalho.* Porto Alegre: Síntese, 1999.

LOCKE, John. *Dois Tratados sobre o Governo.* (tradução de Julio Fischer). São Paulo: Martins Fontes, 1998.

MACHADO NETO, A. L. *Sociologia Jurídica.* 6ª ed. São Paulo: Saraiva, 1987.

MAGANO, Octávio Bueno. *Manual de Direito do Trabalho – Volume III.* São Paulo: LTr, 1984.

MANGLANO, Carlos Molero. *Derecho Sindical.* Madrid: Editorial Dykinson, 1996.

MARANHÃO, Délio e CARVALHO, Luiz Inácio Barbosa. *Direito do Trabalho.* 17ª ed. Rio de Janeiro: Editora Fundação Getúlio Vargas, 1998.

MARTINS, Sergio Pinto. *Contribuição Confederativa.* São Paulo: LTr, 1996.

———. *Contribuições Sindicais.* 4ª ed. São Paulo: Atlas, 2004.

———. *Direito do Trabalho.* 19ª ed. São Paulo: Atlas, 2004.

———. *Flexibilização das Condições de Trabalho.* São Paulo: Atlas, 2000.

MAXIMILIANO, Carlos. *Hemenêutica e Aplicação do Direito.* 9ª ed. Rio de Janeiro: Forense, 1984.

MELLO, Marcos Bernardes de. *Teoria do fato jurídico.* 3ª ed. São Paulo: Saraiva, 1988.

MIRANDA, Jorge. *Manual de Direito Constitucional – Tomo II – Constituição e Inconstitucionalidade.* 3ª ed. Coimbra: Coimbra Editora, 1996.

MONTESQUIEU, Charles de Secondat, Baron de. *O Espírito das Leis.(trad. Cristina Murachco).* São Paulo: Martins Fontes, 1996.

MORAES, Alexandre de. *Direito Constitucional.* 9ª ed. São Paulo: Atlas, 2001.

MORAES FILHO, Evaristo e MORAES, Antonio Carlos Flores de. *Introdução ao Direito do Trabalho.* 8ª ed. São Paulo: LTr, 2000.

———. *O problema do sindicato único no Brasil.* São Paulo: Alfa-Omega, 1978.

NASCIMENTO, Amauri Mascaro. *Compêndio de Direito Sindical.* 2ª ed. São Paulo: LTr, 2000.

OLEA, Manuel Alonso. *Introducción al Derecho del Trabajo.* 5ª ed. Madrid: Civitas, 1994.

OLIVEIRA, Olga Maria Boschi Aguiar de. *A Universalidade do Princípio da Liberdade Sindical.* Revista da Faculdade de Direito da UFSC. Porto Alegre: Síntese, v. 1, p. 139-156, 1998.

———. e STÜRMER, Gilberto. *As Concepções do Direito de Ronald Dworkin e a Liberdade Sindical no Brasil.* Revista LTr. São Paulo: LTr, v. 11/04, p. 1338-1342, 2004.

ORGANIZAÇÃO INTERNACIONAL DO TRABALHO. *Sobre a OIT.* Disponível em: http://www.oit.org.

———. *Convenção 87.* Disponível em: http://www.oit.org.

———. *Convenções e Recomendações.* Disponível em: http://www.oit.org.

PASTORE, José. *Flexibilização dos Mercados de Trabalho e Contratação Coletiva.* São Paulo: LTr, 1994.

PEREZ LUÑO, Antonio Enrique. *Derechos Humanos, Estado de Derecho y Constitución.* 6ª ed. Madrid: Tecnos, 1999.

PIMENTA, Joaquim. *Sociologia Jurídica do Trabalho.* Rio de Janeiro: Max Limonad, S/D.

PLATÃO. *A República.* (tradução de Maria Helena da Rocha Pereira). 7ª ed. Lisboa: Fundação Calouste Gulbenkian, 1996.

REALE, Miguel. *Lições Preliminares de Direito.* 11ª ed. São Paulo: Saraiva, 1984.

ROBORTELLA, Luiz Carlos Amorim. *O Moderno Direito do Trabalho.* São Paulo: LTr, 1991.

RODRIGUEZ, Américo Plá. *Princípios de Direito do Trabalho.* São Paulo: LTr, 1996.

ROMITA, Arion Sayão. *Direito do Trabalho – Temas em Aberto.* São Paulo: LTr, 1998.

ROYO, Javier Pérez. *Curso de Derecho Constitucional.* 7ª ed. Barcelona: Marcial Pons, 2000.

RUSCHEL, Ruy Ruben. Aulas de Direito Constitucional no Curso de Mestrado em Direito da Faculdade de Direito da Pontifícia Universidade Católica do Rio Grande do Sul, 1996.

RUSSOMANO, Mozart Victor. *Princípios Gerais de Direito Sindical.* 2ª ed. Rio de Janeiro: Forense, 1998.

SARLET, Ingo Wolfgang. *A Eficácia dos Direitos Fundamentais.* Porto Alegre: Livraria do Advogado Editora, 1998.

———. *Dignidade da Pessoa Humana e Direitos Fundamentais na Constituição Federal de 1988.* Porto Alegre: Livraria do Advogado Editora, 2001.

SILVA, José Afonso da. *Aplicabilidade das Normas Constitucionais.* São Paulo: LTr, 1968.

———. *Curso de Direito Constitucional Positivo.* 7ª ed. São Paulo: Ltr, 1991.

STÜRMER, Gilberto. *A Exceção de Pré-Executividade nos Processos Civil e do Trabalho.* Porto Alegre: Livraria do Advogado Editora, 2001.

———. e OLIVEIRA, Olga Maria Boschi Aguiar de. *As Concepções do Direito de Ronald Dworkin e a Liberdade Sindical no Brasil.* Revista LTr. São Paulo: LTr, v. 11/04, p. 1338-1342, 2004.

———. *Negociação coletiva: (novo) paradigma do Direito do Trabalho.* Direito & Justiça – Revista da Faculdade de Direito da PUCRS. Porto Alegre: Edipucrs, v. 26, p. 45-48, 2002.

———. *Negociação coletiva de trabalho e a liberdade sindical.* Síntese Trabalhista, Administrativa e Previdenciária. Porto Alegre: Síntese, v. 172.

. *Negociação coletiva de trabalho e a reforma sindical.* Jornal do 44º Congresso de Direito do Trabalho da LTr. São Paulo: LTr, p. 41-44, 2004.

———. *O (Re) enquadramento sindical.* Jornal do Congresso – Décimo Sexto Congresso Brasileiro de Direito Coletivo e Individual do Trabalho. São Paulo: LTr, 2001.

SÜSSEKIND, Arnaldo Lopes. *Convenções da OIT.* São Paulo: LTr, 1994.

———. *Curso de Direito do Trabalho.* Rio de Janeiro: Renovar, 2002.

———. *Direito Constitucional do Trabalho.* Rio de Janeiro: Renovar, 1999.

———. VIANNA, José de Segadas, MARANHÃO, Délio. *Instituições de Direito do Trabalho, Volumes 1 e 2.* Rio de Janeiro: Freitas Bastos, 1981.

URIARTE, Oscar Ermida e AVILÉS, Antonio Ojeda (coordenadores). *El Derecho Sindical en America Latina.* Madrid: Fundación de Cultura Universitaria, 1995.

VIANNA. Luiz Werneck. *Liberalismo e Sindicato no Brasil.* 3ª ed. Rio de Janeiro: Paz e Terra, 1978.

WOLKMER, Antonio Carlos. *Pluralismo Jurídico – Fundamentos de uma nova cultura do Direito.* 3ª ed. São Paulo: Alfa Omega, 2001.

Impressão:
Evangraf
Rua Waldomiro Schapke, 77 - P. Alegre, RS
Fone: (51) 3336.2466 - Fax: (51) 3336.0422
E-mail: evangraf.adm@terra.com.br